D1720214

MAHMOUD DARWISCH

PALÄSTINA
ALS METAPHER

MAHMOUD DARWISCH

PALÄSTINA ALS METAPHER

Gespräche über Literatur und Politik

Vorwort von Hassouna Mosbahi

Nachwort von Nathan Zach

Aus dem Französischen
von Michael Schiffmann

PALMYRA

Die Originalausgabe erschien 1997 unter dem Titel
La Palestine comme métaphore bei Actes Sud, Paris.
© Copyright 1997 by Mahmoud Darwisch

Die Übersetzung dieses Buches wurde vom Kirchlichen
Entwicklungsdienst der Evangelischen Kirche in Deutschland
durch den Ausschuß für Entwicklungsbezogene
Bildung und Publizistik (ABP) gefördert.

Der Übersetzer dankt Maroun Asfour, Mohsen Ben Mhamed
und Tawfiq Dawani für ihre Hilfe sowie Monika Regelin
und Annette Schiffmann für ihre Unterstützung.

Die Deutsche Bibliothek – CIP-Einheitsaufnahme

Palästina als Metapher : Gespräche über Literatur und Politik
Mahmoud Darwisch. Vorw. von Hassouna Mosbahi.
Nachw. von Nathan Zach. Aus dem Franz. von Michael
Schiffmann. - Heidelberg : Palmyra, 1998
Einheitssacht.: La Palestine comme métaphore <dt.>
ISBN 3-930378-16-7

© Copyright der deutschsprachigen Ausgabe 1998 by
PALMYRA VERLAG, Hauptstraße 64, 69117 Heidelberg
Telefon 06221/165409, Telefax 06221/167310
e-mail: palmyra-verlag@t-online.de
Alle deutschen Rechte vorbehalten
Lektorat: Georg Stein und Christa Schönrich
Umschlaggestaltung: Georg Stein und Uwe Schmitt
Umschlagbild: Sliman Mansour
Satz: Matthias Ries
Druck und Bindung: Ebner Ulm
Printed in Germany
ISBN 3-930378-16-7

Inhalt

Vorwort
Der Dichter als Gewissen seines Volkes
Hassouna Mosbahi
7

I.
Wer seine Geschichte erzählt, erbt das Land der Erzählung
Gespräch mit dem libanesischen
Dichter Abbas Beydoun
17

II.
Es gibt keine Zukunft für die Poesie außerhalb eines poetischen Kanons
Gespräch mit dem syrischen
Literaturkritiker Subhi Hadidi
85

III.
Unsere Gegenwart will weder beginnen noch enden
Gespräch mit den palästinensischen
Schriftstellern Liana Badr,
Zakariya Muhammad und
Mundher Jaber
117

IV.

**Ich bin nicht bereit, mein
Leben einer Fahne zu weihen**

Gespräch mit der israelischen
Schriftstellerin Helit Yeshurun
137

V.

**Das Haus ist schöner
als der Weg dorthin**

Gespräch mit dem syrischen
Dichter Nuri Jarrah
209

Nachwort

Der träumende Revolutionär

Nathan Zach
233

Ausgewählte Gedichte
237

Angaben zu den Gesprächen
261

Glossar
262

Register
265

Der Dichter als Gewissen seines Volkes

Hassouna Mosbahi

> *»Das Schicksal hat es gewollt, daß meine*
> *individuelle Stimme in einer kollektiven*
> *aufging und daß mein Volk sich in mei-*
> *ner Stimme wiedererkennt.«*
>
> *Mahmoud Darwisch*

Die nun schon seit einem halben Jahrhundert andau-
ernde palästinensische Tragödie hat in Mahmoud
Darwisch ihren größten Dichter hervorgebracht.
Seine Poesie ist tief in der Erde Palästinas verwurzelt. »Jede
Faser meines Körpers und meines Seins ist geprägt von jeder
Krume meiner Heimaterde. Sie und ich – jeder von uns bei-
den ist ein Teil des anderen.« Poesie und Palästina sind bei
Mahmoud Darwisch eins. Er ist – wie es im Titel eines seiner
Gedichte heißt – der »Geliebte Palästinas«. Als jemand, der
aus seinem Land verbannt wurde, hat er nie aufgehört, seine
verlorene Heimat zu besingen. Tief verbunden mit der Ge-
schichte und Kultur seines Landes, gibt seine Stimme dem
Aufschrei seines Volkes gegen das Unrecht Ausdruck, das die
Palästinenser bis auf den heutigen Tag erleiden müssen vor
den Augen einer Welt, die gegenüber ihrem Schicksal zumeist
gleichgültig geblieben ist. »Angesichts der Barbarei«, schreibt
Mahmoud Darwisch, »kann die Poesie nur überleben, indem
sie Partei für die Schwachen ergreift – wie ein Grashalm, der

aus einer Mauerritze hervorsprießt, während die Armeen vorüberziehen.«

Seitdem er in den sechziger Jahren zum ersten Mal seine
Stimme erhob, wird Mahmoud Darwisch nicht nur von seinen Landsleuten, sondern in der ganzen arabischen Welt be-
wundert und verehrt. In Beirut und Damaskus, in Bagdad,
Kairo und in Casablanca strömen die Menschen in Massen
zusammen, um seine Lesungen zu hören. Überall in der arabischen Welt – an den Universitäten, in den literarischen und
politischen Clubs und selbst in den Gefängnissen – werden
seine Gedichte rezitiert. In den besetzten Gebieten kann jedes Kind seine Verse auswendig, und die Alten sagen sie mit
Tränen in den Augen auf. Im Gazastreifen forderten die jungen Steinewerfer der Intifada die israelischen Besatzungssol-
daten heraus, indem sie ihnen Mahmoud Darwischs Gedichte entgegenschleuderten. Selbst die *Beurs* der französischen
Vorstädte haben eine seiner bekannten Parolen aus den sieb-
ziger Jahren übernommen, um mit den Worten »daß ihr es
wißt, ich bin Araber!« die Polizei zu provozieren. Darwisch
wurde damit zum Symbol und zur moralischen und politischen Instanz seines gequälten Volkes, welches unter israelischer Besatzung oder verstreut in aller Welt lebt.

Mahmoud Darwisch wurde 1942 in Barwa, einem kleinen
Dorf in Galiläa, als Sohn eines armen Bauern geboren. Als
1948 der erste Krieg zwischen Israel und den arabischen Nach-
barländern ausbrach, war er gerade fünf Jahre alt. Seine Familie war – wie Tausende anderer Familien – gezwungen zu
fliehen und lebte einige Jahre im Libanon. Dort hörte der junge
Mahmoud zum ersten Mal das Wort »Flüchtling«, das von
nun an zur »Identität« eines ganzen Volkes werden sollte. Als
die Familie 1952 in ihre Heimat zurückkehrte, war aus dem
palästinensischen Dorf Barwa ein israelischer Kibbuz geworden, in dem nun russische und jemenitische Juden lebten.
Verletzt und in tiefster Seele getroffen, flüchtete sich der Zehn-

jährige in die Welt der Bücher, »und die Heimaterde wurde Sprache«, wie es in einem seiner schönsten Gedichte heißt.

Angeregt von seinem Großvater, mit dem er lange Spaziergänge durch die Felder unternahm, las der angehende Dichter den Koran und die Werke der großen arabischen Klassiker. Es war jedoch vor allem seine Mutter – eine schöne, aber strenge Frau –, in der er später die Quelle seines poetischen Talents zu erkennen glaubte; bei Begräbnissen hörte er sie weinend Worte reinster Poesie vor sich hinsprechen.

In Erinnerung an diese Erlebnisse sagte er einmal: »Wenn man glaubt, daß die poetische Begabung ›erblich‹ ist, so würde ich sagen, daß die Worte – und selbst das Schweigen – meiner Mutter der Ursprung meiner Poesie sind.«

Als Vierzehnjähriger schrieb Mahmoud Darwisch sein erstes Gedicht, das er bei einer Schulfeier vortrug. Noch am selben Tag wurde er verhaftet. Er ließ sich jedoch durch die brutalen Verhöre und Drohungen der Besatzer nicht einschüchtern. Sie forderten ihn im Gegenteil heraus, noch flammendere, noch leidenschaftlichere Gedichte zu schreiben. Er »ergriff« das Wort, die Sprache der Poesie, wie andere zu den Waffen greifen. In der Schule hatte Mahmoud Darwisch Hebräisch gelernt. Hebräisch war auch die Sprache, in der er die griechischen Tragödien und die Dichter las, die später einen großen Einfluß auf ihn hatten: Pablo Neruda, García Lorca, Louis Aragon, Paul Eluard und andere. Zu seinen Vorbildern gehörten vor allem auch die zeitgenössischen arabischen Dichter, die nach dem Zweiten Weltkrieg die arabische Lyrik modernisiert und von den starren Formen des klassischen Versmaßes befreit hatten. Es waren unter anderem der syrische Dichter Nizar Kabbani sowie die Iraker Badr Schakir al-Sayab und Abd al-Wahab al-Bayati, die ihn für die moderne Poesie begeisterten. Unter ihrem Einfluß fing er an, mit seinen Gedichten das palästinensische Volk aufzurütteln, sich gegen diejenigen aufzulehnen, die seine Heimat »gestohlen« haben.

Als Darwisch jedoch erkannte, daß Worte und Demonstrationen als Widerstandsformen nicht ausreichten, trat er der Kommunistischen Partei Israels (*Rakach*) bei und beteiligte sich an politischen Aktionen. Immer wieder kam er wegen seines politischen Engagements und wegen seiner Gedichte ins Gefängnis; mehrmals wurde er unter Hausarrest gestellt. Die tägliche Konfrontation mit der israelischen Militärmacht und die damit verbundenen Demütigungen und Mißhandlungen hinderten den jungen Dichter nicht daran, eine Liebesbeziehung zu einem jüdischen Mädchen polnisch-russischer Herkunft einzugehen und freundschaftliche Kontakte zu jungen Israelis zu knüpfen, vor allem zu einem jungen Mann aus der Nachbarschaft, der ihm und dem palästinensischen Volk immer wieder seine Sympathie und Solidarität versicherte. Doch der Krieg setzte dieser Freundschaft bald ein Ende. Der junge Nachbar verließ das Land, weil er die Politik Israels nicht mehr akzeptieren konnte. Mahmoud Darwisch widmete ihm sein Gedicht *Ein Soldat, der von weißen Lilien träumt.* Auch die Liebe konnte den Spannungen nicht standhalten, die sich aus der politischen Situation ergaben: »Ich habe immer große Anstrengungen unternommen, um die menschlichen und politischen Aspekte einer Beziehung miteinander zu versöhnen. Doch ich bin immer in eine Sackgasse geraten. Es war unmöglich, sich einer glücklichen Liebe hinzugeben. Die Realität provozierte ständigen Streit, und die feindliche Atmosphäre drang selbst in die intimsten Beziehungen ein. Mann und Frau umarmten sich, doch der Feind kauerte unter ihrem Bett.«

Inzwischen gilt Mahmoud Darwisch in der ganzen arabischen Welt als einer ihrer größten Dichter. Seine Gedichte haben längst die Barrieren durchbrochen, die dem palästinensischen Volk unter israelischer Besatzung auferlegt wurden, und erreichten die palästinensischen Flüchtlingslager in Damaskus, im Libanon, in Jordanien und anderswo. Nachdem er

Mahmoud Darwischs Gedichte und die seines Freundes Samih al-Kassims gelesen hatte, sprach der ägyptische Literaturkritiker Rajah al-Nakasch »von einem neuen Atem in der palästinensischen und arabischen Poesie«.

Die Befürchtung, seine Poesie könnte angesichts eines von Angst und Schrecken dominierten täglichen Lebens austrocknen und ihm zum »Provinzdichter« machen, führte Mahmoud Darwisch 1970 zu dem Entschluß, ins Exil zu gehen. Wenn der Dichter seine Heimat verliert, dann werden Sprache und Worte zu dieser verlorenen Heimat. Wo immer ihn sein Exil auch hinführte – nach Beirut oder Kairo, nach Tunis oder Paris –, das verlorene Palästina, »das die Väter nicht zu verteidigen wußten«, wurde nun zu einem unendlichen, ergreifenden Gesang, einer Hymne an die Erde, das hellenische Meer und an die Geschichte: »Diese drei Elemente«, so erklärt er, »sind tatsächlich essentiell in der palästinensischen Poesie, in meiner jedenfalls. Die Erde, um die es sich hier handelt, ist nicht immer die Palästinas, ganz so, als hätten die Grenzen sich verwischt. Sämtliche Grenzen: die, welche die Länder voneinander trennen, die, welche die Menschen trennen, die zwischen den von den Besatzern beschlagnahmten Ländereien und die der Identitäten. Ich persönlich versuche, all diese Dimensionen miteinander zu vermischen, sie zu bestimmten Augenblicken in einer von mir beabsichtigten, gleichsam mystischen Einheit verschmelzen zu lassen. Einer Einheit des Geschaffenen, in der die Frau, die Mutter und die Geliebte eins sind, in der die Unterschiede zwischen dem Menschen und der Erde in einem Glanz der Heiligung und Verehrung verschwinden. Später kam auch noch der Augenblick des plötzlichen Aufbruchs, nicht nur aus dem Heimatland, sondern auch aus dem Land an der Grenze zum Meer in die Heimatlosigkeit.«

Nach den blutigen Ereignissen des »Schwarzen September« von 1970, als König Hussein von Jordanien die Militärbasen der palästinensischen Widerstandsorganisationen sowie auch einige Flüchtlingslager mit schweren Waffen angriff, ließ sich Yassir Arafats PLO in Beirut nieder, wo Mahmoud Darwisch die nächsten Jahre seines Exils verbrachte. Dann brach der libanesische Bürgerkrieg aus, und die Palästinenser erlebten eine weitere Tragödie. 1976 intervenierte die syrische Armee im Libanon, bombardierte das Lager von Tel al-Zaatar, wobei Hunderte von Frauen, Kinder und alte Menschen ums Leben kamen.

Als die israelische Armee im Sommer 1982 in Beirut einmarschierte, war Mahmoud Darwisch in der belagerten Stadt. Ein Jahr später veröffentlichte er einen Prosatext mit dem Titel *Eine Erinnerung für das Vergessen,* der heute von arabischen und europäischen Kritikern als der beste Augenzeugenbericht über die Belagerung der libanesischen Hauptstadt angesehen wird. Dieser Text ist in einer Sprache geschrieben, die dem Eisen der Granaten und Geschosse wie ein Panzer trotzt. Den Titel kommentierte Mahmoud Darwisch folgendermaßen: »Das Vergessen ist eine Gnade. Der Mensch kann nicht ohne diese Dialektik zwischen Gedächtnis und Vergessen leben. Das Gedächtnis ist selektiv: Wir müssen lernen, es zu entrümpeln, um es mit neuen Inhalten zu füllen. Ein ganz finsteres Gedächtnis hindert uns daran, das Licht des kommenden Tages zu sehen. Was mich betrifft, so kann ich nicht sagen, ich werde niemals vergessen. Denn dies ist eine Haltung, die jeden Frieden mit der übrigen Welt und den Anderen unmöglich macht [Darwisch bezeichnet mit dem Begriff der »Andere« den Fremden, das Gegenüber, den Israeli; A.d.Ü.]. Ich erinnere mich an Beirut, um es vergessen zu können. Das Gedächtnis muß fähig sein, zu vergessen, um nicht ein Hindernis auf dem Weg zum Fortschritt und zur Toleranz zu werden.«

Trotz dieser Bereitschaft zu vergessen, fanden die tragischen Ereignisse während des libanesischen Bürgerkriegs, deren Opfer nicht zuletzt die dorthin geflüchteten Palästinenser wurden (erinnert sei an das Massaker von Sabra und Shatila), ihr Echo in den Gedichten Mahmoud Darwischs, der immer sensibler für die Leiden seines vertriebenen Volkes wurde und der einmal sagte: »Die Poesie hat das Recht, die Hoffnungslosigkeit auszudrücken... Ich kenne keine große Dichtung, die das Ergebnis großer Siege wäre – angefangen bei den griechischen Tragödien. Das Mitgefühl mit den Opfern bewegt uns viel mehr als die Ruhmestaten der Sieger. Ich habe das Recht als Dichter, die Niederlage zu bekennen und zu beschreiben. Ich nehme Partei für Troja, weil Troja das Opfer ist. Meine Erziehung, meine Daseinsform und meine Erfahrungen sind die eines Opfers. Und mein Konflikt mit dem Anderen kreist nur um die Frage, wer von uns beiden es verdient, als Opfer bezeichnet zu werden. Ich habe dem Anderen oft im Scherz gesagt: »Vertauschen wir doch unsere Rollen. Ihr seid ein siegreiches Opfer, gespickt mit Nuklearsprengköpfen. Wir sind ein der Herrschaft unterworfenes Opfer, gespickt mit poetischen Köpfen. Ich weiß nicht, ob die poetische Überlegenheit uns eine nationale Legitimität verschafft. Aber die Poesie ist mein Beruf.«

1987 wurde Mahmoud Darwisch in das Exekutivkomitee der PLO gewählt. Zusammen mit Arafats Kämpfern hatte er 1982 Beirut verlassen und lebte seither zwischen Paris und Tunis. In dieser Zeit schrieb er viele bedeutende Reden Yassir Arafats. Der schwierige Balanceakt zwischen dem politischen Aktivisten und dem Dichter hat ihn jedoch nie dazu verführt, die Politik über die Poesie zu stellen. Für ihn gibt es ein viel schmerzlicheres, viel gefährlicheres Exil als das geographische – nämlich die Gefahr, daß seine Dichtung von den politischen Aktivitäten »annektiert« werden könnte.

Im August 1993, kurz vor der Unterzeichnung des Oslo-Abkommens in Washington, trat Mahmoud Darwisch aus dem Exekutivkomitee der PLO aus. Die Wege von Arafat, dem Pragmatiker, und dem schwärmerischen Dichter trennten sich. Darwisch glaubte nicht, daß die Friedensvereinbarung von Oslo zu einem wirklichen Frieden führen würde. Er vertrat diese Position, obwohl er schon seit langer Zeit ein Mann des Friedens war.

Im selben Jahr veröffentlichte Mahmoud Darwisch einen Gedichtband mit dem Titel *Elf Sterne über dem Auszug aus Andalusien*. Mit Gefühl und Zorn erweist er sich hier als Visionär, als jemand, der erschöpft ist von der Bürde, die Wunden und Tragödien seines Volkes in Worte zu fassen. Er fühlt, daß seine Stimme nicht mehr authentisch ist. Er ist nach seinen eigenen Worten »eingeschlossen in einem Schrei, verfolgt von vielen Schatten – den Schatten der Herkunft, den Schatten der Menschen, die seit einem halben Jahrhundert im Exil leben, und den Schatten eines zur Heimatlosigkeit und zum Kampf verdammten Volkes –, ausgeliefert dem ständigen Verrat der Brüder und dem ewigen Verlangen, nach Hause zurückzukehren. Ich bin derjenige, der in seinen Wunden die Geschichte der Völkerwanderungen erblickt, von den Tagen der Höhlenbewohner bis in die Neuzeit.«

Nach langen und schwierigen Verhandlungen mit den israelischen Behörden durfte Mahmoud Darwisch im Oktober 1996 – nach 25jährigem Exil – seine Heimat besuchen. Dieser Besuch war eine wichtige Zäsur, die ihn zu der Erkenntnis brachte, daß der Palästinenser als Mensch an der Schwelle einer Revolte gegen sein eigenes Bild steht. Ein Bild, nach dem er zu leiden, zu sterben oder den heroischen Kämpfer zu spielen hatte. »Heute stehen wir am Beginn einer Periode«, sagte er nach seiner Rückkehr, »in der wir den Palästinenser als Menschen wahrnehmen. Wir beurteilen seine Musik, seine Literatur, ohne an das Mitleid, an die Solidarität zu appellieren. Wir werden unsere Geschichte neu lesen müssen – unsere Geschichte in den Zelten, in den Flüchtlingslagern, im Exil, in den Militärbasen unserer Kämpfer. Wir werden uns die Frage stellen: Sind wir die, die wir einmal waren, oder wer sind wir?

Wurden wir betrogen? Unser Kampf war sehr lange. Endlos. Da er so lange dauerte, sind innerhalb des palästinensischen Volkes mehrere Gesellschaften entstanden. Voraussetzung des Friedensprozesses ist, daß sie auf demokratische Weise integriert werden. Andernfalls droht ein Bürgerkrieg.«

Seit dem Machtantritt Benyamin Netanyahus in Israel ist Mahmoud Darwisch, der seit 1996 in Amman lebt, dem Friedensprozess gegenüber noch skeptischer geworden. Und er begründet dies so: »Trotz aller Unzulänglichkeiten und Fallen der Verträge von Oslo hatte sich doch langsam so etwas wie eine ›Kultur des Friedens‹ entwickelt. Es gab Begegnungen, gemeinsame Symposien und Konferenzen. Benyamin Netanyahu hat uns auf eine ›Kultur des Krieges‹ zurückgeworfen. Es handelt sich nicht um eine Scheidung; wir leben vielmehr in einer Zwangsehe mit den Israelis, die von der Geschichte diktiert wird. Doch es kann keine normale Beziehung zwischen Besatzern und Besetzten geben. Solange der Andere meine Existenz und mein Recht auf diese Erde, auf der ich geboren bin, nicht anerkennt, kann man sich nicht auf die Reise in eine gemeinsame Zukunft begeben. Mein Traum ist es, zusammen eine gemeinsame Geschichte auf derselben Erde aufzubauen. Vorbedingung dafür ist, daß Israel das Unrecht und die Leiden, die dem palästinensischen Volk zugefügt worden sind, eingesteht und unser Recht auf einen unabhängigen Staat anerkennt.« Mahmoud Darwisch appelliert mit seinem Friedenswillen nicht nur an seine Landsleute, sondern auch an das jüdische Volk, in der Hoffnung, daß es der Poesie eines Tages gelingen wird, »das Massaker zu beenden«.

Aus dem Französischen von Erdmute Heller

I.

Wer seine Geschichte erzählt, erbt das Land der Erzählung

1995

Gespräch mit dem libanesischen
Dichter Abbas Beydoun

*L*assen Sie uns mit Ihrem letzten Buch beginnen. Ihr
Vater, dem man in Ihrer Dichtung sonst selten begeg-
net, wird darin mit dem Weggang und der Vertrei-
bung aus Palästina in Verbindung gebracht. Im Gegensatz zu
Ihrer Mutter, die dauerhaft in Zeit und Raum verwurzelt ist.
»Warum hast du das Pferd seiner Einsamkeit überlassen?« –
so der Titel dieser Gedichtsammlung – vermittelt das Gefühl,
daß Sie sich der Autobiographie annähern, und es finden sich
in diesem Band zahlreiche Bezüge auf wirkliche Begebenhei-
ten. Das bietet uns einen ganz natürlichen Anlaß, über Ihre
Kindheit zu sprechen.

Väter haben wir im Verlauf der Geschichte viele gehabt, während es immer nur eine einzige Mutter gab. Die Identität der
Väter hat sich verändert, die der Mutter ist dieselbe geblieben. Das Land meiner Geburt ist, wie Sie wissen, ein Ort des
Zusammentreffens von göttlichen Botschaften, Zivilisationen
und Kulturen, Propheten und Invasoren. Aber ihnen allen ist
gemeinsam, daß sie nur vorübergehende Gäste gewesen sind,
ganz gleich, wie lange ihr Aufenthalt gedauert hat. Und so ist

17

auch der »Vater« nie ein einziger ein für allemal und für immer, im Unterschied zur Mutter, die – auch wenn man sie nicht auf diese eine Metapher reduzieren darf – den Gedanken der physischen und historischen Kontinuität verkörpert. Von daher rührt die Kraft unserer kulturellen Verbindung zur »Mutter Erde«.

Außerdem gehöre ich einer Generation an, die ihre leiblichen Väter für den Weggang und das Exil verantwortlich macht. Die Väter, unsere Väter, haben in der Verteidigung unseres Landes versagt. Wir stellen ihnen immer noch Fragen darüber, und unsere Bindungen bleiben wegen dieser Gespräche voller Vorwürfe zwiespältig. Gleichzeitig bewahrt die Mutter ein ideales, aus der Ära früherer Mutterschaften überkommenes Bild. Das ist die wenn auch ein wenig verkürzte Erklärung für meine Haltung zu Vater und Mutter.

Alles in allem stimmt es, daß das Buch *Warum hast du das Pferd seiner Einsamkeit überlassen?* sich meiner Autobiographie annähert und daß ich darin meine Vergangenheit neu zusammensetze. Aber ich versehe den Vater und die Mutter mit Kennzeichen, die über ihre bloßen Eigenschaften als meine Eltern hinausweisen – symbolischen Bezügen auf den Ort, die Kultur und das Menschliche überhaupt.

Ich stamme aus einem bäuerlichen Milieu. Meine Familie besaß ein wenig Land. Sie arbeitete auf ihm und lebte von seinen Erzeugnissen. Meine Kindheit ist erfüllt von ländlichen Bildern. Mein Vater war ausschließlich mit dem Boden und der Abfolge der Jahreszeiten beschäftigt und in einem solchen Grad von seiner Arbeit in Anspruch genommen, daß er uns als mit seinem Boden eins geworden erschien. Er ging morgens weg, kehrte nicht vor Einbruch der Nacht zurück und überließ uns, meine Brüder und mich, der Obhut meines Großvaters, der uns verwöhnte, mit uns spazierenging, mit uns die Nachbardörfer besuchte. Mein Großvater war also mein eigentlicher Vater.

Der Name Ihrer Mutter ist Houriya.

Houriya, meine Mutter, war eine sehr schöne Frau. Sie arbeitete ebenfalls auf dem Feld. Sie stammte nicht aus unserem Dorf, sondern aus dem Nachbardorf, in dem ihr Vater Bürgermeister war. Als ich älter wurde, habe ich meine Eltern gefragt, wie sie geheiratet haben. Ihre Heirat war so traditionell, wie man es sich nur denken kann. Mein Großvater hatte sich aufgemacht, eine Frau für seinen Sohn zu suchen, und man sagte ihm, der Bürgermeister des Nachbardorfes habe eine Tochter im heiratsfähigen Alter. Er ging hin und hielt für seinen Sohn um ihre Hand an. Angeblich haben meine Eltern geheiratet, ohne einander zuvor überhaupt gesehen zu haben, was ich allerdings bezweifle. Ich stelle mir vor, daß es ihnen doch gelungen ist, vorher einige heimliche Blicke auszutauschen.

Ihre Beziehung war von Reibereien und Streitigkeiten gekennzeichnet, vor allem, nachdem meine Familie von ihrem Land vertrieben, von ihm abgeschnitten worden war und wir in äußerst schwierigen Verhältnissen lebten.

Die Wutanfälle meiner Mutter hinterließen einen bleibenden Eindruck bei mir, während mein Vater ständig über den Verlust seiner Erde jammerte. Wenn sie stritten, floh ich oft aus dem Haus, obwohl ich auf der Seite meines Vaters stand, denn er war versöhnlich und außerordentlich sensibel. Meine Mutter dagegen war regelrecht grausam. Sie schlug mich ohne Grund. Oft hatte ich das Gefühl, daß sie dabei ihre Streitigkeiten mit meinem Vater abreagierte, als ob sie die Verantwortung dafür auf mich abladen wollte. Am Ende war ich mir sicher, daß meine Mutter mich haßte. Es war fast ein Komplex. Ich habe meinen Irrtum erst eingesehen, als ich das erste Mal im Gefängnis war. Ich war sechzehn Jahre alt. Meine Mutter besuchte mich und brachte mir Kaffee und Obst. Sie schloß mich in die Arme und bedeckte mich mit Küssen. Da habe ich begriffen, daß sie mich nicht haßte. Damals habe ich mein Gedicht *Ich sehne mich nach dem Brot meiner Mutter*, ein Gedicht der Versöhnung mit ihr, geschrieben. Und als ich später meine Familie verließ, um in Haifa zu leben, erkannte ich, daß ich ihr Lieblingssohn war. Nicht weil ich der beste, sondern weil ich der abwesende Sohn war.

Waren Sie der Älteste von Ihren Brüdern und Schwestern?

Nein, der Zweitälteste. Und das war schwierig für mich. Der Älteste ist der Schützling des Vaters, der Jüngste der der Mutter. Und der in der Mitte steht zwischen ihnen.

In *Warum hast du das Pferd seiner Einsamkeit überlassen?* erzähle ich zum Teil die Geschichte unserer Familie, aber es handelt sich dabei nicht nur um eine Biographie, denn unsere Geschichte zeigt auch etwas von einer kollektiven Geschichte, ohne daß ich das bewußt beabsichtigt hätte.

1948 sind Sie von Palästina in den Libanon gegangen. Sie haben dort eine Weile gelebt und sind dann nach Palästina zurückgekehrt. Was haben Sie von Ihrem Aufenthalt im Libanon im Gedächtnis behalten?

Bilder. Vielleicht auch eine Erfahrung. Aber die Bilder sind in meiner Erinnerung viel ausgeprägter als die Erfahrung. Im Libanon habe ich das erste Mal einen Wasserfall zu Gesicht bekommen. Ich hatte vorher noch nie einen gesehen. Ich wußte nicht, was ein Wasserfall ist. Ich habe die Äpfel an den Bäumen gesehen, während ich bis dahin davon überzeugt gewesen war, daß die Äpfel in ihren Kisten wachsen. Für meinen Großvater war die Reise in den Libanon eine Art touristische Unternehmung, und tatsächlich verwandelte sie sich in einen Ferienaufenthalt.

Ihr Großvater ist mit Ihnen gereist?

Er war es, der die Reise veranlaßt hat. Wie praktisch die Gesamtheit der Palästinenser war er davon überzeugt, daß das Exil nur vorübergehend sein würde. Nichts weiter als eine kurze Abwesenheit, um den arabischen Armeen freies Feld zu lassen und dann wieder in unser Land zurückzukehren. So haben wir einige Monate in dem kleinen Dorf Jezzin verbracht. Dann kam der Winter, und ich habe zum ersten Mal Schnee gesehen. Wir gingen dann nach Damour, das nur einige Kilometer von der Hauptstadt entfernt ist. Ich erinnere mich an die Straßenbahnen von Beirut. Ich erinnere mich, daß wir an der Küste von Damour gebadet haben. Zahlreiche Erinnerungen, zahlreiche Bilder verbinden mich mit dieser Zeit. Im Libanon habe ich auch das erste verletzende Wort gehört.

Welches?

Flüchtling. In der Schule wurde ich bei der geringsten Meinungsverschiedenheit mit einem Schüler als *Flüchtling* abgestempelt. Um nicht zu ungerecht gegenüber den Libanesen zu sein, muß ich hinzufügen, daß ich dieses Wort auch gehört habe, nachdem wir heimlich über die Grenze nach Palästina zurückgekehrt waren. Wir haben es aus dem Munde von Dorfbewohnern vernommen, bei denen wir Zuflucht gesucht hatten, denn wir sind nicht in unser eigenes Dorf zurückgegangen. Meine Klassenkameraden behandelten mich als *Flüchtling*, weil ich besser war als die anderen Schüler.

Sie haben Ihr Dorf, Barwa, nicht mehr wiedergefunden. Ist es vollständig verschwunden?

Es wurde nach unserer erzwungenen Abreise von der Landkarte ausradiert. Man hat an seiner Stelle zwei Siedlungen gebaut; die eine für jüdische Einwanderer aus Europa, die andere für Immigranten aus dem Jemen.

Was bedeutet, daß Sie Palästina verloren haben, selbst nachdem Sie dorthin zurückgekehrt sind?

Ich habe mein persönliches Heimatland nicht wiedergefunden. Und auch nicht meinen persönlichen Ort. Der erste Ort meines Lebens ist gleich nach unserer Abreise beseitigt worden. Das ist der Grund, weshalb ich, wenn ich meine Geschichte erzähle, zwangsläufig eine kollektive Geschichte wiedergebe, nämlich die von ganz Palästina. Aber lassen wir diese Betrachtungen über das Persönliche und das Kollektive, über das »Ich« und die »Gruppe«. Das Schicksal wollte es, daß meine individuelle Geschichte sich mit einer kollektiven Geschichte vermischt und daß mein Volk sich in meiner Stimme wiedererkennt.

Hatten Sie, so jung wie Sie damals noch waren, schon ein Bild vom israelischen Juden?

Ich habe meinen ersten Israeli direkt nach unserer »Infiltration« aus dem Libanon gesehen. Wir wohnten zusammen mit den Eltern in einem anderen Dorf. Wir schliefen zu fünft in einem Zimmer. Mitten in der Nacht kam ein israelischer Offizier herein und weckte meinen Großvater auf, um ihn zu fragen, wie er ins Land gekommen sei. Er machte mir keine Angst, denn er war liebenswürdig. Das ist ein erstes Bild. Das nächste Bild war anders. Ich trug als Kind auf dem Schulfest ein patriotisches Gedicht vor. Ein Offizier bestellte mich zu sich, drohte mir und behandelte mich auf äußerst grobe Weise. Aber die beste unter meinen Lehrern war eine jüdische Lehrerin, während der Schuldirektor und der Englischlehrer wenig Begeisterung erweckten. Und natürlich war auch mein erster Gefängniswärter Jude… Ich sage das alles, um Ihnen klarzumachen, daß ich vielfältige Bilder vom israelischen Anderen habe.

Was ist mit dem Bild vom »Feind«?

Das Bild war von Anfang an menschlich, vielfältig und unterschiedlich. Ich habe keine einheitliche und ein für allemal feststehende Sicht vom Anderen. Ich hatte jüdische Lehrer, meine Verfolger waren ebenfalls Juden. Die Frau, die mich liebte, war Jüdin. Die, die mich haßte, ebenfalls.

Können wir über Ihre Liebe zu dieser Jüdin sprechen?

Das können wir.

Ist sie in Ihrer Poesie präsent?

Sie ist präsent. Aber zu wissen, wie eine Liebe entsteht... Das kann man nicht erklären. Vielleicht ist es einfach Zufall. Das Begehren, die zärtliche Anziehung – so entsteht die Romanze. Die israelische Gesellschaft ist, verglichen mit der mehr traditionellen arabischen Gesellschaft, westlich und offen. Es war nicht leicht, eine Liebesbeziehung zu einem arabischen Mädchen anzuknüpfen. Meine erste Liebe war eine Araberin, aber unsere Beziehung bestand aus einem Briefwechsel! Ohne daß wir uns jemals begegnet sind. Ein Brief nach hier, ein Brief nach da. Ich war so glücklich, wenn sie meinen Brief bekam, ebenso, wenn ich ihre Antwort erhielt. Aber die erste Liebesbeziehung, die diesen Namen verdient, hatte ich mit einer Jüdin.

War diese Beziehung zwiespältig?

Unvermeidlicherweise. Diese Art von Beziehung war zwangsläufig zwiespältig, besonders die Beziehung zu den Eltern der Geliebten, auch wenn ihre Reaktionen entsprechend ihrer unterschiedlichen Herkunft, Bildung und Weltanschauung verschieden waren. Ich war in ein Mädchen verliebt, deren Vater Pole und deren Mutter Russin war. Die Mutter hat mich akzeptiert, der Vater hat mich abgelehnt, und zwar nicht nur deshalb, weil ich Araber bin. Damals fühlte ich mich übrigens nicht die ganze Zeit als Objekt eines Rassismus oder eines aus dem Innersten kommenden Hasses. Es war der Junikrieg von 1967, der alles umwälzte. Er setzte sich, bildlich gesprochen, zwischen beiden Körpern fest, er verschärfte die Unvereinbarkeit bis ins Unbewußte hinein. Stellen Sie sich vor, Ihre Freundin ist Soldatin einer Besatzungsarmee, die die Mädchen Ihres Volkes in Nablus und Jerusalem verhaftet. Das bedrückt einem nicht nur das Herz, sondern auch das Gewissen. Der Krieg von 1967 hat Liebesbeziehungen zwischen arabischen jungen Männern und jüdischen jungen Frauen einen Riegel vorgeschoben.

Haben Sie in Ihrem Innersten gespürt, daß diese Liebe nicht vollständig sein konnte?

Ja.

Wegen des Krieges oder auch abgesehen von ihm?

Selbst ohne den Krieg hätte diese Liebe nicht glücklich sein können. Sie konnte nicht in die Tiefe gehen. Was dann bleibt, sind Neigungen, Begierden, Gefühle, aber ohne Horizont. Und das liegt an dem sozialen und kulturellen Unterschied. Die andere Gesellschaft akzeptiert den Araber nur schwer. Wir sind in ihren Augen die *Fremden*.

Das Bild vom Feind konnte somit niemals völlig verschwinden.

Nein. Es konnte nicht verschwinden. Aber Frauen verstehen es, solchen Gedanken auszuweichen.

Haben Sie jemals eine ganz tiefe Beziehung gehabt, die diese Idee vom Feind völlig ausgeschlossen hat?

Ich habe mich immer sehr bemüht, die menschlichen Komponenten einer Beziehung und ihre ideologischen Aspekte miteinander zu versöhnen. Ob der Widerspruch sich entspannte oder verschärfte, hing vom Gang der Ereignisse ab. Aber am Ende bin ich immer in einer Sackgasse angelangt. Es war unmöglich, in einer glücklichen Liebe aufzugehen. Die Realität verschärfte die Spannungen, führte zu Streitigkeiten. Die Idee des Feindes war schon in die Beziehung eingedrungen; der Mann und die Frau umschlangen einander, aber der *Feind* kauerte unter ihrem Bett.

Er ist auch der Feind der Liebe.

Er ist der Feind der Liebe. In einem meiner ersten Gedichte, *Eine schöne Frau in Sodom*, sage ich: »Und jeder tötet den anderen hinter dem Fenster.« Das Bewußtsein war zerrissen. Es blieb nur die leidenschaftliche Seite der Liebe. Ein intimer Teil, der von der Liebe den Waffenstillstand der Körper stahl. Aber es genügte, aus seinem Körper herauszutreten, um der Idee des Feindes auf der Straße zu begegnen.

Was bedeutete es, daß nur der Körper sich von den äußeren Gegebenheiten befreien und zur Einheit gelangen konnte?

Der Körper war nur in einem Wald oder einem geschlossenen Zimmer unabhängig, nicht auf der Straße und im offenen Tageslicht.

Aber die Dinge liegen verschieden, je nachdem, ob der Andere als Individuum oder als Repräsentant einer Gruppe wahrgenommen wird.

Gewiß verhält es sich anders, wenn jeder den Anderen in seiner Eigenschaft als Individuum wahrnimmt. Ich hatte zahlreiche jüdische Freunde. Aber im entsprechenden Augenblick werden die Individuen immer von ihrer Gemeinschaft an die Ordnung erinnert. Einer meiner besten Freunde war mein jüdischer Nachbar. Er ist am Vorabend des Junikrieges 1967 zu mir gekommen, um sich zu verabschieden, mir zu versichern, daß der Krieg unausweichlich kommen würde, und um mir einen Pakt vorzuschlagen. Jeder von uns sollte den anderen schützen, je nachdem, ob der Krieg von den Arabern oder von den Israelis gewonnen würde. Ich würde ihn beschützen, wenn die ägyptische Armee in Haifa einmarschieren würde, und er würde mich beschützen, wenn die Israelis den Krieg gewännen. In meinem Gedicht *Ein Soldat, der von weißen Lilien träumt* habe ich die Geschichte dieses Freundes erzählt, der nach dem Krieg zu mir kam, um mir seine Entscheidung mitzuteilen, Israel für immer zu verlassen. Er wollte kein Rädchen in einer Kriegsmaschine mehr sein. Er war ein Humanist, und seine Erziehung war von Pluralismus und Offenheit geprägt. Mit idealistischen Ideen nach Israel gekommen, fand er heraus, daß die Realität ganz anders aussah. Und so ist er fortgegangen. Das Gedicht beschreibt ihn folgendermaßen: Ein einzelner, der sich in sich selbst zurückzieht, der seine Individualität von seiner Gruppe wieder an sich zieht, aber der Druck des Kollektivs ist dennoch mächtig und hart.

Besonders die Medien übten damals einen sehr starken Einfluß aus. Die Israelis glaubten auf eine religiöse Art an das, was sie in ihren Zeitungen lasen. Das ging so weit, daß, wenn einer von ihnen in einer Diskussion in die Enge getrieben war, er als letzte Waffe das Argument vorbrachte: *Aber es steht doch in der Zeitung…* Und wer auch immer begann, ein Bewußtsein zu erlangen und seine Sicht vom palästinensischen Anderen zu revidieren, wurde von der riesigen Maschine des Bildungssystems und der Medien in sein Ghetto heimgeholt, das Ghetto des Eroberers.

Sie haben gerade von dem »Fremden« gesprochen. Das ist ein Thema, das in Ihrer Poesie ständig wiederkehrt. Woher kommt das?

Der Begriff des »Fremden« kann auf mehreren Ebenen gefaßt werden. Die erste besteht ganz einfach darin, daß wir in unserem eigenen Heimatland als Fremde behandelt werden. Die siegreiche und herrschende jüdische Mehrheit ist der Auffassung, daß wir uns nicht in unserer Heimat befinden, sondern in ihrem Land, das sie nach zweitausend Jahren des Exils wiedergewonnen hat. Eine weitere, ebenfalls ganz einfache Ebene ergibt sich für mich aus der Tatsache, daß ich mich nicht mehr in meinem Dorf befinde, das nicht mehr existiert, sondern bei unseren arabischen Nachbarn. Das ist ein Exil im Innern ein und derselben Gesellschaft, im Rahmen ein und derselben Identität. Und schließlich gibt es einen komplexeren Begriff des Fremden, der dem menschlichen Leben als solchem innewohnt.

Wir sind alle Fremde auf dieser Erde. Seit seiner Vertreibung ist Adam ein Fremder auf dieser Erde, auf der er vorübergehend seine Wohnstatt aufgeschlagen hat, während er darauf wartet, ins ursprüngliche Eden zurückkehren zu können. Die Vermischung der Völker, ihre Wanderungen sind nichts anderes als die verschlungenen Wege von Fremden. Sogar der Frieden verwirklicht sich nur in dem Maße zu bestimmten Zeiten der Geschichte, in dem er das Wiedererkennen von Fremden durch andere Fremde ist, so daß es letztlich für die einen wie für die anderen unmöglich wird zu wissen, wer von ihnen eigentlich der Fremde ist. Ich unterscheide in meiner Poesie zwischen dem Fremden und dem Feind. Der Fremde ist nicht ausschließlich der Andere. Er ist auch in mir. Ich spreche nicht von ihm, um mich über ihn zu beklagen oder den Anderen zurückzuweisen. Er ist in mir.

Er ist eine der Bezeichnungen des Ich?

Vielleicht. Und selbst da, wo das nicht der Fall ist, ist der Begriff des Fremden weniger fern von mir, weniger kategorisch als der des Anderen.

Gibt es ein einheitliches Konzept vom Anderen?

Meine Poesie enthält unterschiedliche Ebenen des Ich, des Anderen und des Fremden. Aber selbst in der extremsten Spannung des Konzepts, das heißt, wenn seine Verwendung auf den Feind abzielt, lehne ich niemals die Unterschiedlichkeit ab. Denn auch in diesem Fall gestatte ich dem Feind, eine Stimme zu haben und sich auszudrücken.

Ich möchte gerne für einen Augenblick auf Ihre Kindheit zurückkommen. Wie steht es mit Ihrer dichterischen Erziehung? Kommen Sie aus einer Familie von Dichtern?

Weder von Dichtern noch von Schriftstellern; jedenfalls, was den augenblicklichen Stand meiner Kenntnisse über den Familienstammbaum betrifft!

Wie sind Sie zur Dichtung gekommen?

Ich weiß es nicht. Ich habe einmal versucht herauszufinden, wer mich aus der Familie während meiner Erziehung der Poesie hätte näherbringen können. Mir ist meine Mutter eingefallen. Sie haßte Hochzeiten und ging auch nie zu ihnen hin. Aber sie versäumte keine einzige Beerdigung. Ich habe sie einmal während einer Beisetzung wehklagen hören. Ich habe sie Worte sagen hören, die reine Poesie waren. Wenn man glaubt, daß die Poesie erbliche Ursprünge hat, würde ich sagen, daß die Worte meiner Mutter und selbst die Augenblicke ihres Schweigens der Nährboden meiner Poesie sind. Dessen ungeachtet war es mein älterer Bruder, der mir geholfen hat, der mich an die Hand genommen und über meine im Entstehen begriffene Dichtung gewacht hat. Er war es, der mich ermutigte, meine ersten stammelnden Versuche zur Dichtung ernst zu nehmen.

Ist er Schriftsteller?

Nein, aber er ist es gewesen.

Es gibt also doch Schriftsteller in Ihrer Familie.

Aber er hat das Schreiben aufgegeben und sich damit begnügt, mich zu ermutigen. Meine ersten Lehrer haben mir ebenfalls geholfen.

Könnten Sie uns von Ihrer ersten Lektüre erzählen?

Ich habe mich zunächst zu den Volksdichtern hingezogen gefühlt, den Hochzeitsdichtern und den Dichtern der spontan entstehenden Wortgefechte des *Zajal*.

Zu den Wechselgedichten der Dichter des »Zajal«?

Das war nach unserer »Infiltration« aus dem Libanon. Ich erinnere mich an ein Haus am Rande des Dorfes, wo jede Nacht ein Sänger hinkam, der seine Geschichte erzählte. Seine Stimme war melodiös und seine Dichtung schön. Bei Tagesanbruch verschwand er dann, denn er wurde von der israelischen Polizei gesucht. An diesen Sänger habe ich in meinem Gedicht *Die Erde* gedacht: »Der Sänger sang vom Feuer und den Fremden, und der Abend war der Abend.« Diesem von der israelischen Armee verfolgten Mann hörten wir des Nachts zu, und am Tag verschwand er. Er erzählte seine Geschichte eines Gejagten auf der Flucht; von der Suche nach seinen Angehörigen; wie er die Berge emporkletterte und in die Täler hinabstieg. Da habe ich erkannt, daß Worte die Wirklichkeit in sich tragen, ihr sogar gleichkommen können.

Was war für Sie damals die Dichtung?

Die, der ich während unserer Zusammenkünfte in diesem Haus zuhörte: die volkstümlichen Heldenerzählungen insgesamt, zum Beispiel die von Antar.

Diese Heldensagen sprudelten über vor Poesie. Die Stimme des Erzählers nahm mich gefangen, ohne daß ich verstand, warum. Ich war ein Kind, das zuhörte und hingerissen war. In der Schule habe ich dann gelernt, daß Dichtung nicht nur erzählt, sondern auch geschrieben wird. Auf diese Weise entdeckte ich die Gedichte, die in unserem Lehrplan vorgesehen waren. Das waren Auszüge aus den *Muallaqat*, von Mutanabbi, von Jarir, von Farazdaq. Aber meine ersten Vorbilder waren die andalusische Poesie und die Dichtung der syrisch-libanesischen Emigration in Amerika, des *Mahjar*. Aus dem einfachen Grund, weil sie leicht zu imitieren waren. Später wurden meine Verbindungen zur Dichtung direkter, das heißt, ich fing an, mir die Werke von Dichtern zu besorgen.

Schreiten wir ein wenig in der Zeit voran. Sind Sie auch von Stimmen der Gegenwartsliteratur beeinflußt worden? Zum Beispiel von Nizar Kabbani?

Ganz bestimmt.

Wie weit ging dieser Einfluß?

Die Dichter meiner Generation in Palästina haben die zeitgenössische arabische Dichtung nicht wirklich verfolgt. Diese Dichtung erreichte uns nur sporadisch. Wir waren kein Teil ihres Publikums, das in der übrigen arabischen Welt sehr bedeutend war. In den fünfziger Jahren drangen Teile dieser Dichtung allmählich auch zu uns vor. Das geschah indirekt, auf dem Weg über die Kritiken, die wir in den Zeitungen, den Zeitschriften und der Handvoll in die Universität eingeschmuggelter Bücher lasen. Von daher waren uns zwei wichtige Stimmen bekannt, nämlich die von Sayab und Bayati. Nicht zu vergessen die Stimme Kabbanis, die jedoch in ihrem Verhältnis zur modernen Poesie zwiespältig blieb.

Wie viele meiner Generation bewunderte ich die dichterische Sprache Nizar Kabbanis, seine Fähigkeit, die Beziehungen zwischen den Menschen und Dingen zum Tanzen zu bringen. Und so blieb uns seine Stimme im Gedächtnis. Aber es war vor allem die Modernität Sayabs und Bayatis, die unsere Verbindung zur zeitgenössischen arabischen Dichtung herstellte. Zunächst dominierte die Stimme Bayatis. Das hatte übrigens politische Gründe. Die Parteien der Linken haben sehr dazu beigetragen. Aber diejenigen, die stärker auf die dichterische Ästhetik achteten, zogen Sayab vor. Wir haben ein wenig zwischen diesen beiden Stimmen hin- und hergeschwankt, aber die Vorherrschaft der Linken und des revolutionären Gedankenguts begünstigte Bayati. Der Blickwinkel, von dem aus man die Poesie und die Kultur überhaupt sah, ging von dem Prinzip aus, daß sie im Dienst des Volkes und der Revolution stehen sollten. Die Stimme Bayatis überdeckte alle anderen. Wir, die Palästinenser in Israel, lebten damals in einer wahrhaften Hölle und könnten an nichts anderes denken. Einige Zeit später machte ich mich mit der Poesie Sayabs vertraut, und dieser hatte für mich dann den Vorrang vor Bayati. Aber unter meinen Freunden zog eine große Zahl weiterhin letzteren vor. Die spätere Dichtung habe ich erst nach meinem zweiten Weggang aus Palästina kennengelernt.

Ich habe noch nicht erwähnt, daß wir außerdem für zwei große aus Ägypten kommende Stimmen empfänglich waren, nämlich die von Abd al-Muti Hijazi und Salah Abd al-Sabur. Diese vier Namen, und dazu Nizar Kabbani, schufen für uns ein erstes Bewußtsein von dem, was jenseits der kulturellen Mauern vor sich ging, hinter denen man uns isoliert hielt. Aber wie ich bereits gesagt habe, sind die wirkliche Kenntnis, das Zuhören, die grundlegenden Entscheidungen erst später gekommen.

Haben Sie sich denn an den Avantgarde-Erfahrungen der Zeitschrift »Shir« beteiligt? Haben Sie ein Echo davon gespürt?

Nein, nein. Wir waren vollauf mit politischen Aktionen beschäftigt, waren Träger eines revolutionären Projekts. Unsere dichterischen Alternativen waren diesen Imperativen untergeordnet. Aus diesem Grund blieb uns die Erfahrung der Zeitschrift *Shir* völlig unbekannt.

Sie wußten nicht einmal von der Existenz dieser Zeitschrift?

Nicht einmal das. Oder sagen wir, wir wußten nicht, worum es sich dabei handelte. Was aber nicht verhinderte, daß die Stimme eines der Teilnehmer dieses Abenteuers uns erreichte. Damit meine ich jetzt Muhammad al-Maghut. Aber ich erinnere mich nicht mehr, auf welchem Weg sein Werk zu uns kam.

Was stellte Maghut zu jener Zeit für Sie dar?

Wir bewunderten ihn. Das Vermögen seiner Sprache, die Wirklichkeit zu transformieren, erschien uns als etwas Neues. Wir waren regelrecht besessen von der Notwendigkeit, uns von den traditionellen poetischen Vorbildern zu befreien, und daher für alle neuen Erfahrungen empfänglich. Und die Stimme Maghuts hallte unter uns wider wie eine Stimme der Gegenwart.

Wann haben Sie Maghut entdeckt?

In den sechziger Jahren. Wir hielten uns außerdem über die Tendenzen in der Poesie überhaupt auf dem laufenden, die der Entwicklung unseres Bewußtseins und unserem Geschmack entsprachen: Nazim Hikmet, Louis Aragon, Pablo Neruda, genauer gesagt, ihre Poesie des Widerstands.

Haben Sie sich mit diesen Dichtern identifiziert?

In gewisser Weise. Gleichzeitig mochte ich von den ausländischen Schriftstellern zu einer bestimmten Zeit Aleksandr Blok am meisten.

War Ihnen Ihre Kenntnis des Hebräischen in diesem Bereich hilfreich?

Wir haben Hebräisch zur selben Zeit wie Arabisch gelernt, das heißt vier Jahre, bevor wir begannen, Englisch zu lernen. Es war also normal, daß wir Hebräisch konnten.

Ihre Freunde unter den Schriftstellern behaupten, Sie seien der Beste in Hebräisch gewesen.

Alle in meiner Generation sprechen Hebräisch. Die hebräische Sprache war für uns ein Fenster, das in zwei Welten hinausführte.

Zunächst einmal die der Bibel. Ein grundlegendes Buch, ungeachtet all dessen, was wir in seinem Namen erduldet haben. So habe ich die Psalmen gelesen, den Gesang der Gesänge, das Buch Exodus, das Buch Genesis. Diese Texte bilden ein unverzichtbares Gerüst für jeden, der sich mit Kultur befassen will.

Dann die Welt der übersetzten Literatur. Es gab damals eine sehr aktive Bewegung zur Übersetzung ins Hebräische. García Lorca habe ich zuerst auf hebräisch gelesen, ebenso Neruda. Und Sie werden erstaunt sein, wenn ich Ihnen sage, daß ich auch die griechischen Tragödien zuerst auf hebräisch gelesen habe. Ich kann nicht umhin, meine Schuld gegenüber dem Hebräischen anzuerkennen, was meine Entdeckung der ausländischen Literatur angeht.

Was hat die hebräische Poesie, die Poesie der hebräischen Sprache für Sie bedeutet?

Wir waren hin- und hergerissen zwischen den Dichtern, die auf unserem schulischen Lehrplan standen, und denen, die wir selbst als unsere Meister anzuerkennen beschlossen. Klassische Poeten wie Chaim Bialik standen auf dem Lehrplan, und wir mußten ihre Gedichte auswendig lernen. Parallel dazu interessierte ich mich für die moderne hebräische Dichtung, und Bialik verabscheute ich natürlich. Ich mochte seine einfältige und ideologische Nostalgie nicht, aber das wurde durch meinen Wunsch nach Beherrschung der hebräischen Sprache ausgeglichen. Außerdem war ich mehr mit der Sprache als mit der Botschaft der Klassiker der hebräischen Dichtung befaßt. Bialik verfügt über kein ästhetisches Projekt, seine Poesie ist ideologisch. Er arbeitet ausschließlich an der Verwirklichung des zionistischen Traums. Aber die Nostalgie Bialiks zielt auf einen sehr präzisen Ort, eben jenes Land, wo ich heute lebe. Der Ort ist ein und derselbe, und seine Merkmale sind die gleichen. Genau diese Zweideutigkeit habe ich bei dem größten zeitgenössischen hebräischen Dichter, Yehuda Amichai, wiedergefunden. Seine Gedichte über diesen Ort könnten, wenn man die Identität des Autors nicht kennt, das Werk eines Juden oder das eines Arabers sein. Ganz ohne Unterschied.

Ist es lediglich der Ort, der ein und derselbe ist? Gibt es nicht auch ein imaginäres Gemeinsames des Exodus, ein Gemeinsames von Gefühlen, die mit Exil und der Entfremdung verbunden sind?

Die Nostalgie und das Exil sind in der gesamten klassischen Poesie präsent. Die moderne hebräische Dichtung befaßt sich mit diesen Themen nicht. Sie spricht vom Ort selbst, seinem Wesen und versucht, dem Glanz des Mythos zu entkommen, um sich dem alltäglichen Leben zu nähern. Das ist es, was mich bei Amichai anzieht. Er wendet sich entschieden vom Mythos ab. Er versucht, eine Ästhetik zu begründen, indem er von einfachen Elementen des Ortes, eines gewöhnlichen menschlichen Lebens ausgeht. Seine Erforschung des Bekannten und des Banalen verzaubert mich. Er schreibt außerhalb der klassischen Traditionen des Hebräischen. Indem er gegen den Reim, gegen das Skandieren rebelliert, schafft Amichai eine Poesie, die sich ständig erneuert.

Innerhalb des Themas Palästina gibt es drei große Angelpunkte: die Erde, das Meer, die Geschichte. Sie entfalten Palästina zwischen diesen drei Fixpunkten: der bäuerlichen Erde, dem Meer der Odyssee und schließlich der Geschichte.

Sie sind tatsächlich essentiell in der palästinensischen Poesie, in meiner jedenfalls. Die Erde, um die es sich hier handelt, ist nicht immer die Palästinas, ganz so, als hätten die Grenzen sich verwischt. Sämtliche Grenzen: die, welche die Länder voneinander trennen, die, welche die Menschen trennen, die zwischen den von den Besatzern beschlagnahmten Ländereien, die der Identitäten. Ich persönlich versuche, all diese Dimensionen miteinander zu vermischen, sie zu bestimmten Augenblicken in einer von mir beabsichtigten, gleichsam mystischen Einheit verschmelzen zu lassen. Einer Einheit des Geschaffenen, in der die Frau, die Mutter und die Geliebte eins sind, in der die Unterschiede zwischen dem Menschen und der Erde in einem Glanz der Heiligung und Verehrung verschwinden. Später kam auch noch der Augenblick des plötzlichen Aufbruchs, nicht nur aus dem Heimatland, sondern auch aus dem Land an der Grenze zum Meer, in die Heimatlosigkeit.

Spielen Sie damit auf den Weggang aus dem Libanon 1982 an?

Ja. Ich habe entdeckt, daß die Erde zerbrechlich ist und das Meer gewichtslos; ich habe verstanden, daß die Sprache und die Metapher nicht ausreichen, um dem Ort einen Ort zu geben. Der Anteil der Geographie an der Geschichte ist stärker als der Anteil der Geschichte an der Geographie. Nachdem ich meinen Platz auf der Erde nicht finden konnte, habe ich versucht, ihn in der Geschichte zu finden. Und die Geschichte läßt sich nicht auf eine Entschädigung für die verlorene Geographie reduzieren. Sie ist ebenso ein Ort, von dem aus man Schatten, Schatten des Selbst und des Anderen beobachten kann, die in einer viel komplexeren menschlichen Entwicklung begriffen sind. Die Geschichte hat in mir den Sinn für Ironie geweckt. Und das erleichtert die Bürde der Sorge um das Nationale. Man begibt sich so auf eine absurde Reise.

Ist dies nur eine künstlerische List, handelt es sich bloß um etwas Geborgtes? Ist es im Gegenteil die Verzweiflung, die hier Gestalt annimmt? Die Antwort hierauf ist vollkommen unwichtig. Das Wesentliche ist, daß ich auf diese Weise eine größere lyrische Fähigkeit und einen Weg vom Relativen zum Absoluten gewonnen habe; einen Ausgangspunkt, um sprachlich das Nationale ins Universelle zu transformieren, damit Palästina sich nicht auf Palästina beschränkt, sondern seine ästhetische Legitimität in einem viel weiter gefaßten menschlichen Raum begründet.

Jeder, der Ihr Werk verfolgt, wird bemerken, daß Palästina darin mehr und mehr die Rolle eines Alibis spielt. Als ob das Thema Palästina zu immer etwas weniger Palästinensischem würde.

Ich glaube, daß Palästina in seiner Funktion als Alibi der Poesie nicht allein dasteht. Was uns zu der grundlegenden Frage führt: Wo lebt die Poesie? Im Sujet, das sie behandelt, oder in ihrer ästhetischen Unabhängigkeit in bezug auf ihr Sujet? Ich glaube, daß das Thema Palästina, das gleichzeitig Einforderung und Versprechen von Freiheit ist, Gefahr läuft, sich in einen poetischen Friedhof zu verwandeln, wenn es sich in seinem wörtlich genommenen Text, in die Grenzen, die vom Selbst und dem Anderen gebildet werden, in dem vom historischen Augenblick umrissenen Raum einsperrt. Anders gesagt, wenn das poetische Projekt nicht seine eigene Bestrebung, sein eigenes Ziel verhehlt, das letztlich in nichts anderem besteht als in der Erfüllung der Poesie. Daraus ergibt sich mein Postulat, daß jedes Sujet, selbst wenn es sich dabei um ein geheiligtes Palästina handelt, letztlich ein Alibi ist.

Aufgabe des Dichters ist es, seine persönliche Ästhetik hervorzubringen. Wenn diese offen genug ist, wird sie dem Heimatland einen Horizont geben; wenn sie dagegen beschränkt ist, findet sich die Heimat in einer Zwangsjacke wieder. Ein Heimatland läßt sich nicht auf das reduzieren, was es objektiv ist. Denn die Poesie öffnet das Heimatland auf die menschliche Unendlichkeit, vorausgesetzt, es gelingt dem Dichter, sie so weit zu entwickeln. Dazu muß der Poet seine eigenen Mythen entwickeln. Damit meine ich nicht den Mythos, der aus einem anderen, bereits bekannten Mythos entsteht, sondern den, der aus der Erschaffung des Gedichts, aus seiner Form und aus seinem Universum selbst geboren wird, den, der die konkrete Sprache in die dichterische Sprache transformiert.

Beziehen Sie sich hier auf das Gelobte Land der Israelis, während die palästinensische Poesie die Erde in einen Mythos, eine totalisierende historische Metapher, eine andalusische Metapher verwandelt?

Was das betrifft, müssen einige Nuancen genauer gefaßt werden. Es besteht ein Unterschied zwischen dem im Bewußtsein der Israelis bereits verankerten Mythos und jenem, der im Bewußtsein der Palästinenser erst noch Form annehmen muß. Mit dem Verschwinden unseres Landes fanden wir uns plötzlich in die Vor-Genesis zurückversetzt. Und unsere Dichter haben demzufolge, ausgehend von jener mythischen Genesis des Anderen, unsere eigene Genesis schreiben müssen. Denn man muß sich klar darüber sein, daß Palästina bereits geschrieben worden ist. Der Andere hat dies bereits auf seine Weise getan, auf dem Wege der Erzählung einer Geburt, die niemand auch nur im Traum bestreiten wird. Einer Erzählung der Schöpfungsgeschichte, die zu einer Art Quelle des Wissens der Menschheit geworden ist: der Bibel. Was konnten wir von diesem Ausgangspunkt aus tun, um eine weniger mythische Erzählung zu schreiben? Das Problem der palästinensischen Poesie ist, daß sie ihren Weg begonnen hat, ohne sich auf feste Anhaltspunkte stützen zu können, ohne Historiker, ohne Geographen, ohne Anthropologen; außerdem hat sie sich mit allem Gepäck ausrüsten müssen, das notwendig war, um ihr Existenzrecht zu verteidigen.

Das macht es für den Palästinenser unumgänglich, durch einen Mythos hindurchzugehen, um beim Bekannten anzukommen. Ich bin Dichter, und ich bin vor allem der Dichter der vertrauten menschlichen Details. Aber ich habe nicht aufgehört, mich mit der althergebrachten Version der Schöpfungsgeschichte auseinanderzusetzen. Eine Auseinandersetzung, die mich zu einem mythischen Schreiben über die Wirklichkeit, über die palästinensische Gegenwart gezwungen hat. Es handelt sich um einen Kreislauf, der vom Alltäglichen und Gewöhnlichen zum Mythischen reicht und nur durch eine Rückkehr zu seinen Ursprüngen vollendet werden kann. Selbst wenn ich mich direkt auf den Mythos beziehe, bleibt meine Obsession doch, das aufzuschreiben, was einfach, vertraut, banal ist. Ich möchte den palästinensischen Text vermenschlichen. Der Mythos steht dem Menschen nicht immer als Gegner gegenüber. Nicht immer. Er ist hier nur ein Aspekt der kulturellen Konfrontation, um über ein und denselben Ort schreiben zu können. Wir, die palästinensischen Schriftsteller, schreiben in der Nachbarschaft des Buches Genesis in Reichweite der Stimme eines vollendeten und althergebrachten Mythos. Wir werden vielleicht unseren Weg in der Ästhetik des Alltäglichen finden, in der allereinfachsten Erforschung menschlicher Angelegenheiten. Ich sehe hier keinerlei Widerspruch. Unsere dichterische Sprache kann sich im Raum des Mythos bewegen, wie zum Beispiel das Epos belegt. Wir befinden uns heute an einem zwiespältigen Ort, einem Punkt, der auf halbem Weg zwischen der Geschichte und dem Mythischen liegt. Denn unsere Situation, sogar unsere Existenz selbst, enthält das eine wie das andere.

In *Ich sehe, was ich will* und in *Elf Sterne über dem Auszug aus Andalusien* habe ich die Abwesenheit des Ortes durch den Rückgriff auf die Geschichte ausgefüllt. Ich habe mich auf die Flugbahn des Mythos begeben. Aber in meiner letzten Gedichtsammlung *Warum hast du das Pferd seiner Einsamkeit überlassen?* bin ich zu meinen Balladen zurückgekehrt. Nur daß diese Gesänge kraft ihrer Häufung und ihrer Kontinuität einen mythischen Klang haben. In gewisser Hinsicht, und wenn sie in einem Zug ohne Unterbrechung gelesen wird, stellt diese Gedichtsammlung einen langen und epischen Gesang dar, der vom Alltäglichen erzählt. Wir, die palästinensischen Dichter, sind bestürzt, weil wir in einem Augenblick der Geschichte leben, wo es scheint, als seien wir der Vergangenheit beraubt. Und einer der grundlegenden Antriebe des epischen Schreibens besteht darin, eine Vergangenheit zurückzugewinnen, die Gefahr läuft, für immer von ihren Weiterentwicklungen abgeschnitten zu werden.

Wir stehen demnach einer konventionellen Idee gegenüber, derzufolge wir keine Vergangenheit haben. Als ob unsere Vergangenheit gerade erst angefangen hätte. Als ob sie das ausschließliche Eigentum des Anderen wäre. Als ob unsere Geschichte, sobald wir vom Anderen einmal absehen, nur aus Trümmern bestünde, die wir nicht mehr zusammensetzen können. Man versichert uns, daß unsere Geschichte erst vor einem Jahr begonnen hat, und man verlangt von uns, unsere Existenz auf dieser Grundlage zu betrachten. Das ist der Grund, weshalb ich denke, daß die Verteidigung der Vergangenheit und die Verteidigung des Rechts der Gegenwart, ihren Weg zu gehen, miteinander verbunden sind. Das ist die notwendige Bedingung, um einen Schritt in Richtung Zukunft zu machen.

Von welcher Vergangenheit sprechen Sie?

Dieses Land gehört mir, zusammen mit seinen vielfältigen Kulturen: der kanaanitischen, hebräischen, griechischen, römischen, persischen, ägyptischen, arabischen, ottomanischen, englischen und französischen Kultur. Ich möchte all diese Kulturen leben. Ich habe das Recht, mich mit all diesen Stimmen, die über dieser Erde erklungen sind, zu identifizieren. Denn ich bin weder ein Eindringling noch ein zufällig Vorüberziehender.

Ihre Dichtung enthält drei große Themen: das Thema der ländlichen Dichtung, das der kulturellen Problematik, das der Tragödie. Themen, die einander gewiß durchdringen, aber es wird zunehmend klar, daß Sie sich in eine mutige Verzweiflung zurückziehen. In Ihrem Werk herrschen mehr und mehr die moralischen Werte vor, wobei die moralische Problematik an die Stelle des Kampfes tritt. Das Element der Verzweiflung wird in Ihrer Poesie immer sichtbarer.

Die Poesie hat das Recht, ihre Verzweiflung kundzutun, ohne deswegen dieses Geschrei auszulösen. Ich kenne keine große Dichtung, die die Frucht eines Sieges wäre. Nehmen Sie die griechischen Tragödien. Das Mitgefühl mit den Opfern bewegt uns weit mehr als die Lobreden auf die Sieger. Was im griechischen Erbe auf ganz schreckliche Weise fehlt, ist die Dichtung Trojas. Es heißt, sie sei auf Tafeln geschrieben worden, die heute verschwunden sind.

Betrachten Sie sich als einen Trojaner der heutigen Zeit?

Ich habe mich entschieden, ein trojanischer Dichter zu sein. Ich stehe entschlossen auf der Seite der Verlierer, die man des Rechts beraubt hat, auch nur eine Spur ihrer Niederlage zurückzulassen, des Rechts, ihre Niederlage zu verkünden. Es drängt mich, von dieser Niederlage zu erzählen, aber es handelt sich dabei nicht um eine Preisgabe.

41

Das geht noch über Verzweiflung hinaus.

Vielleicht. Aber für den Leser ist es weniger belastend. Als Dichter habe ich das Recht, die Niederlage zu verkünden, sie anzuerkennen und von dem Verlust zu erzählen. Ich ergreife die Partei Trojas, denn Troja ist das Opfer. Meine Erziehung, meine Wesensart, meine Erfahrung sind alle die eines Opfers. Und mein Konflikt mit dem Anderen kreist um eine einzige Frage: Wem von uns gebührt heute der Status des Opfers? Ich habe dem Anderen oft im Scherz gesagt: Vertauschen wir doch unsere Rollen. Ihr seid ein siegreiches Opfer, gespickt mit Nuklearsprengköpfen. Wir sind ein der Herrschaft unterworfenes Opfer, gespickt mit poetischen Köpfen. Ich weiß nicht, ob die poetische Überlegenheit uns eine nationale Legitimität verschafft. Aber die Poesie ist mein Beruf.

Sie leben in Ihrer Poesie...

Ich lebe in meiner Poesie, und ich entscheide mich, ein Trojaner zu sein, denn ich würde gerne Opfer werden. Ich habe mir sehr oft gewünscht, siegreich zu sein, um meinen Humanismus auf die Probe zu stellen, meine Fähigkeit, mit einem Opfer solidarisch zu sein, das in gewisser Weise sein eigenes Schicksal selbst herbeigeführt hat.

Ich habe mich entschieden, der Poet Trojas zu sein, weil Troja seine Geschichte nicht überliefert hat. Und auch wir haben bis heute unsere Geschichte nicht überliefert, ungeachtet der wachsenden Zahl unserer Werke. Das ist es, was ich sagen wollte, als ich geschrieben habe: *Wer seine Geschichte erzählt, erbt das Land der Erzählung.*

Dieses Gedicht befindet sich in dem Buch »Warum hast du das Pferd seiner Einsamkeit überlassen?«

Ja. Ich möchte meine Bande mit dem Land der Erzählung stärken. Ich empfinde keinerlei Scham, mich auf seiten der Verlierer anzusiedeln. Denn ich bin der Überzeugung, daß die Niederlage ein größeres poetisches Versprechen in sich trägt.

Es besteht ein unausgesprochenes Mißverständnis zwischen Ihnen und der Mehrzahl Ihrer Leser, die nicht in der Lage sind zu begreifen, daß Ihre Dichtung gleichermaßen Verzweiflung wie ehrenvolle und mutige Anerkennung des Schicksals enthält.

Das Paradoxe rührt daher, daß ich wie der Sieger erscheine. Damit meine ich, daß die Sprache der Verzweiflung in poetischer Hinsicht stärker als die der Hoffnung ist. Denn in der Hoffnungslosigkeit gibt es genügend Raum, das Schicksal des Menschen zu betrachten, um so etwas wie ein Fenster zum Horizont des Menschlichen zu öffnen, während dem Sieger diese Möglichkeit verschlossen ist. Die Verzweiflung bildet das poetische, psychologische und sprachliche Territorium, das den Dichter Gott, dem Wesen der Dinge, dem Ursprung der Poesie näherkommen läßt. Damit will ich sagen, daß die Verzweiflung den Dichter in eine quasi absolute Einsamkeit im Land des Exils versetzt. Als ob der Dichter zur Genesis des ersten Gedichts zurückgesandt würde. Und die Poesie, alle Poesie, ob modern oder klassisch, verliert an Vollständigkeit, wenn sie nicht von dem Echo der entferntesten Vergangenheit widerhallt. Die Dichtung, alle Dichtung, bedarf dieser ursprünglichen Melodie, die sie erst vollendet.

Die Rückkehr zum ersten Wort als dauerhafte Begründung der Poesie?

43

Die Rückkehr zur Frage der Verzweiflung. Die Kraft der Verzweiflung beruht auf der Tatsache, daß sie uns ein Gefühl für unsere Fähigkeit gibt, eine neue menschliche Gegenwart zu gestalten. Sie stellt sich mit der Kraft zur Schöpfung der Fähigkeit des Siegers zur Zerstörung entgegen. Die Verzweiflung kann die Schöpfung neu beginnen. Denn sie ist in der Lage, die dazu notwendigen Trümmerstücke, die Trümmer der ersten Dinge, der ersten Elemente der Schöpfung, zu finden. Und diese Kraft, dieses Ungestüm drehen die Rollen um, und der Verzweifelte findet sich in der Position der Stärke wieder.

Woran liegt es, daß wir von der Poesie nicht lassen können? Woher kommt die Unangreifbarkeit der Poesie? Ich liebe die Poesie, weil sie uns eine Kraft schenkt, selbst wenn diese nur fiktiv ist. Warum singt der Kerkermeister nicht? Der Gefangene singt, weil er mit sich allein ist, während der Kerkermeister nur mit dem zusammen existiert, den er bewacht. Er wacht so sehr über die Abgeschiedenheit des Gefangenen, daß er darüber seine eigene Einsamkeit vergißt.

Kommen wir auf das Bild des Feindes in Ihrer Poesie zurück. Es scheint auf zwiespältige Weise in einer Mannigfaltigkeit von Situationen durch. Beginnend mit Ihrem Gedicht »Ein Soldat, der von weißen Lilien träumt«, bis zu Ihrer letzten Gedichtsammlung »Warum hast du das Pferd seiner Einsamkeit überlassen?«, wo Sie den Feind die Verse von William Butler Yeats wiederaufnehmen lassen: »Ich liebe nicht die, die ich verteidige/Und ich hasse nicht die, gegen die ich kämpfe.«

Der Feind und ich haben von Anfang an erzwungenermaßen zusammengelebt. Und so sind seine Züge auch immer menschliche gewesen. Nicht im moralischen Sinne, sondern weil er ein menschliches Wesen ist und keine Figur oder abstrakte Idee. Der Feind ist nie einfach eine Idee gewesen, sondern ein

Körper, Wesenszüge, eine Familie und eine Geschichte, gleich, ob diese wahr oder falsch ist. Er atmet dieselbe Luft, die wir atmen, und unser Gegensatz zu ihm entstammt keinem rassischen oder ethnischen Konflikt. Der Antagonismus ist politischer und ideologischer Natur.

Von daher glaube ich, daß der Frieden mich stärker machen wird, in dem Sinne, daß er an erster Stelle meine eigene Menschlichkeit befreien und mich von der Anklage der absoluten Verweigerung freisprechen wird. Er wird mir auf der menschlichen Ebene eine Überlegenheit über den Feind geben, es in Hinblick auf mich an Menschlichkeit mangelt. Und es ist nicht so, daß der Andere auf mich wartet. Er erwartet einen protokollarischen Frieden. Das ist vielleicht der tiefe Grund dafür, daß er meine Poesie ablehnt.

Solange sie sich nicht für eine wirkliche, auf gegenseitige Anerkennung gegründete Koexistenz entschieden haben, werden die Israelis, die nicht aufhören, von mir »diplomatischere« Worte einzufordern, warten müssen. Denn im Austausch für meine Anerkennung des Menschlichen im Anderen ist es für mich unverzichtbar, daß auch er das Menschliche in mir anerkennt. Dann können wir, er und ich, uns wirklich versöhnen. Aber ich glaube, daß eine solche Versöhnung für den Anderen mühseliger ist, daß er sie im übrigen auch gar nicht will.

Der Feind will, daß ich das Bild ausfülle, das er für mich gewählt hat. Aber dazu wird er mich nicht bringen. Der Feind ist außerdem beweglich, er ruht nicht nur in sich selbst, sondern nähert sich unter zahlreichen Masken, in ständiger Bewegung zwischen dem Ich und dem Anderen, dem Anderen und dem Ich. Der Feind ist keine abstrakte Figur, wir durchdringen einander, und es kommt vor, daß wir unsere Rollen vertauschen. Wir leben in komplexen menschlichen Bedingungen, ohne daß eine Distanz, gleich welcher Form, zwischen uns besteht.

Da liegt das Problem. Der Feind ist in der Lage, sich in uns einzuschleichen, indem er aufgrund gewisser Schwächen unserer eigenen Menschlichkeit in uns eindringt.

Er kann es. Die mir vorschwebende Unverletzlichkeit basiert letztlich auf der Bewahrung meiner Menschlichkeit, sowohl in meinen Worten über den Feind als auch in dem Blick, den ich auf ihn richte. Ob ich ihn in mir wohnen, meine Vorstellungswelt gestalten, mir meine eigene Version der Ereignisse diktieren, zu meinem Gedächtnis werden lasse, ist eine ganz andere Frage. Es liegt auf der Hand, daß der Feind sich nicht mit einer Konfrontation mit mir aus der Ferne zufriedengibt. Er will ich sein und in meinem Namen sprechen. Er und ich, wir könnten sagen, daß unserer beider Träume in ein und demselben Bett schlafen. Ich könnte das tatsächlich sagen und auch denken, aber er möchte die Konturen meines Traumes zeichnen, ohne mir zu gestatten, das Gebiet des Traumes mit ihm zu teilen.

Auf jeden Fall ist das Problem, das Sie angesprochen haben, sein Problem und nicht meines.

Paraphrasieren Sie hier ein weiteres Mal Yeats?

Nicht nur. René Char hat darüber in Begriffen gesprochen, die vielleicht angemessener sind, als er sagte, sein Bestreben sei darauf gerichtet, die Feinde in Gegner zu verwandeln.

Der Feind möchte, daß ich seiner Version meiner Geschichte folge. Kann man in solchen Fällen zu irgendeiner Übereinkunft gelangen: daß er sich mit einem unvollständigen Mythos zufriedengibt und daß ich meinerseits einer verstümmelten Geschichte zustimme?

Wir können auf jedem Gebiet Zugeständnisse machen und uns verständigen, aber nicht auf dem der Geschichte. Wir können das Land, die Fenster der Träume, das Verschmelzen der Musik aus unterschiedlichen Flöten, die in diesem Land geborenen Mythen, alles, was Sie nur wollen, miteinander teilen.

Ich bin dem Feind in dieser Hinsicht überlegen. Ich erkenne an, daß die Bibel untrennbarer Bestandteil meines Erbes ist, während der Islam kein Teil des seinigen ist. Ich habe keinerlei Probleme damit, mich als das Produkt, als die Kreuzung all dessen zu betrachten, was in jenem Land Palästina gesagt worden ist, was von der ganzen Menschheit gesagt worden ist. Aber er lehnt es ab, das gleiche zu tun und verwehrt mir, mich seiner kulturellen und menschlichen Identität anzuschließen. Er selbst ist es, der seine eigene Identität beschneidet und sie zu etwas Selektivem macht. Wir können uns über alles verständigen, außer über die Geschichte, und es gibt, soweit ich weiß, keine internationale Resolution, die von uns verlangt, uns über die Geschichte zu verständigen.

In einem tiefgreifenden kulturellen Sinn liegt das Problem in der Unmöglichkeit genau dieses Kompromisses mit dem Feind. Wir können alles normalisieren. Und es könnte den Unterhändlern gelingen, sich über die Gegenwart und eine geteilte Zukunft zu einigen. Aber wir können keinen Kompromiß über die Vergangenheit aushandeln. Es ist bereits schwierig, sich über eine Geschichte zu verständigen, die unbestreitbar ist. Wie könnte es da bei einer Geschichte, die Gegenstand heftiger Kontroversen ist, anders sein? Lassen wir also die Geschichte beiseite, denn es ist schwer vorstellbar, daß sie Gegenstand einer Übereinkunft sein kann. Darüber hinaus läuft eine solche Forderung Gefahr, jegliches Friedensabkommen von vornherein zu vergiften.

In Ihrem Buch »Warum hast du das Pferd seiner Einsamkeit überlassen?« bekräftigen Sie erneut Ihre Zugehörigkeit: »Ich bin Araber.« Ist diese Bekräftigung im Angesicht des Anderen immer notwendig? Stoßen wir ihn damit nicht unmittelbar in seinen Status als Fremder zurück?

Der Begriff »Fremder« ist in meiner Poesie nichts Negatives. Absolut nicht.

Das habe ich damit nicht sagen wollen. Aber ist es nötig, den einzelnen auf seine überkommene Identität, was immer diese auch sei, zu beschränken, wie es die alten Araber machten, die sich mit ihren Ahnen und mit ihren Stämmen identifizierten?

Das Problem ist, daß wir uns verpflichtet fühlen, an unsere Wurzeln wiederanzuknüpfen, um unsere Verteidigungslinien zu befestigen. Es ist eher so, daß die Anderen uns dazu nötigen, als daß wir es aus eigenem Antrieb täten oder wollten. Ich glaube nicht, daß es auch nur ein einziges Volk auf der Welt gibt, von dem man auf dieselbe Weise verlangt hätte, täglich seine Identität zu beweisen, wie man es von den Arabern verlangt. Niemand hat zu den Griechen gesagt: Ihr seid keine Griechen; niemand zu den Franzosen: Ihr seid keine Franzosen. Aber der Araber muß ständig die Beweise seiner Identität vorlegen, weil man ihn dazu bringen will, an sich selbst zu zweifeln. Ich bin keineswegs von Stammbäumen und Ahnenreihen besessen. Im übrigen besteht die einzige Identität, die ich in dem Band, von dem Sie gesprochen haben, verkündet habe, in der Aussage: »Ich bin meine Sprache.« Nicht mehr, aber auch nicht weniger. Und ich sage, daß man in dieser Sprache die Nachbarschaft der Römer, der Perser und vieler, vieler anderer Völker erkennen kann. Ich erkenne mich nur vermittels meiner Sprache und beschäftige mich in gar keiner

Weise mit den »Unterschieden« der Rassen und des Blutes. Ich glaube nicht an die Reinheit der Rassen, weder im Nahen Osten noch anderswo. Im Gegenteil, ich bin davon überzeugt, daß die Bastardisierung mich und meine Kultur bereichert. Es ist der Andere, der unablässig von mir verlangt, ein Araber zu sein, und das natürlich gemäß seiner eigenen Definition von Arabischsein.

Es handelt sich um eine politische Ideologie.

Vielleicht. Aber der Fremde erscheint in meinen Gedichten als Besucher. Er ist der Besucher, nicht ich. Da dieses Land im gesamten Verlauf der Geschichte von Fremden durchzogen wurde und ich zu einem gewissen Zeitpunkt selbst ein »Fremder« sein konnte, kann ich auch anerkennen, daß wir alle beide Fremde sind. Aber er verlangt von mir, der alleinige Fremde, der alleinige Eindringling zu sein. Und er besteht darauf, der einzige zu sein, der »Authentizität« besitzt.

Wenn wir uns jetzt ein wenig von der Poesie entfernen, führen Ihre Worte uns in den Bereich der Geopolitik: Es ist das Land, nicht das Blut, das die Menschen zusammenführt. Das Land vereinigt Gemeinschaften, die sich nach Rasse und Blut unterscheiden. Ist diese Vision auch in Ihrer poetischen Vorstellungswelt enthalten?

Wenn ich nicht durch die Evakuierung meines Ortes beraubt worden wäre, wäre dieses Thema nicht von großer Bedeutung. Ich erinnere mich an ein Gespräch zwischen Jean Genet und Juan Goytisolo. Genet, der den Gedanken des Vaterlandes verachtete, sagte zu Goytisolo: »Das Vaterland ist die albernste Idee, die es gibt, außer für die, denen man es weggenommen hat, wie den Palästinensern.« »Was wird geschehen, wenn die Palästinenser ihr Vaterland wiedergefunden haben?«, fragte Goytisolo. »Dann werden sie das Recht haben, es zum Fenster hinauszuwerfen«, war Genets Antwort.

Der Kampf um den Ort, der Raub meines Ortes, des ersten Nährbodens, den ich hatte, haben aus diesem Ort einen wesentlichen Bestandteil meiner Identität gemacht. Aber meine Identität umfaßt in Wirklichkeit viel mehr: Ich bin meine Sprache, wie ich eben schon gesagt habe. Ich bin meine Sprache, und diese Identität belastet mich so gut wie gar nicht, ebenso wie ich aus ihr keinerlei Dünkel ziehe.

Ich bin Araber, weil ich Arabisch spreche. Was meine Zugehörigkeit zur arabischen Nation angeht, die Gewißheit über ihr Recht, ihre Einheit anzustreben, ist eine ganz andere Frage. Ich bin Araber, und meine Sprache hat ihre größte Blütezeit erlebt, als sie gegenüber den anderen, gegenüber der gesamten Menschheit offen war. Unter den Elementen ihrer Entwicklung findet sich auch der Pluralismus. So jedenfalls sehe ich das goldene Zeitalter der arabischen Kultur. Zu keiner Zeit der Geschichte haben wir uns vollkommen auf uns selbst zurückgezogen, wie es heutzutage einige von uns behaupten. Meine Identität hat nichts von einem Ghetto an sich. Mein Problem beruht auf dem, was der Andere in meiner Identität sehen will. Ich jedoch sage ihm: Dies ist meine Identität, teile sie mit mir, sie ist weit genug, um dich aufzunehmen; und wir, die Araber, haben immer nur dann eine echte Zivilisation gehabt, wenn wir unsere Zelte verlassen und uns der Vielfalt und dem Andersartigen geöffnet haben. Ich gehöre weder zu denen, die unter einer Identitätskrise leiden, noch zu denen, die sich unaufhörlich fragen: Wer ist ein Araber? Was ist die arabische Nation? Ich bin Araber, weil das Arabische meine Sprache ist, und in der gegenwärtigen Debatte verteidige ich leidenschaftlich die arabische Sprache, nicht um meine Identität zu schützen, sondern zur Verteidigung meiner Existenz, meiner Dichtung, meines Rechts zu singen.

Sie besitzen einen derartigen poetischen Instinkt, daß Sie fähig sind, ein Telefonbuch in ein Gedicht zu verwandeln! Es gelingt Ihnen, jedes politische Moment, jedes noch so unmittelbare Ereignis mit Poesie aufzuladen. Sie haben großen Mut bewiesen, als Sie sich bei einigen Ihrer Gedichte dafür entschuldigten, daß Sie sie geschrieben haben. Sie bewerten sie als »politisches Verseschmieden« oder »gereimte und rhythmische Stellungnahme«. Das haben Sie zum Beispiel in bezug auf »Über die Beschreibung unserer Lage« oder »Passanten inmitten vorbeiziehender Worte« getan. Warum haben Sie dann Gedichte wie »Die Wahrheit hat zwei Gesichter, und der Schnee ist schwarz« oder »Gedicht für einen irakischen Dichter« von diesem Urteil ausgenommen, obwohl sie sich doch genauso direkt auf die aktuelle Wirklichkeit beziehen? Indem ich diese Frage stelle, möchte ich mich nicht gegen diese beiden Gedichte aussprechen. Wie Sie wissen, habe ich in einem Artikel über Ihr Gedicht »Die Wahrheit hat zwei Gesichter, und der Schnee ist schwarz« geschrieben, daß der Poesie eine Politik innewohnt, die sie von der Politik im eigentlichen Sinne unterscheidet.

Ihre Frage stört mich nicht, aber ich möchte erst einmal den Begriff »poetischer Instinkt« klären. Ich gehöre zu denen, die der Ansicht sind, daß das Denken, das Bewußtsein und die Kultur sich nur dadurch in Poesie verwandeln können, daß sie die Sinne durchlaufen. Der Dichter muß die Quellen seines Wissens verbergen und so vorgehen, als käme alles aus seinem Instinkt. Die poetische Landschaft der arabischen Welt ist heute der Schauplatz einer Debatte zwischen zwei Strömungen: der der Anhänger der »mentalen« Poesie und der der Anhänger der »lyrischen« Poesie.

Ich setze das Mentale dem Sinnlichen nicht entgegen!

Ich weiß. Aber am Ende ist die Frage, so wie Sie es auch gesagt haben, die nach der poetischen »Gabe«. Sich in der Dichtkunst auszukennen, macht noch keinen Dichter. Es erlaubt, eine mustergültige Doktorarbeit über Poesie zu verfassen, mehr nicht. Meine Wahrnehmung der Poesie hat sich im Rahmen der Erfahrung und des bewußten Entwerfens der Poesie selbst entfaltet. Aber da ich nur ein gewöhnlicher Sterblicher bin, habe ich der Poesie in den Augenblicken, in denen sie in direkten Kontakt mit der Realität kam, nicht immer ihre Größe und Heiligkeit bewahren können. Es ist vorgekommen, daß ich beim Schreiben eine gewaltige Wut hatte, obwohl ich ganz genau wußte, daß das Ergebnis bestimmt keine Poesie sein kann. Und so habe ich einige Gedichte geschrieben, die lediglich schlagfertige Antworten sind.

Ich habe *Passanten inmitten vorbeiziehender Worte* geschrieben, nachdem ich im Fernsehen gesehen hatte, wie israelische Soldaten palästinensischen Kindern die Knochen brachen. Ich habe dieses Gedicht in einem Zug heruntergeschrieben. Und niemand soll in solchen Augenblicken ankommen und von mir verlangen, Eleganz in der Sprache und im Schreiben an den Tag zu legen oder zur Koexistenz aufzurufen! Ich habe auf barbarische Handlungen mit heftigen Worten geantwortet. Aber was ist letzten Endes schlimmer? Die Wut oder die Barbarei? Ich habe dieses Gedicht nicht in meine Sammlungen aufgenommen, aber ich habe daraus einen Stein in der Hand eines Kindes gemacht, den es auf einen israelischen Soldaten werfen kann. Ich wollte selbst einen Stein auf die Invasoren werfen, und ich habe es getan.

Wie gesagt, habe ich dieses Gedicht in keine Sammlung aufgenommen, denn es liegt mir immer am Herzen, die Poesie von dem freizuhalten, was nicht Poesie ist; sie von den sozialen Aufgaben zu unterscheiden, die man ihr zuweist, sie aus der unmittelbaren Politik herauszuhalten, selbst wenn man meine Poesie nicht lesen kann, ohne auf den politischen Hintergrund zurückzukommen. Diesen Anspruch erhebe ich auch, und ich entschuldige mich nicht dafür. Ich sage ohne jede Verlegenheit: Niemand kann vorgeben, er habe mit Politik gar nichts zu tun.

Die Politik ist eine Art, die Realität wahrzunehmen. Wer kann behaupten, wir hätten keine Beziehung zu ihr? Die politische Dimension ist in meiner Poesie gegenwärtig, aber diskret, implizit, nicht laut herausgesagt. Und wenn sie offen ans Licht tritt, geschieht dies im Rahmen der Vision, welche die Konstruktion des Gedichts in ihrer Ganzheit bestimmt. Jedes Gedicht birgt Elemente und Bestandteile in sich, deren wechselseitige Beziehungen man dann meistern muß. Und es kommt vor, daß ein Gedicht, das aus mehreren Ebenen aufgebaut ist, eine unmittelbar politische Passage gestattet. Das ist in *Elf Sterne über dem Auszug aus Andalusien* der Fall. Und so hat die Diskussion, die im Palast der Alhambra zwischen den Anhängern der Übergabe und denen eines Kampfes bis zum letzten geführt wurde, ihren Platz in meinem Gedicht gefunden. Wenn ich dort schreibe »Die Wahrheit hat zwei Gesichter«, sage ich dem letzten König Andalusiens nicht, welches dieser beiden Gesichter er wählen soll. Es genügt mir, daß der Leser seine Aufmerksamkeit auf die Tatsache richtet, daß »die Wahrheit zwei Gesichter hat«. Das Gedicht wiederholt Wort für Wort, was in der Alhambra am Vorabend des Falls von Granada gesagt worden ist. Inspiriert von einem historischen Augenblick, läßt es auch Hinweise auf gegenwärtige Analogien erkennen – das kann niemandem verborgen bleiben. Aber wenn ich ungeachtet möglicher Einwände so vorgehe, dann deshalb, weil ich überzeugt bin, daß die Struktur meines Gedichts in der Lage ist, das mitzutragen.

Wenn ich sage, daß es gilt, die Poesie von allem freizuhalten, was nicht Poesie ist, meine ich damit natürlich nicht, daß man sich vom Realen, den Ereignissen, dem Konkreten absondern soll, sondern ich möchte damit lediglich die politischen, patriotischen und sozialen Funktionen, die man der Poesie zuweist, einschränken. Es ist nicht die Aufgabe des Dichters, seinen Leser mit einem politischen Programm zu versorgen. Es ist diese Unterscheidung, die es mir heute erlaubt, auf manche meiner Gedichte wieder zurückzukommen, ebenso wie sie mich dazu gebracht hat, ganze Gedichte zu zerreißen.

Man findet bei Ihnen immer mehr Bezugnahmen auf historische und mythische Personen und Orte: Cäsar, Sophokles, Granada... Tun Sie dies aufgrund der Klangfarbe oder um den Leser aus dem Gewohnten herauszulocken? Oder geben Sie im Gegenteil diesen Namen einen fest umrissenen Sinn?

Es handelt sich nicht nur um eine Dimension des Klanglichen und des Ungewohnten. Die Verwendung dieser Bezüge zielt ebenso darauf, die Gegenwart aus ihrer Verankerung zu lösen und sie in den Rahmen einer Ikone oder eines dramatischen historischen Augenblicks zu stellen. Auf diese Weise fungiert der Text zugleich in der Vergangenheit, in der Geschichte, und wird auf zwei unterschiedlichen Zeitebenen gleichzeitig wirksam.

Die größte Schwierigkeit der modernen Poesie liegt in ihrer Beziehung zur Gegenwart und zum aktuellen Lauf der Dinge. Die Gegenwart wiegt mit ihrem ganzen Gewicht so schwer, daß man sich nicht von ihr befreien kann, wenn man sich gleichzeitig an sie klammert. Sie ist derart erdrückend, daß sie dürftig und fade wird. Es ist wichtig, daß die Poesie sich der Anziehungskraft einer Gegenwart entzieht, die sich in raschem Tempo auflöst. Die historischen Verweise und Personen versetzen den Text in eine andere Zeit, die es ihm erspart, allzu unmittelbar zu sein. Das Paradoxe ist, daß man sich vor der Aktualität schützt, indem man sich in die Vergangenheit flüchtet, diese aber in die Zukunft weist.

Ist Poesie eher möglich, wenn sie sich die Stimme der Vergangenheit leiht?

Ja, denn die Vergangenheit ist die abgeschlossenste aller Zeiten. Selbst jetzt im Augenblick sind wir dabei, Vergangenheit zu erzeugen. Alle Vergangenheit verwandelt sich sofort in kollektives Wissen. Der historische Bezug vermeidet, daß der Text in die Unmittelbarkeit abgleitet, in der er sich verlieren könnte. Ebenso bereichert er die Bedeutungen des Textes. Bestimmte Namen bergen eine mächtige Spannung, die sie in Bilder und in Metaphern verwandelt, wodurch Erklärungen und Theorien überflüssig werden, um so mehr, als diese Bedeutungen und diese Bezüge nichts Erstarrtes sind, da ein und derselbe Name vielfältige und selbst widersprüchliche Bedeutungen haben kann.

Aber es gibt Namen, die uns anziehen, ohne daß wir den Grund dafür verstehen könnten. Liegt es an ihrem Klang? Manchmal macht nur er ihre Anziehungskraft aus, sonst nichts.

Das bedeutet, daß diese Namen den Text um unendliche Entfernungen bereichern, die für die Poesie von entscheidender Bedeutung sind.

Ihre Poesie ist klar bis zu einem Punkt, wo sie hermetisch und manchmal sogar undurchdringlich wird. Es ist überraschend zu erleben, wie ein Dichter wie Sie, dem wir uns so nah fühlen, uns in manchen Gedichten vollkommen unvorbereitet ins allertiefste Dunkel stürzt. Zum Beispiel, wenn Sie sagen: »Ich weiß, was dein vom Pfau durchbohrtes Herz zerfrißt.«

In einem Gedicht muß die Beziehung zwischen dem Bild, dem Rhythmus und den anderen Bestandteilen vollkommen ausgearbeitet sein. Es gibt kein Rezept, das im vorhinein bestimmt, was man an Salz, an Mond oder an Himmel braucht, um ein Gedicht zu schreiben. Hier kommt der Instinkt ins Spiel. So gefallen mir zum Beispiel surrealistische Bilder, wenn der Text sie tragen kann. Was ist schlimm daran, ausgetretene Pfade zu verlassen, um eine Rose oder eine Pflanze oder eine Gitarre in die Nähe des Gedichts zu rücken? Diese Bilder kommen von der Straße, aus dem Zimmer der Nachbarn. »Das vom Pfau durchbohrte Herz« ist für mich ein Bild von absoluter Klarheit, und dennoch kann ich es nicht erklären. Wir wissen, daß der Pfau eitel sein farbenprächtiges Rad schlägt. Durchbohrt das irgendein Herz? Wie ist das möglich? Ich habe keine Ahnung. Aber dieses Bild hat mir gefallen.

Ich verstehe. Man kann zu einem Bild ein Gegenstück finden, das dabei hilft, es sich vorzustellen. Aber die hermetische Abgeschlossenheit entsteht hier aus der Tatsache, daß es kein solches Gegenstück gibt.

Ein Bild ist keine rationale Gleichung. Ich bin vielleicht auf dieses Bild gestoßen, nachdem ich einen Pfau gesehen habe, dessen Rad mich mit seiner Farbenpracht durchbohrt hat. Lorca hat uns gelehrt, daß die Funktion der Poesie die Verwandlung der Wahrnehmung der Sinne ist. Ich schrieb ein Gedicht, und in einem bestimmten Augenblick trat ein Pfau ins Bild. Das ist alles. Ich glaube nicht, daß das meinem Gedicht geschadet hat. Übrigens gibt es in demselben Gedicht weitere Bilder ähnlicher Art: »Und für den Färberbaum hast du den Hahnenkamm gekocht.« Ich kann diese Bilder nicht mit wissenschaftlichen Argumenten verteidigen!

Das verlange ich durchaus nicht. Bei Ihnen gibt es drei Arten von Gedichten. Drei dichterische Zustände, die sowohl von Ihrem Leser als auch von Ihnen selbst verschiedene Rollen verlangen: das Gedicht mit verwobener Struktur, das sehr

unterschiedliche Stimmen, Epochen, Gebiete und Register mit-
einander verbindet; das lineare Gedicht, das auf unabwend-
bare Weise voranschreitet; und schließlich das auf Klang ba-
sierende Gedicht. Der Leser erkennt es schon an den ersten
Versen und errät, daß es weder eine verwobene Struktur noch
implizite Bedeutungen, sehr wohl aber Reim und Klang ent-
hält. Dieser Gedichttypus ist reiner Gesang, eine Lyrik in rei-
nem Zustand. Ich habe das Gefühl, daß es sich bei diesen Ge-
dichten um Pausen, Augenblicke des Innehaltens, der Erho-
lung handelt.

Was Sie Gedichte mit verwobener Struktur nennen, nenne ich
epische Lyrik. Und es ist eine Form, die ich schon seit Jahren
verwende. Darüber hinaus spüre ich einen Drang, mich jour-
nalistisch, auf dem Gebiet des Films und der Kritik auszudrücken, und ich habe eine Überfülle von Gesang in mir.
Manchmal muß ich das zum Ausdruck bringen. Ist es, wenn
man Symphonien komponiert, verboten, von Zeit zu Zeit ein
Tanzlied zu trällern?

Kann man sagen, daß diese drei Arten von Gedichten nichts
anderes sind als drei musikalische Abschnitte im Rahmen ei-
nes einzigen Gedichts?

Absolut. Es handelt sich tatsächlich um drei musikalische
Momente desselben Gedichts, und sie sind alle drei an der
epischen Form beteiligt. Ich gestehe, daß ich den Rhythmus
liebe, und ich weiß, daß die moderne Poesie sich mit einem
Rhythmus wie dem, den ich in meinem Gedicht *Der Zug ist*
vorbeigefahren verwendet habe, nicht verträgt. Ich meine, daß
ein solcher Rhythmus in dem, was Sie die »Gedichte mit verwobener Struktur« genannt haben, nicht angebracht ist. Aber
jemand, der eine Symphonie komponiert, darf sich dennoch
erlauben, ein kleines Lied, einen leichten Gesang zu schrei-

ben, ohne sich allzusehr um Vorhaltungen zu sorgen, er habe sich gegen die Modernität versündigt. Ich leide unter meiner Liebe zum Gesang und meiner Neigung zum Singen und darunter, mich hier zurückhalten zu müssen. Meine letzte Sammlung sollte fünfzig Gedichte enthalten; ich habe fünfzehn davon herausgenommen, weil sie zu musikalisch waren.

Diese Couplets sind also nicht nur Pausen zwischen den wesentlicheren Gedichten, sondern Befriedigung eines tiefgehenden Wunsches.

Sie können sie als musikalische Pausen bezeichnen. Sie erscheinen mir nützlich, weil sie dem Leser Sicherheit geben, ihm vermitteln, daß der Dichter ihm noch Gesellschaft leistet, daß er immer noch sein Freund ist. Dabei geht es aber nicht um eine Art Bestechung, sondern eher um einen Kompromiß, eine durch den Rhythmus gebildete Erholung.

Sie haben aber gerade noch versichert, daß Sie sich Ihrem Lyrismus widersetzen?

Dem Gesang, nicht dem Lyrismus. Ich widerstehe der Versuchung des penetranten Gesangs. Das habe ich beim Hören der klassischen Musik gelernt. Oft hört man ein Thema und möchte dann gern, daß es sich ununterbrochen bis in den nächsten Tag hinein wiederholt. Aber der Komponist bricht das Thema plötzlich ab. Diese Kunst der Unterbrechung ist eine wertvolle Lektion für jeden, der sich der Wiederholung widersetzen will. Was mich betrifft, unterdrücke ich meine Neigung durch bestimmte Verfahren des poetischen Aufbaus. Das erfordert Übung, denn es handelt sich um das Zurückdrängen einer Begierde.

Wir könnten diesen Riß zwischen der Liebe zur Musikalität und der Notwendigkeit, sie zu unterdrücken, als eine schmerzliche Beziehung zum Reim betrachten. Das sieht man gut in »Elf Sterne über dem Auszug aus Andalusien«. Der Reim ist da, aber Sie bleiben nicht dabei stehen. Sie erkennen ihn nicht an. Er ist vorhanden, ohne es wirklich zu sein.

Manchmal verstecke ich ihn und verschiebe ihn vom Ende des Verses in die Mitte des folgenden Verses. Der Reim ist für mich wie ein Gefährte. Ich muß feststellen, daß meine Sprache immer rhythmisch und wie ein Reim ist, selbst in meinen Artikeln für die Presse... Aber wenn ich einen Artikel schreibe, macht mir das keine Sorge. Umgekehrt nehme ich aus meinen Gedichten oft bewußt unnütze Reime heraus, die mir spontan in den Sinn kommen. Das ist der poetische Instinkt, von dem Sie vorhin gesprochen haben. Der Reim ist ein Element des Rhythmus, aber der Rhythmus ist schöner, wenn es ihm gelingt, ohne Reim auszukommen. In *Elf Sterne über dem Auszug aus Andalusien* gibt es viele reimlose Gedichte.

Viele Dichter sind im Gegensatz zu Ihnen der Ansicht, das Metrum sei eine Fessel.

Was die Rechtfertigung für den freien Vers ist, der sich anschickt, die genormten Rhythmen zu zerschlagen, um andere zu schaffen. Dadurch befördert er eine neue Sensibilität, einen neuen Geschmack. Er läßt uns deutlich spüren, wie sehr die klassischen Metren standardisiert und ohne Originalität sein können. Aus diesem Grund unterhalte ich mit dem Gedicht in freien Versen einen Dialog, aber dieser Dialog ist mit inbegriffen.

So bleibt mir nur übrig, eine Lösung für dieses Problem im Rahmen der klassischen Metrik selbst zu suchen und zu finden. Denn ein und dasselbe Metrum kann mehrere Formen annehmen. In Wirklichkeit gibt es in jedem Gedicht ein *persönliches* Metrum und mehrere Rhythmen im Rahmen desselben Metrums.

Nehmen wir die *Muallaqa* von Imru al-Kais: »Halten wir inne! Weinen wir im Gedenken an eine Freundin und ein Verweilen…« Sie ist nach Art des *Tawil* genannten Metrums aufgebaut. Ist der Rhythmus dieses ersten Verses der *Muallaqa* der gleiche wie der des folgenden Verses: »Er greift an, weicht zurück, er stürmt und stürzt ins Getümmel wie ein vom Sturm losgerissener Felsblock«? Und was ist mit jenem anderen Vers desselben Gedichts: »Oh Fatima, bitte weniger Koketterie…«?

Das Metrum ist ein Mittel, das dazu dient, den inneren Rhythmus zu meistern. Es ist kein unveränderliches Prinzip und hat keine endgültige Form. Die Stimme des Dichters und sein persönlicher Rhythmus verleihen dem Metrum seine Musik. Nehmen Sie eine beliebige Partitur: Sie werden festgelegte Noten darin finden, aber keine zwei Interpreten, die diese Noten im selben Tempo spielen. Ich habe keinerlei starre Haltung, was die Metren betrifft. Meine Rhythmen ändern sich mit jedem meiner Gedichte. Selbst in einem Gedicht mit einheitlichem Metrum ändert sich die metrische Einheit je nach dem Ort, den ich ihr zuweise, nach ihren Beziehungen zum Sinn, zur Tonart, ob diese nun erzählerisch oder lyrisch ist… Nichts beschränkt meine Freiheit bei der Suche nach meinen eigenen Rhythmen im Rahmen des Metrums. Dieses ist letztlich nichts anderes als ein Meßinstrument für die Elemente des Rhythmus, und die Metrik macht noch nicht die Musik. Der qualitativ mittelmäßige Teil unseres arabischen poetischen Erbes beachtete sehr wohl die Regeln der Verskonstruktion, aber die Musik war daraus verschwunden. Ich glaube, daß es leichter ist, nach den Regeln der Metrik zu schreiben als im freien Vers. Letzterer muß sich unablässig rechtfertigen, muß das ausdrücken, was das Metrum nicht sagt. Ich schreibe nicht in freien Versen, aber ich fürchte mich nicht davor. Ich könnte es also tun, wenn ich die Notwendigkeit dazu verspürte.

Haben Sie schon einmal, und sei es nur ein einziges Mal, in freien Versen geschrieben?

Ich habe Psalmen geschrieben. Und der größte Teil meiner Prosa ähnelt einem Prosagedicht.

Das stimmt, aber ich meine jetzt ein Gedicht in freien Versen, ein Gedicht im eigentlichen Sinne.

Der Gedanke reizt mich. Ich suche nach einem neuen Rhythmus, und das Gedicht in freien Versen könnte das geeignete Terrain für eine derartige Erfahrung sein; aber ich habe es bis jetzt nicht getan.

Handelt es sich dabei um eine Verlockung oder um eine Notwendigkeit?

Nein, es ist nur eine Verlockung. Eine kulturelle Herausforderung. Keine direkte Notwendigkeit. Abgesehen von seinem schöpferischen Aspekt ist der freie Vers ein kulturelles Projekt. Er stellt Fragen an den Dichter, die nicht nur technischer, sondern gleichermaßen kultureller Art sind.

In dem Buch »Warum hast du das Pferd seiner Einsamkeit überlassen?« sind Sie zur Autobiographie zurückgekehrt. Sie zeigen Ihren Wunsch, die Tatsachen festzuhalten. Als ob Sie nicht nur auf der Suche nach der Poesie wären. Es gibt darin zahlreiche Verse, die nicht anders gerechtfertigt werden können als durch das Bedürfnis, Zeugnis abzulegen. Und Ihr Werk ist bis dahin auf den Ausdruck einer kollektiven Stimme, einer kollektiven Geschichte orientiert gewesen.

Vielleicht habe ich Angst, zusehen zu müssen, wie die Vergangenheit beschlagnahmt wird. Heute nimmt eine neue historische Epoche Gestalt an, die diese Gefahr in sich birgt. Sie ist von einer derartigen Tragweite, daß man ihr nicht durch Schweigen begegnen kann. In der Poesie antwortet man jedoch auf eine dröhnende Stimme von außen nicht mit einer Stimme von gleicher Lautstärke, sondern vertraulich mitteilend und flüsternd. Und dann ist da unsere Angst, die Vergangenheit zu verlieren oder sie uns entgleiten zu lassen. Von daher rührt mein Bestreben, das Register der Abwesenheit aufzuschlagen. Dem Dichter, der die römischen, assyrischen, persischen imperialen Armeen aufeinanderfolgen sieht, bleibt nur die Möglichkeit, bis zu dem Kind zurückzugehen, das die Szenerie durch das Schlüsselloch beobachtet. Der Dichter kann diesen Armeen nicht den Weg versperren, um sie zu befragen. Er kann nichts tun, als die Geschichte zu beobachten, um über ihren Verlauf zu meditieren.

Das sind die objektiven Gründe für meine Haltung. Persönlich entspricht diese Haltung einem neuen Abschnitt meiner Suche nach der Poesie. Wo hat im Verhältnis zu all diesen Ereignissen die Poesie ihren Standort? Sie befindet sich in den ersten Dingen, in der Rückkehr zur ursprünglichen Erzählung, zu den ersten Orten, den ersten Tieren, den ersten Vögeln. Das ist es, was sich in dieser Gedichtsammlung zeigt; als ob sie eine Rückkehr zum ersten Augenblick der Genesis wäre. Ich denke dabei an das Projekt eines »Buches Genesis«, das ein »Buch Exodus« oder ein »Buch der Könige« sein könnte. Ich habe die Poesie gesucht, und ich habe sie nicht in der lärmenden Öffentlichkeit gefunden, sondern in den Zeichen und unscheinbaren Befindlichkeiten tief in meinem Innern. Ich kann sie gewiß nicht aus ihrem Umfeld herauslösen, denn die ersten Elemente haben, ob man will oder nicht, auch eine mythische oder psychologische Tragweite, die an eine bedeutendere, umfassendere Erzählung anknüpft. Meine Haltung ist also eine Flucht ins poetische Ich hin zum Schutz, den die Nußschale der Poesie bietet.

Entstammen die Gedichte Ihrer letzten Sammlung derselben Quelle wie die kurzen Gedichte, die Sie nach Ihrer schweren Krankheit geschrieben haben?

Ich habe einen kurzen Moment des Todes durchlebt, der meine persönliche Einstellung zutiefst verändert hat. Selbst meine poetische Einstellung. Ich war früher eher nervös, impulsiv, in meinem Umgang mit anderen nicht auf Etikette bedacht. Ich trug das Herz auf der Zunge. Während jenes Zwischenfalls habe ich den Tod gespürt, und der Tod war sehr schön. Wie ein Schlaf auf weißer Watte, ein Flug über den Wolken. Später habe ich in Frankreich eine Fernsehsendung gesehen, in der die Gäste von vergleichbaren Erfahrungen berichteten. Der größte Teil von ihnen hatte das gleiche intensive Weiß gesehen und den Augenblick der Wiederkehr ins Leben wie einen intensiven Schmerz erlebt.

Mit Hilfe von Elektroschocks und Faustschlägen auf meine Brust ist es den Ärzten gelungen, mein Herz wieder zum Schlagen zu bringen. Meine erste Empfindung bei der Rückkehr ins Leben war ein Gefühl des Schmerzes. Das ist es, was ich in den kurzen Gedichten, die ich danach geschrieben habe, zu sagen versucht habe.

Es gibt vielleicht einen objektiven Tod, der nicht nur ein Volk oder eine Geschichte bedroht, sondern ein ganzes Universum. Das instinktive Gefühl des Überlebens hat mir die Unschuld eines Tieres verliehen. Es ist nicht der Instinkt, der geschrieben hat, aber er war es, der mich zu den Abhängen, den kleinen Tälern, den Feldern geführt hat, die ich erforschen mußte. Dann hat das Bewußtsein das Kommando übernommen und sich ans Schreiben gemacht.

Diese Verteidigung einer Welt, einer Periode, die im Sterben begriffen ist, ist verwandt mit der Reaktion kleiner Lebewesen, wenn sie vom Sturm bedroht sind. Sie verbergen sich zwischen zwei Steinen, in Erdspalten, in Löchern, in der Rinde eines Baumes. Die Poesie ist nichts anderes als genau das. Sie ist jenes kleine Lebewesen, das nicht die Stärke besitzt, die man in ihm vermutet. Ihre Stärke besteht in ihrer extremen Zerbrechlichkeit.

Poesie kann von einer sehr ungewöhnlichen Wirksamkeit sein, aber ihre Kraft entstammt der Erkenntnis der menschlichen Zerbrechlichkeit. Ich für mein Teil habe meine eigene Zerbrechlichkeit zur Waffe gemacht, um den Stürmen der Geschichte die Stirn zu bieten. Ohne ein anderes Ziel als das der Rechtfertigung meiner Existenz.

Sie haben vom »objektiven Tod«, dem »Verschwinden einer Welt« gesprochen. Nehmen Sie seitdem eine neue Haltung zur Welt, zu den Sujets, zur Sprache ein? Gehen Sie die Probleme, mit denen Sie schon bisher konfrontiert waren, von anderen Gesichtspunkten her an?

Ich möchte gern glauben, daß mein Weg von jetzt an für lange Zeit vorgezeichnet ist. Meine letzten zehn Gedichte haben mich in ein Hin und Her zwischen dem Mythischen und dem Vertrauten versetzt, und dort liegt ein Königsweg, der sich verbreitern wird. Das beruhigt mich, und ich fühle mich in keiner Weise von dichterischer Arbeitslosigkeit bedroht! Etwas in mir sagte mir, daß es für mich nach dem Gedichtband *Elf Sterne über dem Auszug aus Andalusien* Zeit war, mich an eine Arbeit epischen Stils zu machen. Und ich habe mit den Vorbereitungen dazu begonnen. Ich habe mich in eine Lektüre gestürzt, die mehrere Jahre in Anspruch nehmen wird. Es wird sich um das Jahrhundert Dschingis Khans und seiner Nachkommen handeln, um das Jahrhundert der Mongolen also, in dessen Verlauf sie plötzlich in die Geschichte der Araber und der Welt eingebrochen sind. Sie haben ein riesiges Imperium gegründet, vielleicht das größte der Geschichte. Ein Reich, das sie auf dem Rücken ihrer Pferde mit sich getragen haben. Diese heroische Geschichte betrifft uns in mehr als einer Hinsicht, aber die arabische Literatur hat sich unglücklicherweise nie damit befaßt.

Führen Sie uns damit schon ein Stück weit in Ihr neues Werk ein?

Nach dem Gedichtband *Elf Sterne über dem Auszug aus Andalusien* habe ich, statt einen steilen Weg zu wählen, einen kleinen Querweg genommen. Vielleicht mußte ich erst einmal Atem schöpfen und die Bruchstücke meiner Inspiration sammeln. Die Schwierigkeit liegt nicht im poetischen Vermögen, sondern in der Fähigkeit, es in einem Gedicht zu konkretisieren. Und es ist nicht immer notwendig, einen aufsteigenden Weg zu wählen. Wenn man einen Gipfel erreicht hat, ist es besser, wenn der Weg danach nicht mehr steil, sondern eben ist, damit man über einen Bewegungsspielraum verfügt. Meine Perspektive ist gänzlich offen, ohne *a priori*, und das wird für die, die meinen poetischen Werdegang kennen, nichts Überraschendes sein. Aber ich muß in Zukunft ökonomischer sein und meine Verpflichtung gegenüber den Gebieten, die meiner Inspiration am ehesten entsprechen, wahrnehmen.

Ein Gedicht kann alles ausdrücken. Nichtsdestoweniger müssen wir es von allem fernhalten, was störend auf es wirkt: von dem Kurzlebigen, dem Konjunkturbedingten, der Unmittelbarkeit, der Unbeständigkeit innerhalb des Realen. Ich spreche mit Absicht von der Unbeständigkeit des Realen, nicht von seinem Gewicht.

Zieht die palästinensische Literatur heute auf der Suche nach neuen Wegen Inspiration aus dem Tod einer Welt?

Die palästinensische Literatur ist sich seit etwas mehr als einem Jahrzehnt darüber bewußt geworden, daß sie ihre Themen vermenschlichen und vom Objekt, Palästina, zum Subjekt, dem Palästinenser, übergehen muß. Mittlerweile haben zahlreiche Schriftsteller, ausgehend von ihren persönlichen Erfahrungen, die Berechtigung dieser Wahl demonstriert. Es handelt sich keineswegs um einen Rückzug auf sich selbst, um eine Taubheit gegenüber der äußeren Realität, sondern um die Entscheidung, sich an den Grenzbezirk zwischen dem Drinnen und dem Draußen zu halten. Es ist das Bestreben jedes Schriftstellers, die Schwelle zwischen seiner äußeren Existenz und seinem Innern zu überschreiten. Wir hätten nicht all der vielen Niederlagen bedurft, um zu wissen, was Poesie ist. Heute unterliegt unsere Literatur Bewertungskriterien, die unabhängig sind von nichtliterarischen Gesichtspunkten. Sie mißt sich an ihren eigenen Wertmaßstäben. Es war notwendig, daß die Schriftsteller dies angesichts einer Zeit des allumfassenden Geschwätzes begreifen – einer Epoche, wo alle Welt es sich in der Vorherrschaft des Geschwätzes bequem macht.

Des Geschwätzes oder der Rhetorik?

Des Geschwätzes. Das Leben ist reich an Wegweisern und eine Niederlage beweiskräftiger als illusorische Siege. Die Stimme der Gruppe, die sich sämtlicher Dinge bemächtigt, erstickt die Eigentümlichkeiten der Individuen. Es ist Zeit, daß die gebrochene, ambivalente, schmerzliche Stimme des palästinensischen Individuums erklingt. Seine Erfahrungen bilden ein außerordentlich reiches Material, vorausgesetzt, man nimmt sich die Zeit zur poetischen Kontemplation. Und diese Zeit steht heute in höherem Maße zur Verfügung als in der Vergangenheit. Damit meine ich, daß unsere poetische Sprache nicht mehr so hastig und atemlos ist. Der Palästinenser hält heute seinen Traum in Händen und kann den Grad seiner Wahrhaftigkeit ermessen, kann ermessen, ob dieser Traum derselbe geblieben ist wie früher und seinem ursprünglichen Bild noch entspricht. Ist das Vaterland schön, ist es bedrohlich, oder gibt es Geborgenheit? Die Palästinenser haben ihre Tragödie noch nicht erzählt, und jetzt können sie es endlich tun, weil der Schlachtenlärm sich ein wenig gelegt hat. Die Literatur kann sich in einer solchen Zeitspanne selbst besser hören und in Frage stellen. Ich habe eine Reihe meiner Gedichte, die durch nichts anderes als dadurch gerechtfertigt waren, daß sie sich mit dem Thema Palästina beschäftigten, *ad acta* gelegt. Ich habe das in der Überzeugung getan, daß der palästinensische Dichter sein Ich wiedergewinnen muß und daß dann die palästinensische Tragödie ihren differenziertesten Ausdruck finden wird.

Innerhalb derselben Konstellation von Kräften, die im Exil vorherrschte und jetzt ins Land zurückgekehrt ist?

Unsere Realität wandert mit uns. Sie hat sich niemals an einen Ort gebunden. Die Palästinenser tragen ihre Realität auf ihren Schultern, in der Sprache, den Wahrnehmungen oder dem Bewußtsein. Wir alle leben gleichzeitig im Zentrum der Ereignisse und außerhalb von ihnen. Jetzt haben wir endlich die Möglichkeit, uns auf uns selbst zu stützen und das Bild, das wir von der Realität haben, einer Prüfung zu unterziehen. Das ist für uns eine zusätzliche Möglichkeit, uns selbst zu betrachten, über unser Bild von uns selbst in Vergangenheit und Gegenwart nachzudenken. Was waren wir vor vierzig Jahren? Was waren wir in Beirut, in Tunis und auf der Weite der Meere? Was waren wir innerhalb der Bilderwelt der Poesie? In der arabischen Sprache? Es gibt noch zahlreiche gelebte Erfahrungen, die es nun ans Licht zu bringen gilt.

Einschließlich des Bildes, das der Andere sich von uns macht?

Auch die Beziehung zum Anderen. Oder besser gesagt, unseren Zusammenstoß mit dem Anderen und das stereotype Bild, das wir von ihm haben. Wird das, entsprechend der Befürchtung, die Sie vorhin geäußert haben, dazu führen, daß der Andere uns infiltriert? Werden wir uns dann bei ihm für jenes gewaltige Mißverständnis entschuldigen? Wird es im Gegenteil zu einer anderen Konzeption der Natur des Konflikts, zu einer anderen Konzeption unserer Identität führen? Wird diese Identität ihrer arabischen Komponente einen größeren Platz einräumen? Oder wird sie diese im Gegenteil verringern? Wird es uns gelingen, zwischen nationaler und ästhetischer Identität einen neuen Horizont zu finden? Wir befinden uns heute am Beginn eines Zeitabschnitts, in dem alle Möglichkeiten offenstehen. Und unabhängig davon, wie alles ausgeht, ist nunmehr unbestritten, daß unsere Literatur in Zukunft ausschließlich aufgrund ihres eigenen Wertes beurteilt werden wird. Von jetzt an werden uns keinerlei mildernde Umstände mehr zugebilligt werden, und die Märtyrer, wie viele es auch sein mögen, werden nun kein einziges mißglücktes Gedicht mehr rechtfertigen können!

Sie haben gerade gesagt, daß Sie ein episches Gedicht vorbereiten. Was heißt in diesem Zusammenhang »vorbereiten«?

Wenn ich ein Gedicht schreibe, das in einer ganz bestimmten Zeit angesiedelt ist, überprüfe ich peinlich genau meine Quellen. Bevor ich *Elf Sterne über dem Auszug aus Andalusien* schrieb – und das ist kein besonders langes Gedicht –, habe ich ungefähr fünfzig Werke über das muslimische Spanien gelesen. Ebenso habe ich vor dem Gedicht *Rede des roten Mannes* ungefähr zwanzig Bücher über die Geschichte der Indianer und ihre Literatur gelesen. Ich habe ihre Texte, die Reden ihrer Häuptlinge in mich aufgesogen. Ich weiß, daß diese Herangehensweise im allgemeinen wenig akzeptiert wird, aber für mich sind diese Materialien eine absolute Notwendigkeit. Ich muß die Kleidung kennen, die Namen der Örtlichkeiten, die Pflanzenwelt, die Lebensweisen, die äußere Umgebung, die Werkzeuge, die Waffen, die Transportmittel… Sie werden demnach verstehen, daß ich, nachdem ich einmal beschlossen habe, die arabischen Episoden des mongolischen Epos zu behandeln, die Dokumente über jene Epoche studieren muß.

Gehört zu diesen »vorbereitenden Maßnahmen« auch die Lektüre von Poesie?

Nein. Ich lese im übrigen sehr wenig Poesie. Denn ich weiß, daß ich das Risiko eines Übermaßes an Emotionen, eines Überdrusses eingehe, wenn ich es damit übertreibe. Ich würde den jungen Dichtern, wenn ich mir das erlauben darf, raten, nicht zuviel an Poesie zu lesen. Ihre Poesie wird sonst Gefahr laufen, dem, was sie lesen, zu ähneln. Wir sind beständig von der Versuchung unbewußter Nachahmung bedroht.

Was ist Ihre bevorzugte Lektüre?

Ich lese sehr viel. Geschichte, Philosophie und natürlich Romane.

Sie sprechen von einer Art Recherche, die dem Gedicht vorausgeht, von der sorgfältigen vorbereitenden Arbeit der Eingrenzung des Raumes des Gedichts, seines Rahmens, seiner Orte, seiner Einzelheiten. Wie kann ein Gedicht unter sol-

*chen Umständen ein Sprung ins Unbekannte, ein Augenblick
der Inspiration oder der Offenbarung sein?*

Eine berechtigte Frage. Aber ich spreche von dem, was dem
eigentlichen Schreiben vorausgeht. Es dauert außerdem einige Zeit, bevor auch nur der erste Funke des Gedichts entsteht. Sobald meine vorbereitende Lektüre mir eine Konzeption, einen Rahmen verschafft hat, tritt sie gegenüber dem
Schreiben stark in den Hintergrund. Letzteres gehorcht eigenen Bedingungen, manchmal sind Jahre dazu notwendig. Und
man darf nicht vergessen, daß man zwei oder drei Jahre damit zubringen kann, über ein bestimmtes Thema zu lesen,
ohne zum gewünschten Ergebnis zu kommen.

*Was bildet den Ausgangspunkt eines Gedichts? Eine Idee, ein
Wort, ein Klang?*

Jedes Gedicht muß der Träger einer Situation, eines Empfin-
dungsbereichs sein. Aber es benötigt außerdem einen innerli-
chen Katalysator. Jeder Dichter weiß, auf welche Weise der
Augenblick der Poesie in ihm entsteht. Auch ich habe meine
persönlichen Vorzeichen, die mir mit der Zeit schon vertraut
geworden sind. Der Ausgangspunkt des Gedichts kann eine
Idee sein, eine Situation, ein Ereignis, eine metaphysische Untersuchung oder ein beliebiger Tatbestand. Das Gedicht ähnelt Wolken, deren Formen man in Bilder verwandeln muß,
und die Bilder kommen hinzu, sobald sie ihren Rhythmus
gefunden haben. Ich beginne ausnahmslos mit einem *Tempo*.
Sobald die Idee, das Bild oder das Ereignis ihren Rhythmus
gefunden haben, weiß ich, daß ich mich an die Arbeit machen
kann.

*Wollen Sie damit sagen, daß das Gedicht, sobald es seinen
Rhythmus gefunden hat, seine Worte findet?*

Nein. Die Musik des Gedichts erfordert eigene Anstrengungen. Ich bin dann imstande, mir mein Gedicht visuell vorzustellen, seinen Körper, seine Silhouette zu sehen. Dieser äußere Umriß benötigt eine Umrahmung, die ihn, sobald sie einmal gefunden ist, verändert. Wenn die Umrahmung zart ist, muß die Silhouette es ebenfalls sein. Sie müssen miteinander in Einklang stehen. Es besteht ein wechselseitiger Einfluß zwischen den Bestandteilen eines Gedichts. Aber es geschieht nichts, bevor nicht die richtige Klangfarbe hervorkommt.

Es muß auch ein Gefühl da sein...

Natürlich. Das ist die Bedingung für die Verwandlung von Ideen in Bilder.

Aber was ist zuerst da, die Idee oder das Gefühl?

In jedem Fall ist das Gedicht Teil eines Rhythmus. Was die Frage betrifft, ob die Idee vor dem Gefühl kommt oder umgekehrt, glaube ich nicht, daß es da eine Regel gibt. Es ist notwendig, daß von der Idee selbst ein Impuls ausgeht. Ja, die Idee muß einen Impuls in sich tragen.

Aber die Idee eines Gedichts ist eine recht dunkle Angelegenheit. Sie ist auf gewisse Art schon im Rhythmus vorhanden und auf vom Verstand nicht nachvollziehbare Weise auch in der Klangfarbe selbst.

Die Form bestimmt nicht das Metrum, und das Metrum bestimmt nicht das Thema. Sämtliche Bestandteile des Gedichts wirken zusammen, und ihre wechselseitige Wirkung bestimmt dann die endgültige Form. Es handelt sich um einen komplexen Arbeitsprozeß.

Besteht die Idee sowohl aus dem Rhythmus als auch aus Bildern?

Wir können endlos darüber sprechen, aber das wird nichts an der Tatsache ändern, daß die Erfahrung jedes Dichters einzigartig ist. Sie können sämtliche Dichter der Erde befragen, und sie werden keine zwei finden, die auf die gleiche Art beschreiben, wie ein Gedicht entsteht. Die Poesie widersetzt sich – und das immer stärker – der Literaturkritik und jedem logisch begründeten Verständnis.

Sprechen wir von Ihren schriftstellerischen Gewohnheiten. Welche Papiersorte benutzen Sie? Welche Art von Stift? Wann schreiben Sie?

Ich habe meine Gewohnheiten. Sie bilden fast ein Ritual. Ich vermeide es, nachts zu schreiben. Ich weiß nicht warum, aber ich habe Angst, daß die Zeit nachts ohne Resultat verstreicht. Ich schreibe lieber am Morgen.

Gleich nach dem Aufstehen?

Zwischen dem Aufstehen und dem Moment, wo es mir gelingt, ein »Guten Tag« herauszubringen, vergehen gut anderthalb Stunden. Die Morgenstunden sind für mich eine triste Zeit.

Und eine gemächliche?

Eine sehr gemächliche. Aber ich schreibe jeden Tag, wenn ich an einem Werk arbeite. Diese strenge Disziplin habe ich mir auferlegt. Ich verbringe jeden Tag drei bis vier Stunden in der Zeit von 10 bis 14 Uhr mit dem Warten auf jene seltsame Angelegenheit, die man Inspiration nennt. Sie kann kommen, während ich gar nicht daran denke, und es kann sein, daß ich stundenlang auf sie warte, ohne daß sie kommt.

Und das Papier?

Weiße, lose Blätter im gängigen Format.

Wie fühlt es sich an?

Es ist recht dick. Und ich schreibe mit Füller.

Mit welcher Farbe?

Schwarz. Ich besitze so gut wie gar nichts, mit Ausnahme von Federhaltern. Davon habe ich eine ganze Menge. Einigen von ihnen haftet für mich ein schlechtes Omen an. Ich spüre manchmal, daß dieser oder jener Federhalter für das Schreiben von Poesie nicht taugt.

Nehmen Sie Änderungen vor?

Sollte dies der Fall sein, schreibe ich das ganze Gedicht noch einmal neu. Viele von meinen Freunden unter den Kritikern wollen gerne die verschiedenen Stadien meiner Manuskripte sehen. Ich sage ihnen, daß sie sich die Mühe sparen können, denn ich lasse keine Entwürfe zurück. Ich schreibe immer alles neu.

Hören Sie Musik beim Schreiben?

Ich höre Musik, entlocke ihr bestimmte Dinge und stehle mir von ihr irgendeinen Sinn. Ich habe außerdem viele Gedichte über Musik geschrieben, so zum Beispiel *Erste Übungen auf einer spanischen Gitarre* oder *Die Geigen*. Ich höre Instrumentalmusik und ertappe mich plötzlich dabei, wie ich die Worte dazu schreibe.

Sie meinen, daß Sie schreiben, noch während Sie Musik hören?

Ja.

Schreiben Sie in einem geschlossenen Zimmer, oder ist es Ihnen gleich, wo Sie schreiben?

Ich schreibe am liebsten in einem geschlossenen, ziemlich kleinen Zimmer.

Einem Zimmer mit geöffnetem Fenster und Ausblick?

Mit offenem Fenster und Ausblick, vorzugsweise auf einen Baum.

Kommt es vor, daß Sie mitten in der Arbeit aufhören und am nächsten Tag weiterschreiben?

Wenn ich mit meiner Arbeit gewisse Ergebnisse erreicht habe, werde ich manchmal matt im Kopf. Dann höre ich auf. Aber am folgenden Morgen stehe ich sehr früh auf, als ob ein seltsamer Ruf in meinem Innern ertönt, und mache mich, noch bevor ich meinen Kaffee getrunken habe, an die Fortführung der am Vortag unterbrochenen Arbeit. Ich empfinde dann Augenblicke des absoluten Glücks und weiß, was ich am betreffenden Tag zu tun habe. Zu anderen Zeiten wache ich völlig ausgebrannt auf. Und dann bekomme ich eine abscheuliche Laune. Wie Sie, da Sie ja selbst Dichter sind, wissen, wächst das poetische Schreiben auf einem Hintergrund aus Furcht und Entmutigung. Aber manchmal geschieht es, daß man et-

74

was schreibt und dann vor Verzückung ein *Allah!* ausstößt, als ob ein anderer das geschrieben hätte.

Ist das Ihre Definition der größten Schönheit in der Poesie?

Es ist außerdem der Maßstab, nach dem ich meine Gedichte beurteile. Ich schreibe ein Gedicht; dann lege ich es in eine Schublade. Dort bleibt es für einige Monate, bevor ich es wieder hervorhole. Wenn ich dann den Eindruck habe, es stammt von mir, habe ich den Verdacht, daß ich nicht viel zustande gebracht habe. Wenn ich das Gefühl habe, daß jemand anderes es geschrieben hat, wenn es mir wie eine andere Poesie vorkommt, sage ich mir, daß mir hier etwas gelungen ist. Manchmal, wenn ich von der Musikalität einer Strophe, die ich geschrieben habe, begeistert bin, ertappe ich mich, wie ich im Zimmer hin- und hergehe, fröhlich und zufrieden mit mir selbst diese Strophe skandiere und mir innerlich sage: »Großartig, großartig!« An solchen Tagen, nach solchen Augenblicken intensiven Glücks belohne ich mich mit einem Essen in einem guten Restaurant; ich lade Freunde ein und veranstalte eine kleine Feier.

Sie haben gerade von Ihren Arbeiten während der letzten zehn Jahre gesprochen. Glauben Sie, daß Sie in dieser Zeit den Vollbesitz Ihrer Möglichkeiten erreicht haben?

Wenn ich eine Anthologie meiner Gedichte zusammenzustellen hätte, wenn man mich bitten würde, mein eigener Kritiker zu sein, würde ich behaupten, daß ich mich nach meinem Weggang aus Beirut dem eigentlichen Bereich der Poesie angenähert habe. Im Gegensatz zu dem, was gemeinhin angenommen wird, glaube ich, daß meine Beiruter Zeit zwiespältig war. Hauptsächlich aufgrund des Drucks durch den Bürgerkrieg und aufgrund des Schmerzes, der auf der Haut brennenden Gefühle und nicht zuletzt der Pflicht, Totenklagen zur Erinnerung an Freunde zu verfassen, die buchstäblich in meinen Armen gestorben sind. Mit diesen Klageliedern tat ich nicht nur der nationalen Pflicht Genüge, sondern auch meinen eigenen Gefühlen, und in Beirut herrschte eine enorme Erregbarkeit. Es gibt nichts Gefährlicheres für die Poesie als die brutalen Schwankungen der Gefühle. Das poetische Schreiben erfordert eine stabile Temperatur um die zwanzig Grad herum! Frostwetter und Hundstage töten die Poesie, und Beirut war ein Hexenkessel, ein Brodeln von Gefühlen und Visionen. Beirut war ein Territorium der Ratlosigkeit.

Gibt nicht auch Ihre Gedichtsammlung »Versuch Nr. 7« diese Ratlosigkeit wieder?

Ganz gewiß. Eine Ratlosigkeit angesichts des einzuschlagenden literarischen Weges. Diese Sammlung bildete einen Wendepunkt, die Schwelle zwischen zwei Perioden meiner Poesie – der mittleren Phase, während der ich sortiert und meine Wahl getroffen habe, und der späteren Phase. Um auf Ihre Frage zurückzukommen: Ich bin der Ansicht, daß die letzten zwölf Jahre meine besten gewesen sind.

Die Gedichtsammlung »So ist sein Bild, und so ist der Selbstmord des Liebenden« nimmt in Ihrem Werk sowohl durch ihren künstlerischen Stellenwert als auch durch ihre Struktur einen äußerst bedeutenden Raum ein. Aber unglücklicherweise hat es von seiten der Kritik nicht die Aufmerksamkeit erhalten, die es verdient, und Sie haben Ihrerseits die Erfahrung nicht weiterverfolgt, die das Neue an dieser Sammlung darstellte.

Der zweite Teil Ihrer Frage geht mich mehr an als der erste. Unser Leben in Beirut hat diesem poetischen Projekt nicht erlaubt, sich zu entfalten. Dieses Werk zählt tatsächlich zu meinen wichtigsten und zeigt eine neue Herangehensweise. Aber dann kam der Bürgerkrieg mit seinen Erschütterungen…

Erschütterungen des Bewußtseins?

Nein. Das Bewußtsein ist kohärenter geworden. Aber die Erschütterungen, die Zersplitterung unseres Lebens haben mir den Blick geraubt; außerdem habe ich nicht erkannt, daß dieses Werk neue Wege eröffnete. Die Kritiker haben dieser Sammlung keine Aufmerksamkeit geschenkt. Die Literaturkritik in Beirut schenkt überhaupt keiner Sache Aufmerksamkeit – wirklich gar keiner. Ich sage Ihnen ganz offen: Beirut ist ein hervorragender literarischer Klub, ein offener Klub von Dichtern. Aber das ist kaum ausreichend für das Bestehen einer qualitativ hochwertigen Kritik. Und ich sage es noch einmal: Beirut schenkt niemandem Aufmerksamkeit. Weder mir noch anderen. Nicht einmal sich selbst.

Das gilt auch für Sie selbst; auch Sie haben Beirut keine Aufmerksamkeit geschenkt.

Immerhin glaube ich, daß ich der erste war, der Beirut in der Poesie ausdrücklich benannt hat – noch vor den Libanesen selbst. Niemand vor mir hat ein Gedicht über Beirut geschrieben, als ob Beirut ein für jedes Schreiben unzugängliches Thema sei. Ich habe die Unverfrorenheit besessen, über Beirut zu schreiben, noch bevor seine eigenen Kinder es getan haben. Davon abgesehen bin ich schon immer respektlos gewesen, wenn es darum ging, eine Stadt zum Sujet zu machen. Als ich über Kairo und den Nil schrieb, hat mich der ägyptische Dichter Amal Danqal gewarnt: »Wenn du über Themen wie dieses schreibst, solltest du dich sehr in acht nehmen. Wie kannst du behaupten, daß der Nil ein kurzes Gedächtnis hat? Kein Ägypter wird das akzeptieren.«

Die Tatsache, daß man in einer Stadt lebt, gibt einem das Recht, unverblümt über sie zu sprechen, ohne auf die Regeln der Gastfreundschaft Rücksicht zu nehmen und ohne danach Schuldbekenntnisse abzulegen. Aber sobald wir einmal in der Falle des Chauvinismus, des lokalen Sektierertums und unsinniger Frontstellungen gefangen sind, bin ich auf einmal verpflichtet, mich dafür zu entschuldigen, daß ich über Beirut, Kairo oder Damaskus geschrieben habe. Die Beiruter schrien einstimmig im Chor: »Mit welchem Recht schreiben Sie über Beirut?« Das ist barer Unfug. Wenn man über Paris schreibt, wird kein Franzose kommen und von einem Rechenschaft verlangen. Wenn Sie New York beleidigen, regt kein Amerikaner sich darüber auf. Sämtliche Dichter, angefangen bei Lorca, haben New York beleidigt, und niemand ist darüber in Wut geraten.

Das stimmt, das haben selbst amerikanische Dichter, wie zum Beispiel Allen Ginsberg, getan.

Lorca schrieb einen ganzen Band gegen New York und gegen sich selbst. Ich finde, nebenbei bemerkt, daß diese Sammlung, die Lorca vor allem gegen sich selbst geschrieben hat, nicht zu seinen besten Werken gehört. Was nun aber *So ist sein Bild, und so ist der Selbstmord des Liebenden* betrifft, so haben objektive Gründe die Weiterführung dieser Gedichtsammlung verhindert.

Dies einmal zugegeben, muß man dennoch sagen, daß Sie selbst nicht mehr darauf zurückgekommen sind.

Ach, wenn das die einzige verpaßte Gelegenheit wäre... Ich hätte mich von zahlreichen »Verpflichtungen« freimachen können. Aber jene »Verpflichtungen« haben auch eine positive Seite gehabt: Sie haben das Vertrauen zwischen mir und meinen Lesern aufrechterhalten. Und so sind sie mir später gefolgt, als ich mich gegen meine eigenen Formen aufgelehnt habe; und so wie ich ihnen Kredit gegeben hatte, haben sie mir Kredit gegeben. Bevor ich mich ins Experimentieren gestürzt habe, waren meine Schulden gegenüber meinen Lesern bereits vollständig bezahlt. Und das hat mir die Dinge sehr erleichtert.

Ich möchte noch einmal auf Ihr Buch »Warum hast du das Pferd seiner Einsamkeit überlassen?« zurückkommen. Wir haben von autobiographischen Aspekten gesprochen; handelt es sich dabei nicht auch um eine poetische Autobiographie?

Absolut. Es ist eine poetische Autobiographie. Einige Leute haben das nicht erkannt. Ich habe jedoch absichtlich die *Erklärung Bertolt Brechts vor einem Militärtribunal* in diese Sammlung aufgenommen; das Gedicht habe ich in den sechziger Jahren geschrieben; außerdem die *Auszüge aus den Byzantinern des Abu Firas al-Hamdani*, in dem der Reim eine fundamentale Rolle spielt, oder *Erste Übungen auf einer spanischen Gitarre*, die von meiner ersten Begegnung mit der Poesie Lorcas erzählen. Es stimmt, daß diese Sammlung gleichzeitig persönliche und politische Autobiographie ist.

Sie beharren oft auf bestimmten Worten. Das gilt zum Beispiel für das Wort »Name«, das in Ihren Gedichten allgegenwärtig ist. Warum?

Das Menschsein des Menschen hat mit der Aneignung von Namen angefangen. Der Gebrauch, den ich von ihnen mache, ist nichts als ein Zurückgehen auf den ersten Augenblick der Erkenntnis, auf die erstmalige Entdeckung des Menschen durch sich selbst. Es gibt außerdem noch einen mehr autobiographischen Grund persönlicher wie kollektiver Art in diesem Erinnern an die Namen meines Landes, jenes Ortes, seiner Geschichte und seiner Kultur. In bezug auf diese Namen habe ich das Gefühl, daß ich verpflichtet bin, für ihre Verteidigung zu sorgen.

Sie haben in einem Ihrer Gedichte gesagt: »Noch vor Imru al-Kais werden wir Sophokles wählen.« Diese Feststellung erweckt unsere Neugier. Was wollen Sie damit andeuten?

Das Gedicht, von dem Sie sprechen, beginnt in der Atmosphäre Kanaans. Dann geht es über zu der Idee der Mischung mit dem Anderen auf unserer Erde. Es versucht, eine harmonische Beziehung zwischen dem Ich und dem Anderen zu formulieren, die kulturelle, einschließlich der poetischen Identität zu etwas zu erweitern, das mehr umfaßt als mein Arabischsein.

Sophokles ist Imru al-Kais ganz einfach vorausgegangen. Und ich gehöre zu denen, die sich zu dem Gedanken hingezogen fühlen, daß die gesamte Poesie der Menschheit in Wirklichkeit nur ein einziger Gesang ist, in dem die Dichter einander abwechseln. Sophokles hat die griechische Tragödie in dem Sinne verändert, daß er die Intervention der Götter ins menschliche Schicksal abschwächt. Die Poesie ist für mich ein Ganzes, das keine andere Nationalität der Sprache als die der Poesie kennt. Das ist der Grund, weshalb ich nicht zögere, Sophokles zu wählen, ganz unabhängig von meinem moralischen Urteil über Imru al-Kais, der, wie ich in anderen Gedichten gesagt habe, die Seite des Kaisers von Byzanz gewählt hat.

Ich habe diesen Vers anders verstanden. Ich habe darin zweierlei Gleichsetzungen gesehen: die eine zwischen Imru al-Kais und den Klagen über die Ruinen des Lagers der Geliebten oder, anders gesagt, dem nostalgischen Gesang und die ande-

re zwischen Sophokles und der Tragödie. Indem Sie Sopho-
kles vorziehen, akzeptieren Sie das tragische Schicksal.

Vielleicht habe ich das ja ebenfalls sagen wollen. Vielleicht
habe ich es unbewußt gesagt. Sie wissen, daß wir nicht von
allem Kenntnis haben, was aus unserem Unbewußten kommt.
Aber Ihre Lesart gefällt mir, und wenn ich eher darauf gekommen wäre, hätte ich sie zweifellos übernommen.

Sie sind ein sehr populärer Schriftsteller, aber es ist Ihnen den-
noch gelungen, sich nicht von Ihrem Publikum auffressen und
in tödliche Kompromisse verstricken zu lassen. Sind Sie von
dieser Popularität nicht dennoch beunruhigt?

Mein Problem ist, daß viele meiner Leser von mir verlangen,
an einer bestimmten Stelle zu verharren und dabei die Sprache zu benutzen, die ihrer Ansicht nach ihre Situation am
besten widerspiegelt. Ich habe dennoch meinen gewohnten
Text verlassen und bin das Risiko eingegangen, diese Leser zu
verlieren. Aber ich konnte nur das tun, was meinen ästhetischen Vorstellungen entsprach. Und ich glaube, daß ich richtig gehandelt habe und daß meine Leser meine Wahl respektiert haben.

Man darf nicht herablassend vom »Publikum« sprechen.
Selbst wenn es zunächst einmal kulturell und sozial gesehen
ganz unterschiedlich ist, weiß dieses »Publikum«, wenn es
sich zu einer Lesung versammelt oder wenn es einen Gedichtband in Händen hält und ein Gedicht liest, ganz genau, was
es tut. Die Evolution der Sprache des Dichters entwickelt sich
zusammen mit einer Evolution des poetischen Geschmacks.
Es ist Zeit, in aller Bescheidenheit anzuerkennen, daß das Publikum einen Geschmack und eine Kenntnis in bezug auf die
Poesie hat, wie wir sie selbst nicht besitzen. Wer ist denn das
Publikum? Das sind wir selbst und andere als wir. Man spricht

von »Popularität«, aber ich sehe nichts anderes als eine Gruppe von Menschen, die mir überall, wo ich hingehe, zuhört, und ich weiß, daß uns Vertrautheit, Gewohnheiten, wechselseitige Erwartungen miteinander verbinden. Sie waren kürzlich bei meiner Lesung in Amman dabei, und Sie haben gewiß keinerlei Verständigungsprobleme, keinerlei Täuschung, keinerlei Fehlen von Harmonie zwischen meinen Zuhörern und mir festgestellt. Alles ist wunderbar vonstatten gegangen. Ich habe die Gefahr eines Bruchs mit denen, die gekommen sind, um mich zu hören, umgangen, und ich habe das ohne große Einbußen getan. Ich sehe im Gegenteil in der Vielzahl meiner Lesungen eine Ermutigung, bis an die Grenzen meines Abenteuers zu gehen. Die Basis all dessen ist das Vertrauen. Ein Vertrauen im Hinblick auf Moral und Poesie. Das ist für mich persönlich unentbehrlich, es dient außerdem der gegenwärtigen arabischen Literatur. Mit anderen Worten: diese Haltung ist für die anderen Schriftsteller von Nutzen. Ich breche das Eis nicht nur zugunsten meines eigenen Bootes, sondern auch für das große Schiff der zeitgenössischen arabischen Poesie. Ich fordere die Dichter, die das Publikum beleidigen, auf, sich einmal darüber klar zu werden, daß es unter anderem das Publikum ist, das ihnen dabei hilft, ihre Abenteuer weiterzuverfolgen. Selbst wenn ein mittelmäßiger Schriftsteller bei gewissen Schichten der Gesellschaft Erfolg hat, bedeutet das auch, daß er Menschen in das Territorium der Dichtung mitgenommen hat.

Während meiner langen Erfahrung habe ich wiederholt von vorne angefangen. Nach der Veröffentlichung meines ersten Gedichtbandes, *Blätter des Olivenbaums*, habe ich einen gewissen Erfolg gehabt. Anläßlich des zweiten, *Ein Liebender aus Palästina*, hat die sich auf den Marxismus berufende Kritik von mir verlangt, ich solle zu meiner Vergangenheit zurückkehren. Zu welcher Vergangenheit? Ich, der ich noch nicht mehr veröffentlicht hatte als einen einzigen Gedichtband!

Nach jedem meiner Gedichtbände stoße ich wieder auf Kritiker, die von mir verlangen, ich solle zu einem früheren Werk zurückkehren. Da meine zweite Gedichtsammlung thematisch vom Land zur Stadt übergeht, haben manche die Forderung an mich gestellt, mich wieder mit der Landwirtschaft zu befassen!

Aber die Poesie ist bei alledem ihren Weg gegangen, und während meiner dreißigjährigen Erfahrung habe ich die Liebe und den Respekt der Menschen nicht verloren. Die Fähigkeit der Leserschaft, ihren Geschmack zu entwickeln, ist unbegrenzt; nur die Dichter sind verantwortlich, wenn das Publikum in Altes zurückfällt. Wenn ich von der Mittelmäßigkeit des Geschmacks der Leserschaft reden höre, suche ich den Grund dafür im poetischen Text selbst. Das Niveau des allgemeinen poetischen Bewußtseins ist ausschließlich das Werk des Dichters.

Es sind die Dichter, die der Poesie Leben geben, und sie sind es auch, die sie töten. Und die Beziehung zwischen den Dichtern und ihrer Leserschaft hängt von der verantwortlichen Haltung der Schriftsteller ab. Und wenn man mir Vorhaltungen macht, daß der Dichter nicht die Rolle einer Tageszeitung oder eines Schullehrers spielt, antworte ich, daß das Publikum der Poesie immer elitär ist, daß die Poesie weder mit dem Chanson konkurrieren noch sich in tägliches Brot verwandeln kann. Das zu erhoffen ist vielleicht ein legitimer Traum. Aber es ist nur ein Traum.

Es gibt keine Zukunft für die Poesie außerhalb eines poetischen Kanons

Gespräch mit dem syrischen Literaturkritiker Subhi Hadidi

1996

Die Poesie befindet sich in einer Krise, die sich in erster Linie in einem Schwinden der Leserschaft äußert. Wie sehen Sie die poetische Szene der Welt?

Es ist schwierig, darüber ohne ausreichende Kenntnis des dichterischen Schaffens in den anderen Kulturen zu sprechen. Außerdem ist jede Antwort zwangsläufig ungenau und begrenzt und erlaubt nicht, ein globales Urteil zu fällen. Davon abgesehen weiß ich nicht, ob ich für eine derart umtriebige und komplexe Szenerie der geeignete Aufklärer bin.

Auch wenn sie in methodischer Hinsicht identisch sind, stellen sich hier viele Fragen, gleich, ob man nun über die französische, englische, spanische oder ungarische Poesie spricht, über die ästhetische Erfahrung in China, Japan oder Indien oder auch über jene Gedichte, die täglich das Licht der Welt erblicken und die wir aus einer Vielzahl von Gründen niemals kennen werden.

Bei allen hier aufgeführten Fällen stellt sich die vorrangige Frage: Womit beginnen? Um jene erste Untersuchung herum kreisen dann weitere Fragen, wie zum Beispiel: Wie soll man die Tatsache interpretieren, daß in den letzten fünfundzwanzig Jahren die brillantesten Dichter der englischen Sprache keine Engländer waren? Oder auch: Spricht aus der Poesie in spanischer Sprache nicht eher die Eigentümlichkeit des Landes, das sie hervorbringt, als die Zugehörigkeit zu einem spanischsprachigen Raum? Oder weiter: Kann man behaupten, daß die ungarische Poesie ein getreuer Spiegel der gesamten Poesie Osteuropas ist?

Zwei Dichter der englischen Sprache, der Karibier Derek Walcott und der Ire Seamus Heaney, haben mein Gefühl hinsichtlich des Bestehens einer Krise der englischen Poesie differenziert. Der Fall Walcotts ist höchst bemerkenswert. Soll man im Werk dieses Dichters eine Errungenschaft der englischen Sprache sehen? Es ist zwar nicht zu leugnen, daß Walcott letztere in wertvoller Weise bereichert hat; gehört ihr deshalb aber auch der Reichtum seiner poetischen Erfahrung? Walcott ist kein Produkt der englischen Sprache, sondern eine Art Schmelztiegel, in dem mehrere Kulturen, Sprachen, Orte und Zeiten zusammenströmen. Es handelt sich um eine Reise in die Tiefe der Völker und der Geschichte, die ein außergewöhnliches dichterisches Phänomen hervorgebracht hat. Zufälligerweise hat sich diese Dichtung das Englische als Ausdruck gewählt; sie hätte sich in jeder anderen Sprache äußern können.

Ebenso hat meine Lektüre der griechischen Poesie mich immer über den gesunden Zustand der Lyrik im allgemeinen beruhigt, vielleicht aufgrund ihrer spezifischen Identität, aufgrund der Beziehung der griechischen Gegenwart zum klassischen Erbe Griechenlands. Große Dichter wie Kavafis, Seferis, Elytis, Ritsos haben die zeitgenössische Poesie geprägt, und wir können das große Buch der Poesie unseres Jahrhunderts nicht lesen, ohne ihre Handschrift darin zu erkennen.

Bei den Arabern herrscht zur Zeit das Experiment vor. Und ihr Beitrag besteht aus einer Reihe ins Grundsätzliche gehender Vorschläge. Wenn man an der Fähigkeit des Gedichts, sich zu erneuern und eine Beziehung zur Geschichte, zur Sprache und zum Anderen aufzubauen, interessiert ist, wird man bei ihnen zahlreiche Beispiele dafür finden, die die poetische Szene als Ganzes bereichern.

Ich tendiere zu dem Glauben, daß die Krise der Poesie hinter uns liegt und daß wir uns jetzt in einer Phase der Erholung befinden.

Was bedeutet für Sie die Tatsache, daß drei der letzten fünf Nobelpreise für Literatur an Lyriker verliehen worden sind: an Szymborska, Heaney und Walcott?

Vielleicht ist das die Bestätigung dafür, daß die Poesie sich von ihrer Krise oder von dem, was wir dafür gehalten haben, erholt. Vielleicht handelte es sich nicht um eine strukturelle Krise, ungeachtet der »Theorien«, die die Überlegenheit des Romans über die Poesie verkünden oder behaupten, der zeitgenössische Leser finde sich eher in der Erzählung wieder als im Gedicht, oder auch, das alltägliche Leben sei so kompliziert geworden, daß es sich nicht mehr mit der poetischen Reflexion belasten könne.

Auf jeden Fall darf man nicht vergessen, daß die »Wettbewerbsbedingungen« für die Literatur und vor allem die Poesie angesichts der gigantischen Mittel, die dem Fernsehen, der Computerindustrie und den elektronischen Informationsnetzen zur Verfügung stehen, sehr hart sind. Ich weiß nicht, ob die schwedische Akademie auch diese Tatsache im Auge hatte, als sie innerhalb von fünf Jahren drei ihrer Preise an Dichter verliehen hat. Die Nobelpreisjury hat vielleicht die Notwendigkeit gesehen, auf diese Weise ihre Unterstützung für die Poesie in dem schwierigen Kampf, den sie gegen andere Mittel der Erzeugung und des Austauschs von Bewußtsein auszufechten hat, zum Ausdruck zu bringen.

Ich möchte hier noch zwei Punkte hinzufügen. So, wie das achtzehnte und neunzehnte Jahrhundert die Jahrhunderte der Philosophie waren, ist das zwanzigste das klassische Jahrhundert der Poesie gewesen. Das erste Jahrzehnt dieses Jahrhunderts erlebte in Europa wie in den Vereinigten Staaten, in Lateinamerika, Indien, Japan und in einer Reihe von anderen Ländern eine Blüte großer poetischer Werke. Der zweite Punkt ist, daß es der Poesie im gesamten Verlauf des Jahrhunderts gelungen ist, eine relative Stabilität auf der Ebene des Genres (der Formen, der poetischen Erfahrungen, der Verfahren und Schulen) zu bewahren und ungeachtet der großen Stürme, die sowohl innerhalb der verschiedenen poetischen Strömungen selbst als auch im Verlauf viel stärkerer Erdbeben, darunter die beiden Weltkriege, losgebrochen sind, ihre lebendige Dynamik zu behalten. Anders als dem Roman, der heute durch die wachsende Prominenz der Kriminalliteratur und des wissenschaftlichen Romans in sehr fragwürdiger Weise von dem ihm bestimmten Weg abweicht, ist es der Poesie auch auf dem Höhepunkt von Krisen immer gelungen, ihren Atem zu bewahren, um dann zu einer neuen Phase der Stabilität und Erneuerung überzugehen.

Bestimmt die »Nationalität« der Sprache jedes Urteil über eine schöpferische Erfahrung?

Das ist eine sehr umfassende Frage. Wir leben in einer Zeit der wechselseitigen Durchdringung der Kulturen und der Sprachen. Das Schreiben in einer bestimmten Sprache ist ein nebensächliches Detail der Fähigkeit geworden, nicht nur den Geist unseres Jahrhunderts, sondern auch die Mannigfaltigkeit der Zeiten innerhalb eines Jahrhunderts zu erfassen.

Im Verlauf des letzten Jahrzehnts stand die Poesie an der Spitze der Disziplinen, die der Literatur die Mittel zur Verfügung stellten, sich selbst zu überschreiten. Nehmen Sie einen

Dichter mit einer kulturell stark geprägten Persönlichkeit. Sie werden bei ihm, ungeachtet der Entfernung, die die Orte und Zeiten voneinander trennt, auf keinerlei Partikularismus stoßen. Das liegt ganz einfach daran, daß die besondere und tiefgehende Erfahrung jenes Schriftstellers uns die Möglichkeit zur Begegnung mit einer ganz eigenen, zugleich universellen Kultur gibt. Statt uns in die Mauern einer Sprache im genealogischen Sinne dieses Wortes einzuschließen, versetzt diese Kultur uns in offene Dynamiken, in denen sich unterschiedliches Blut und unterschiedliche Bräuche vermischen.

Ich möchte noch hinzufügen, daß diese Gabe sich in der englischen Sprache stärker zeigt als in der französischen. Ungeachtet ihrer Wichtigkeit ist die frankophone Poesie, wie mir scheint, letztlich außerhalb der französischen Poesie und Literatur geblieben. Das Beispiel der maghrebinischen Autoren französischer Sprache ist in dieser Hinsicht typisch. Auf dieses Problem stößt man bei anglophonen Autoren, die aus der Karibik oder aus Schwarzafrika stammen, nicht. Vielleicht ist der »Magen« des Englischen besser in der Lage, den Anderen aufzunehmen und zu assimilieren. Vielleicht ist die englische Sprache auch »imperialistischer« als die anderen.

Es ist eigentlich in vielfacher Hinsicht unangemessen, die Erfahrung Walcotts dem großen Korpus der westlichen Poesie zuzurechnen, auch wenn er ausschließlich auf englisch schreibt und oft besseren Gebrauch davon macht als die Engländer selbst. Wie schätzen Sie die gegenwärtige angelsächsische Lyrik ein? Wie denken Sie über die Kinder von Eliot und Pound? Zum Beispiel über Allen Ginsberg?

Ich halte mich soweit wie möglich über das auf dem laufenden, was auf englisch erscheint. Über alles im Bild zu sein, ist praktisch unmöglich. Walcott und Heaney sind die beiden letzten Dichter, die ich wirklich gründlich gelesen habe, und ich verhehle nicht, daß ich auf seiten Walcotts stehe. Dafür gibt es vielfältige Gründe. Sie hängen mit direkten und indirekten verwandtschaftlichen Beziehungen zusammen, die uns einander näherbringen: einer Nachbarschaft unserer Welt, der Themen, der Arten, die Sprache zu verwenden, und sogar der Empfindungen und der Formen der metaphorischen Darstellung der Welt.

Die letzten Gedichte, die ich von Ginsberg gelesen habe, erinnern mich nicht an seine großartigen Werke Ende der fünfziger oder Mitte der sechziger Jahre, wie *Howl* und *Kaddish*. Ich habe den Eindruck, daß der Ginsberg der neunziger Jahre nicht mehr die Stimme des Exilierten oder des Fremden ist, sondern daß er mittlerweile an einer Erfahrung teilhat, die integraler Bestandteil der großen amerikanischen Szenerie ist. Es ist ganz natürlich, daß die ästhetischen Sorgen der *Beat Generation* nunmehr verschwunden sind, aber dadurch haben sie neuen Untersuchungen Platz gemacht, die mehr in Einklang mit der heutigen Zeit und dem Geschmack unseres zu Ende gehenden Jahrhunderts stehen.

Und die französische Poesie? Vor allem die nach René Char?

Ich sehe mit Trauer das wunderbare Ungestüm verschwinden, das von Baudelaire, Rimbaud und Mallarmé eingeführt und dann von Valéry, Saint-John Perse, Aragon, Eluard, Prévert, Michaux, Char und zuletzt Bonnefoy fortgesetzt wurde.

René Char ist der letzte der Großen, ohne deswegen die große Stimme Yves Bonnefoys und dahinter diejenige Eugène Guillevics zu vergessen. Ich finde bei Char die tragische Nostalgie einer Erinnerung wieder, in der sich die Kindheit und der idyllische Ort der Ursprünge, jener Ort, in dem sich der Begriff des Heimatlandes konzentriert, miteinander vermischen. Diese Nostalgie verwandelt den ursprünglichen Ort in einen universalen Raum, der offen ist für die Alchimie der

kollektiven Geschichte und der individuellen Existenz, für
die zur Legende verdichtete Magie, die Erde, die Elemente
der Natur und die vom Ganzen dieser Symbiose geprägten
Wesen. In der Auseinandersetzung mit dieser Geographie hat
die poetische Sprache Chars bis zum Schluß ihre Empfind-
samkeit bewahrt. Damit spreche ich noch gar nicht von den
aufeinanderfolgenden Perioden Chars selbst: als Dichter, Liebender, Angehöriger der Résistance, Verteidiger der Natur.

Und die Poesie Osteuropas? Insbesondere die von Wislawa
Szymborska?

Das Aufblühen der Poesie ereignet sich meiner Ansicht nach
immer während der Zyklen großer Wanderungen der Völker
und Kulturen. Die Poesie schlägt ihr Zelt bald in Griechen-
land, bald in Asien auf; dann wieder in Spanien oder in Mexi-
ko...
  Was Szymborska betrifft, habe ich sie nicht so intensiv gelesen wie Zbigniew Herbert, Czeslaw Milosz und Tadeusz
Rozewicz. Aber das wenige, was ich von ihrem Werk habe
lesen können, bestätigte mir, daß wir noch über eine Reihe
poetischer Erfahrungen in Unkenntnis sind und daß dieses
Jahrhundert immer noch Überraschungen für uns bereithält.

Aber die wiedererstandene poetische Landschaft, von der Sie
hier sprechen, ist von einer spürbaren Rückkehr zum Kanon
der Poesie gekennzeichnet – zu einem neuen Klassizismus ge-
wissermaßen. Finden Sie, daß auch Sie selbst an dieser »Rück-
kehr« teilnehmen?

Ich stelle jedenfalls ein Zurückgehen der experimentellen
Poesie fest. Sie konnte nicht auf ewig lediglich Experiment
bleiben, ohne schließlich ihren eigenen Klassizismus hervorzubringen und dem Durcheinander, das wir im Verlauf der

letzten Jahrzehnte beobachten konnten, ein Ende zu setzen. Wenn bestimmte Schriftsteller die Modernität nicht als eine Entwicklung im Rahmen des poetischen Erbes selbst begriffen hätten, wären wir immer noch im »Experimentellen um des Experimentellen willen« gefangen, ohne daß es eine andere Perspektive als die des allgemeinen Wirrwarrs gäbe.

Die arabischen Dichter, vor allem die jüngeren unter ihnen, werden die dichterische Szene der Welt aufmerksamer beobachten und ihre typischen Merkmale sorgfältig untersuchen müssen, um in stärkerem Maße von ihr zu lernen. Bis jetzt sind die Techniken des Experimentierens und der Dekonstruktion das einzige, was sie von dort übernommen haben. Sie haben noch nicht erkannt, daß die Poesie, die sie sich zum »Vorbild« nehmen, zu gewissen Elementen des poetischen Kanons zurückgekehrt ist, den man eben nicht mit einer unverwandelbaren Form verwechseln darf, und daß sie sich die Fähigkeit, das Gleichbleibende innerhalb des Veränderlichen zu entdecken, wieder angeeignet hat.

Die Poesie hat sich stabilisiert, indem sie sich auf die ihr nun einmal innewohnenden Wesensmerkmale gestützt hat, indem sie auf das zurückgekommen ist, was sie an Schönem und Lebensfähigem birgt. Einige Aspekte und Gründe der Erholung, von der ich vorhin gesprochen habe, gehen auf diese Tatsache zurück. Die Verwechslung des poetischen Instinkts mit der Poesie selbst hat zu schweren Mißverständnissen geführt. Der poetische Instinkt findet sich auch im Roman, in den alten religiösen Texten, in den Höhlenlegenden. Er strömt aus einem Stern, einer Musik, einem Film, der Natur, der Anmut des menschlichen Lebens, wodurch jedoch noch kein Gedicht entsteht. Den poetischen Instinkt in ein Gedicht zu verwandeln, ist eine vollkommen andere Tätigkeit, denn jede Schöpfungstätigkeit hat ihre eigenen Regeln. Und davor braucht man sich nicht zu fürchten. Der poetische Kanon ist kein über dem Kopf des Dichters hängendes Damokles-schwert.

Die Virtuosität des Künstlers beruht auf seiner Fähigkeit, seiner Kreativität freien Lauf zu lassen, ohne die grundlegenden Prinzipien seiner Kunst zu verletzen, darauf, die von diesen Prinzipien ausgehenden Beschränkungen zu zähmen und zu besiegen, indem er sie perfekt beherrscht. Das ist die entscheidende Schwelle, die man erreichen muß, um eine mit dem Leben unvereinbare etablierte Ordnung überschreiten und die schöpferische Erfahrung wiederbeleben zu können.

Ich bin immer sowohl den fundamentalen Gesetzen der Dichtkunst treu als auch begierig auf Experimente gewesen. Ich gehe dabei mehrgleisig vor, indem ich mich auf besagte Gesetze stütze, um meine Vision der Poesie von innen her zu entwickeln; indem ich eine persönliche Haltung zum Ausgangspunkt einnehme, die die einfache Erzählung mit dem Mythos verbindet, diesen mit dem Schreiben verknüpft und Formen des Ausdrucks hervorbringt, die mit Bildern und Metaphern aufgeladen sind. Die Wahl, die man dabei trifft, spielt sich immer im Rahmen des einen oder anderen poetischen Kanons ab. Und ich sehe keine Entwicklung der arabischen Poesie außerhalb dieser Regeln und ihrer Entsprechungen in den anderen Bereichen menschlicher Kreativität. Ich setze mich daher weiter für eine Rückkehr zum Kanon ein, die man nicht als einen Rückzug auf Imru al-Kais verstehen darf.

Das bringt uns zur Erfahrung des Schreibens. Folgen Sie präzisen Regeln, sobald die spontane Geburt Ihres Gedichts einmal stattgefunden hat? Wie geben Sie ihm seine endgültige Form?

Es gibt beim Schreiben zwei verschiedene Ebenen. Zunächst einmal ist die Poesie nicht einfach ein Augenblick der Reife, eine funkelnde Offenbarung, sondern eine komplexe ästheti-

sche Praxis, die vom Dichter sowohl kritische Wachsamkeit
als auch die Fähigkeit verlangt, sich von dieser Wachsamkeit
nicht ins Gefängnis sperren zu lassen. Denn wenn man das
Wissen nicht in seine Grenzen verweist, kann es leicht die
Inspiration ersticken und das Gedicht in den Bereich logisch-
mathematischer Formeln hineinziehen.

Man muß damit beginnen, die Sinne, die Spontaneität, das
Bestreben, sich auszudrücken, von den Gesetzen des Schreibens und der Rhetorik zu befreien. Das ist der erste Abschnitt
des poetischen Schreibens: der Ausdruck von Empfindungen
durch bewußte Mittel, nicht vernünftiges Überlegen mit sinnlichen Mitteln. Jeder Schriftsteller muß selbst herausfinden,
wie ihm das gelingt. Er erkennt immer die Stunde der Inspiration, sobald diese als gemeinsames Resultat verschiedener
innerer wie äußerer Faktoren herangereift ist. Sie münden in
jenen einzigartigen Augenblick, in dem der Dichter weiß, daß
das Gedicht unmittelbar vor der Geburt steht. Nur der Dichter kann die Beobachtung jenes Augenblicks vervollkomm-
nen, in dem er sich bereit fühlt, in den Tiefen seines Wesens
nach der Poesie zu suchen. Wie? Alles, was ich dazu sagen
kann, ist, daß die Inspiration kein Wecker ist, der durch sein
Läuten pünktlich anzeigt, wann man zu schreiben anfangen
muß, daß man auf sie warten und an der Vorbereitung des
Augenblicks der Begegnung mit ihr arbeiten muß.

Ich begebe mich jeden Morgen in mein Schreibzimmer, um
zu »kritzeln«. Das ist eine alltägliche Form der Disziplin, die
mir zur Gewohnheit geworden ist. Manchmal warte ich lange Zeit ohne das geringste Resultat, setze aber dann das Warten aus Respekt vor der Tätigkeit des Schreibens fort. Flüchtige Gedanken, die einem im Café kommen, können in einen
Vers, ein Bild münden; sie machen noch kein Gedicht.

Beim ersten Entwurf handelt es sich um ein vorläufiges Ta-
sten. Ich unterziehe ihn keiner großen Bearbeitung und lasse
dem Text die Möglichkeit, seinen eigenen Bedingungen ge-

mäß ans Licht zu treten. Ich versuche nicht, ihm in diesem von mir als Augenblick der Poesie erahnten Moment schon die entsprechenden Merkmale zu geben, selbst wenn es mir scheint, daß ein Gedicht daraus entstehen könnte. Im Verlauf jener geheimen Geburt, die einer völligen Entblößung gleicht, verströme ich alles, was ich habe.

In einem zweiten Abschnitt zwinge ich mich zu einer kritischen, bewußten und genauen Lektüre des ersten Entwurfs. Dabei unterwerfe ich die Gesamtheit der Elemente, Bestandteile und Ebenen des poetischen Textes den Erfordernissen des Gesamtaufbaus. Hier beginnen die Streichungen, die Weglassungen, jene »schwierige Großzügigkeit«, die einen manchmal nötigt, die Hälfte eines Textes zu opfern. Diese Phase ist die eigentliche Phase des Schreibens, denn in der ersten Phase fehlt die Beherrschung des Textes, und sie ähnelt eher einer Illusion, etwas ausgedrückt zu haben, als einem poetischen Text im wahren Sinne des Wortes. Und damit diese Illusionen des Ausdrucks sich in einen Text verwandeln, der im Hinblick auf die ihm zugrunde liegenden persönlichen, sozialen und historischen Motive eine angemessene Autonomie besitzt, ist es unabdingbar, daß man das Geschriebene überarbeitet.

Welche Beziehung stellen Sie zwischen Form und Thema her? Woher kommt die Notwendigkeit, daß Ihre Strophen fünf, zehn oder zwanzig Verse haben?

Meine Antwort wird vermutlich Leuten, die meine Poesie nicht gut kennen, Kopfzerbrechen bereiten. Ich behandle in einem Gedicht nie ein einziges Thema. In Wirklichkeit behandle ich weniger Themen als menschliche oder persönliche Szenen, innerhalb derer die Themen umherwandern, Verknüpfungen eingehen und sich verwandeln. So kommt es, daß bei mir das Massaker und die Frau, der Mond und das Glas Wasser im selben Text zusammenleben. Das Bild, das Thema, das Ereignis leben alle in einem einzigen Schauplatz zusammen: demjenigen der Geschichte. Das ist mein vorrangiges poetisches Ziel. Es ist nicht länger möglich, die Gedichte nach traditionellen Genres aufzuteilen. Das Gedicht ist mittlerweile fähig, die Gesamtheit dieser Themen in ihrer wechselseitigen Durchdringung zum Ausdruck zu bringen. Es kann die subjektive oder objektive Achse darstellen, die all diese Elemente organisiert, um eine bestimmte Botschaft zu vermitteln. Meine letzten Gedichte illustrieren dieses Vorgehen in besonderem Maße.

Der andere Teil der Frage bezieht sich auf die Wahl der Form. Was mich betrifft, handelt es sich dabei um viel mehr als das. Die Wahl einer Form unterwirft mich einer Disziplin, die die Unordnung beschränkt und mich vor Wiederholung bewahrt. Bevor ich mich auf eine Form festlege, gehe ich immer auf dem Weg mehrerer Versuche und Variationen vor; vor allem das Sonett, der *Muwaschschaha* oder der Vierzeiler durchlaufen vielfältige Varianten, bevor sich schließlich eine bestimmte herauskristallisiert.

Diese Disziplin schützt, wie ich gerade sagte, vor Wiederholung; sie gibt den Dichtern die Mittel zur Beherrschung der Form als solcher, damit das Gedicht seine rhythmischen und thematischen Grenzen nicht überschreitet. Was schließlich den Leser betrifft, organisiert die formale Disziplin die *Tempi* beim Lesen und verbindet den Leser mit dem Fortschreiten des Textes und den im Ausdruck liegenden Äquivalenzen. Sie stellt dadurch eine Art ästhetischer und kritischer Gymnastik dar.

Ich muß hinzufügen, daß diese Art des Vorgehens äußerst schwierig ist. Sie ist sowohl schwierig als auch beruhigend, weil sie dem Dichter dabei hilft, die Regeln des Spiels zu meistern, genau zu wissen, wo er anfangen und wo er aufhören muß. Ich schreibe ohne vorherige Festlegung der Anzahl der

Strophen; dann versuche ich in einem zweiten Durchgang, die Strophenformen miteinander in Übereinstimmung zu bringen, und wenn ich schließlich die angemessene Form gefunden habe, ist meine Arbeit an den Strophen der harmonischen Gesamtstruktur untergeordnet. Aber es kann vorkommen, daß ich das Unmögliche feststelle, die Strophen in eine einheitliche Form zu bringen, und dann belasse ich sie in ihrer formalen Unangepaßtheit. All das ist eine Frage des Handwerks und der Beziehung zum Reim. Es kommt manchmal vor, daß ich den Reim bewußt aufbreche, um ihn daran zu hindern, die Bewegung des Textes zu zerreißen, ebenso wie es vorkommt, daß ich meine Reime in die Mitte oder an den Anfang eines Verses setze.

Manche Leute behaupten, der Leser sei der Gefangene des Gedichts; andere sagen, das Gedicht sei der Gefangene des Lesers. Wie sehen Sie die Beziehung des Lesers zu Ihren Gedichten?

Über genau dieses Thema gibt es ja eine alte Diskussion zwischen meinem Leser und mir. Ich habe zu einer bestimmten Zeit, unter entsprechenden Umständen und an einem präzisen Ort meine Identität mit den Worten eingefordert: *Schreib auf: Ich bin Araber.* Dieses Gedicht blieb in der Folge an mir kleben und drohte, sich in meine dichterische Identität zu verwandeln. Wo immer ich hinging, verlangte man von mir, es vorzutragen. Wenn ich diesen Erwartungen nachgegeben hätte, hätte ich mich niemals entwickelt. Meine Gedichtsammlung *Die Vögel sterben in Galiläa* markierte meine erste poetische Neuorientierung. Sie rief in der Presse auf seiten meiner Freunde und Gefährten eine Welle der Ablehnung hervor. Ich wurde angeklagt, mich in einen »symbolistischen« Dichter im reinsten Sinne des Wortes verwandelt, mich von meinem Engagement und meiner früheren Auffassung von der Poesie losgesagt zu haben, eine Distanz zwischen meinem Land und mir aufzubauen. Dieses Mißverständnis verfolgt mich seit meinen Anfängen, aber ich habe mich diesem »anziehenden Gefängnis« und dieser »grausamen Liebe« immer widersetzt. Und ich habe noch »schwierigere« Gedichte geschrieben, die der Leser anfänglich ablehnte, aber gerade in dem Maße, in dem ich immer schwieriger schrieb, am Ende doch akzeptierte. So wurde der Gegenstand des Konflikts jedesmal zu einem Referenztext, um meine Treue zu mir selbst und zu den Lesern zu beurteilen.

Offen gesagt, bin ich der Meinung, daß ich als Dichter oft verkannt und in eine Norm gepreßt werde. Mein Leser erlaubt mir nicht, mich auf meine eigene Art zu lesen, denn er gestattet sich nicht, mich unabhängig von dem Bild zu lesen, das er von mir hat. Und diese Haltung stellt für mich eine ständige Verletzung dar. Wenn ich ein Liebesgedicht für eine Frau schreibe, meint mein Leser, unbedingt sich selbst als den Autor sehen zu müssen, und nimmt sich in der Folge heraus, dieser Frau einen Namen zu geben: Palästina. In meinen ersten Arbeiten habe ich mich bewußt und sehr hart kontrolliert, um zu verhindern, daß der Leser mich weiter gemäß seiner Gewohnheit und ganz nach eigenem Gefallen liest. Aber das war vergebliche Mühe, denn ich habe mich ein weiteres Mal als Gefangener einer politischen Lektüre wiedergefunden. Das hat mich sehr entmutigt. Ich bestreite hier nicht, daß es eine politische Lektüre der Poesie geben kann – auch Arthur Rimbaud bietet sich für eine solche Lektüre an –, aber das ist doch nur eine der Ebenen der Lektüre und nicht ihre Quintessenz. Ungeachtet all meines Bestrebens, mein Gedicht auf das Schöne hin zu orientieren, scheint es, daß mir eine unvoreingenommene Lektüre versagt geblieben ist, und das schon seit langem.

Das Gedicht existiert nur durch die Beziehung zwischen dem Leser und dem Dichter, und ich brauche meine Leser.

Aber sie hören nicht auf, meine Gedichte bis zu einem Punkt, an dem ihre Lektüre die Züge meines Gesichts auslöscht, nach ihrem Geschmack umzuschreiben. Ungeachtet all meines Stolzes, Palästinenser zu sein, und meiner Bereitschaft, mein Leben zu geben, um die Wahrheit über die Palästinenser ans Licht zu bringen, lehne ich es ab, ausschließlich als Palästinenser angesehen zu werden. Ich möchte mich der Geschichte und dem Kampf meines Volkes von einem ästhetischen Standpunkt aus nähern können, der sich von der gängigen und immerzu wiederholten politischen Lektüre unterscheidet. Ich möchte meine Wahrheit im Menschlichen und Universellen verwurzeln und nicht in irgendeiner punktuellen und eingeschränkten Interpretation.

Aber ich bleibe zuversichtlich. Der Leser will mich gefangenhalten, und ich arbeite meinerseits daran, ihn gefangenzunehmen, und in diesem unablässigen Austausch entwickelt sich unsere Beziehung. Und ich weiß, daß mein Leser in ein oder zwei Jahren von mir Gedichte in der Art von *Elf Sterne über dem Auszug aus Andalusien* verlangen wird, die ihn zuvor aus der Fassung gebracht haben.

Das Gesamtresultat ist demnach positiv, da es zu einer Entwicklung sowohl des Textes als auch des Lesers geführt hat. Ihr Leser akzeptiert nunmehr jene »hochstehende Ästhetik« und die ununterbrochene Entwicklung der Form, aber er verlangt immer etwas Politisches von Ihnen.

Das Mißverständnis auf der einen und die gegenseitige Anhänglichkeit auf der anderen Seite haben auf widersprüchliche Weise zu positiven Resultaten geführt, namentlich zur ästhetischen Entwicklung des Lesers. Das Problem liegt nicht in den jeweiligen Formen der Verteidigung der Poesie, sondern in der Selbstüberschreitung des Schreibens und seines literarischen Inhalts. Das ist eine recht komplexe Angelegenheit. Aber falls die palästinensische Poesie insgesamt auf einem vereinfachenden Niveau verharrt, um auf die unmittelbaren Bedürfnisse des eiligen Lesers zu antworten, wird unsere künstlerische Schöpfung, die vom Drama der Palästinenser zeugt, in einer Sackgasse enden. Vielleicht wird ja auch Palästina eher akzeptiert, vielleicht wird sich unsere Zuhörerschaft vergrößern, wenn unsere Gedichte schöner und innovativer sind. Aber diese Zwangsvorstellung, immerzu auf dem Umweg der Poesie der Sache dienen zu wollen, ist sinnlos; sie dient weder der Poesie noch der palästinensischen Sache.

Der zweite Teil Ihrer Frage unterstreicht in meinen Augen eines der Resultate der Spannung zwischen zwei Standpunkten, dem der Ästhetik und dem der Wirksamkeit. Ich bin glücklich darüber, daß der Leser begonnen hat, mir meine ästhetischen Neigungen nachzusehen. Offen gesagt, beklage ich mich weniger über den Leser als über den Literaturkritiker, der ständig alle Kräfte aufbietet, um einen einzelnen Baustein des Mosaiks ins Licht seines Scheinwerfers zu rücken, und dabei das gesamte Gebäude im Schatten läßt. Hier nur ein Beispiel aus jüngster Zeit, um meine Worte zu illustrieren. Manche Kritiker haben sich bei dem Begriff »Friedensvertrag« in meinem Gedicht *Die Wahrheit hat zwei Gesichter, und der Schnee ist schwarz* aufgehalten. Ich schreibe dort über den Vertrag, der nach dem Fall von Granada geschlossen wurde, aber sie haben meine Worte als eine Ablehnung der gegenwärtigen Friedensverhandlungen aufgefaßt. Das hat mich sehr geschmerzt. Wie kann man denn denken, daß ich mich über die aktuellen Verhandlungen nur auf dem Umweg über einen Text über Granada äußern kann? Als ob ich meine gesamte Geschichte, mein gesamtes poetisches Werk bemühen müßte, um irgend etwas bisher nicht Gesagtes zu äußern, wozu doch ein Artikel oder eine Rede genügen würde. Wenn ich mich über diese Interpretation beklage, geht es mir darum, die Poesie – ihre Freiheit, die Sorgen der Gegenwart so zu behandeln, wie es ihr richtig scheint – zu verteidigen. Wenn ich geahnt hätte, daß dieser Begriff die Aufmerksamkeit des Lesers, des Journalisten, der arabischen politischen Kreise gefangennehmen würde, hätte ich ihn weggelassen. Und ich kündige hier gleich an, daß ich mir erlauben werde, ihn in den nächsten Ausgaben des Gedichts zu ändern, nicht um mich selbst zu verleugnen, sondern um meinen Leser dazu zu bringen, innerhalb des Bereichs von Ästhetik, Geschichte und Kultur zu bleiben. Ich will verhindern, daß einige mangelhaft interpretierten Begriffe mein Gedicht in eine Parolensammlung oder in ein Straßentransparent verwandeln.

Aber wie ich vorhin schon gesagt habe, ist das Resultat jener Zwistigkeiten letztlich doch ermutigend. Die enge Beziehung des Lesers zur Poesie demonstriert die Frische, die in der arabischen Seele immer noch vorhanden ist. Sie zeigt, daß die Krise der Poesie nicht in der Beziehung der Poesie zu den Menschen liegt. Die Anziehungskraft der Poesie ist ebenso intakt wie die Fähigkeit, sie zu schätzen. Sie bleibt eine der Stützen jenes gemeinsamen Gutes aller Araber, der Sprache. Und die Tatsache, daß die Araber der Poesie weiterhin eine solche Bedeutung beimessen, beweist, daß sie ihre alte Bezeichnung »Volk der Poesie« verdienen.

In Ihrem Gedichtzyklus »Elf Sterne über dem Auszug aus Andalusien« finden sich zahlreiche historische Bezugspunkte: der Fall Granadas, Kanaan, das Tote Meer, die Ausrottung der Indianer Amerikas, Rom, Sophokles, die neuen Mongolen. Wie fügen Sie den literarischen Text und die historische Chronik zusammen?

Ich unterscheide zwischen der Chronik und dem Archiv. Meine Gedichte verkünden das Recht und die Weigerung, die Gewalt ihre »Rechte« erzwingen zu lassen. Man könnte mir entgegenhalten, daß die Geschichte nichts anderes ist als eine lange Abfolge solcher aus Gewalt geborener Rechte. Ist der Schwache darum verpflichtet, seine erzwungene Abwesenheit zu akzeptieren, das heißt, an seinem eigenen Verschwinden mitzuarbeiten? Muß er nicht im Gegenteil den Kampf fortführen, um anwesend zu bleiben? Das historische Register, an dem ich arbeite, ist das der Verteidigung des Rechts, selbst wenn man mir sagt, daß Staaten nun einmal durch das Schwert geboren werden. Die Poesie kann sich nicht mit der Gewalt abfinden, denn sie hat die Pflicht, mit eigener Kraft einen lebenskräftigen Raum für die Verteidigung des Rechts, der Gerechtigkeit und des Opfers zu schaffen. Die Poesie ist die standhafte Verbündete des Opfers, und sie kann mit der Geschichte nur auf der Grundlage dieses fundamentalen Prinzips einen Bereich der Verständigung finden. Es ist dieser Gesichtspunkt, von dem aus man die Thematik der Indianer oder des Falls von Granada verstehen muß, um im Jahr 1992 eine humanistische Lektüre der Ereignisse von 1492 vorschlagen zu können.

1992 hat die westliche Welt die historische Tragweite des Jahres 1492 und im besonderen zwei für den Westen grundlegende Umwälzungen interpretiert: die Reise des Kolumbus und der Fall von Granada. Das erste dieser beiden Ereignisse war eine von einem Plan des Völkermords begleitete Eroberung im Geist der Kreuzzüge. Das zweite heiligte endgültig die Vorstellung des Westens und vertrieb die Araber von dem Weg, der zu genau jenem Westen führte.

Ich bin ein Bürger der Welt, die von diesen Ereignissen zerstört oder aus der Geschichte vertrieben wurde. Und ich bin ein Opfer, das kein anderes Gut besitzt als das der Selbstverteidigung. Ich habe mich in eine gründliche Lektüre der Geschichte der Araber in Spanien sowie der Geschichte der Indianer und ihrer Beziehung zur Erde, zu Gott und zum Anderen versenkt. Was mich bei den Indianern beeindruckt hat, ist, daß sie die Ereignisse wie die Manifestationen eines unabwendbaren Schicksals auffaßten und ihnen mit dem Erstaunen jener begegneten, die die allgemeine Geschichte auf »die persönliche Geschichte« niederstürzen sehen. Die Durchsetzung des westlichen Konzepts hat das Verschwinden von siebzig Millionen menschlicher Wesen ebenso wie einen wütenden kulturellen Krieg gegen eine untrennbar mit der Erde und der Natur, den Bäumen, den Steinen, dem Boden und dem Wasser verbundene Philosophie gefordert. Der rote Mann entschuldigte sich mit einer Wärme von überraschender Poesie bei dem Baum, den er fällen wollte, und erklärte dabei seinen dringlichen Bedarf an dessen Rinde, seinem Stamm, seinen Ästen; dann warf er den Stumpf des Stammes in den Wald, damit der Stamm wiedergeboren werden konnte... Die Maschine hat über die Heiligkeit triumphiert, die der rote Mann seiner Erde beimaß, die eine vergöttlichte Erde war, da er nicht zwischen ihren Grenzen und denen Gottes unterschied.

Ich habe mich in den Indianer hineinversetzt, um die Unschuld der Dinge, die Kindheit der Menschheit zu verteidigen, um vor der militärischen Maschine und ihren Schlingarmen zu warnen, die keinerlei Grenzen an ihrem Horizont sieht, sondern sämtliche überkommenen Werte entwurzelt und unersättlich die Erde und ihre Eingeweide verschlingt. Die Zerstörung des Wissens des Anderen ist die erste Schwelle, die man überschreiten muß, um ihn zu vernichten. Ein völkermörderischer Plan, der den Entstehungsverlauf der neuen Weltordnung enthüllt: Invasion, Beherrschung, Existenzverweigerung. Mein Gedicht war der Versuch einer Vergegenwärtigung des Indianers zu der Stunde, als er zum letzten Mal die Sonne sieht. Aber der »Weiße« wird weder Ruhe noch Schlaf wiederfinden, denn die Seelen der Dinge, der Natur, der Opfer schweben immer noch über seinem Kopf.

Bildet die Erde die Grundlage Ihres Mitgefühls mit dem Anliegen des roten Mannes? Das Thema der Erde ist ja zentral in Ihrem Werk.

Für den Palästinenser unterliegt die Erde nicht einzig und allein der Politik, sondern auch dem Heiligen. Seit meinen ersten Schritten in der Poesie habe ich die Erde und ihre Elemente, Gräser, Bäume, Holzscheite, Steine als lebendige Wesen behandelt. Damit will ich sagen, daß alles mich darauf vorbereitet hat, die Botschaft des Indianers zu empfangen. Nachdem ich seine Kultur kennengelernt habe, ist mir klargeworden, daß er schon besser über mich gesprochen hat, als ich es selbst getan habe. Und ich bin sehr stolz darauf, daß ich die Rückforderung des Rechts der Palästinenser auf das Niveau des Kampfes des roten Mannes gehoben habe. Es handelt sich um eine Verteidigung der Harmonie des Universums mit der Natur, einer Harmonie, die der weiße Mann durch sein Verhalten zerbrochen hat.

In beiden Fällen ist die Erde der Gegenstand des Konflikts und die Kolonisierung das Zentrum des Konflikts. Und das tragische Bewußtsein ist bei den Palästinensern hoch genug entwickelt, um ihnen zu erlauben, sich in jeder Tragödie von den Tagen Griechenlands an bis heute wiederzufinden. Genau das ist der Grund, weshalb unsere Texte episch und nicht mythisch sind und weshalb sie nicht die Überlegenheit der objektiven Faktoren über den menschlichen Willen behaupten.

Sehen Sie, was die Form, das poetische Vokabular und die behandelten Themen betrifft, in Ihrem dichterischen Schaffen seit Ihrer Gedichtsammlung »Das ist ein Lied« eine organische Einheit?

Meine letzten vier Zyklen bilden Teil eines ehrgeizigen Plans, den ich zu Ende bringen möchte. Es handelt sich um das Projekt einer lyrischen Heldensage, der Orientierung der poetischen Sprache auf die epischen Horizonte hin. Die Geschichte dient darin als Hintergrund, auf dem Völker, Zivilisationen und Kulturen frei umherschweifen. Ich bin auf der Suche nach meiner Identität, einer Identität in Übereinstimmung mit den Gesetzen der Vermischung, des schicksalhaften Aufeinanderpralls und des Zusammenlebens sämtlicher Identitäten. Ich möchte, daß die Hymne im offenen Raum der Geschichte Fuß faßt. Ich weiß nicht, wohin mich diese Suche führen wird, aber ich weiß, daß die Vielfalt der kulturellen Ursprünge an ihrem Anfang steht. In einem solchen Projekt prallt die Poesie mit dem kulturellen Rassismus zusammen und weist jede Kultur, die sich auf die Reinheit des Blutes gründet, zurück. Sind wir nicht Kinder einer Region, die von Anfang an Schauplatz positiver wie negativer wechselseitiger Einflüsse ist?

Ich habe eine unerschütterliche, von Geschichte durchdrungene Erde gefunden. Aus ihr ziehe ich meine Kraft, denn ich betrachte sie durch die Prismen der Vergangenheit und der Zukunft. Auf diese Weise erscheint die Gegenwart weniger zerbrechlich, wie ein Übergang zu einer weniger ungewissen Geschichte. Indem ich mich an diese Erde halte, beobachte ich das tragische Ereignis und sehe, daß es etwas Vorübergehendes ist, denn die Geschöpfe sind letztlich das Ergebnis dieser vor Absurditäten wimmelnden Tragödie.

Rom wird trotz aller bekannten Brutalität kein weiteres Mal die Welt beherrschen. Ich bin einer der Bewohner der Vorstädte Roms, betrachte mit Ironie den Niedergang des Kaisers und arbeite weiter an meiner Erzählung.

Erlauben Sie mir, mich bei einer bestimmten mythischen Person aufzuhalten, die sich im Zentrum Ihres Gedichts »Die Launen der Anath« findet. Nach welcher Anath suchen Sie? Der

Kanaaniterin? Der Sumererin? Nach Ashtar, der Babylonie-
rin? Nach Isis, der Ägypterin? Oder etwa derjenigen, die »un-
ter anderem Namen den Schiffen der Griechen hinterhereilt«
und zur hellenischen Anath, vielleicht zu Aphrodite wird?
Nach welcher Anath? Der, die »das Wasser zur Quelle zurück-
bringt«, oder der, die »das Feuer durch die Wälder geleitet«?

Ich glaube, daß Anath bei mir ein Bild ist, das sich aus all
jenen zusammensetzt, die Sie eben aufgezählt haben; oder vielleicht auch das Produkt der dialektischen Konfrontation zwischen der Anath, die aus Mesopotamien und von der orienta-
lischen Küste des Mittelmeers kommt, und der hellenischen,
die mit den griechischen Schiffen das Land verläßt. Gleichzeitig erzählt Anath von den Etappen jener Umwälzungen
innerhalb von Zeit und Raum. Aber am Ende bleibt sie mir
fremd und vertraut zugleich, verbleibt sie in der wirklichen
und der unterirdischen Welt. Wie zwei Frauen in einer einzigen, die sich nie miteinander versöhnen. Auf jeden Fall sehe
ich in Anath die Fruchtbarkeit, das Aufblühen und die Erneuerung: eine mythische Existenz, eingeschrieben in das Thema
der ewigen Wiederkehr »zum Land der Wahrheit und der vielfältigen Namen/Der kanaanitischen Erde des Beginns«, der
einzigen Bedingung dafür, daß »Jericho die Wunder wiederfindet«.

Wie Sie sehen, stehen wir hier einem anderen Beispiel einer
mythischen Person mit epischer Dimension gegenüber. Genügt es, wenn wir von einer solchen Anath ausschließlich auf
mythische Weise erzählen? Können wir uns heute lediglich
mit ihrer mythischen Symbolik zufriedengeben?

In demselben Gedicht schreiben Sie: »Die verschwiegenen
Hirten könnten im Umkreis des Rauchs eine Göttin finden/
Und die Priesterinnen könnten an sie glauben.« Wer sind die-
se Hirten? Können wir sagen, daß Sie hier Partei für die Göt-

tinnen und gegen die männlichen Götter, wie zum Beispiel Jahwe, ergreifen?

Nicht gegen Jahwe, sondern gegen den männlichen Gott überhaupt. Sie haben recht, in genau dieser Sammlung ergreife ich wiederholt und auf mehr als einer Ebene Partei zugunsten des weiblichen Geschlechts. Und ich behaupte nicht, dadurch zur Verteidigung der Frau gegen die patriarchale Herrschaft, die im übrigen in den Mythen genauso niederdrückend ist, beizutragen.

Ich frage mich, ob ich nicht auch in Palästina selbst die Weiblichkeit wiederfinde, da für mich die Themen der Wiedergeburt, der Wiederauferstehung, der Fruchtbarkeit, der landwirtschaftlichen Traditionen von großer Bedeutung sind. Vielleicht sehe ich auch in der Frau die ewige Fremde, sowohl geheimnisvoll als auch faßbar, Exil wie auch Heimatland, Brunnen ebenso wie umherziehende Romafrau, die nie in ein und dieselbe Gegend zurückkommt.

Und wie steht es mit der Allgegenwart der Person Jesus Christus? Ist es reiner Zufall, daß Ihre letzte Gedichtsammlung dreiunddreißig Gedichte enthält?

Hier haben wir vielleicht einen der Zufälle, die aus einer inneren Logik geboren werden, die ganz und gar nicht vom Zufall bestimmt wird! Jedenfalls empfinde ich einen gewissen Stolz, dem Land anzugehören, das Jesus hervorgebracht hat. Mein Land ist der Kreuzweg einer außergewöhnlichen Moral gewesen, die auf der Verzeihung, dem Opfer und der Partei beruht, die man für die Armen, die Hungrigen, die Verfolgten, die Kranken ergreift. Und wenn auch die Welt an jedem neuen Tag Zeuge eines Golgatha ist, stelle ich mit Stolz fest, daß das erste Golgatha in Palästina stattgefunden hat. Dies im Gedächtnis zu behalten, schärft mein persönliches Bewußtsein, erfüllt mich mit einer großen moralischen Kraft, eröffnet vor mir einen weiten menschlichen Horizont und zerstreut genau dadurch den dichten Nebel, der die Schmerzen und Hoffnungen der anderen verbergen könnte.

Das läßt mich an das Gedicht »...Während er sich entfernt« denken. Sein Titel beginnt mit drei Auslassungzeichen; mehrere Strophen beginnen und enden mit eben diesen Auslassungzeichen, und der Anfang des Gedichts lautet »Der Feind, der...«. Haben Sie damit ein Gespräch über den Feind fortsetzen wollen, ein Gespräch, das im übrigen niemals abgerissen ist? Wird es das eines Tages sein?

Vielleicht handelt es sich um ein Selbstgespräch über den Feind, um einen Versuch, die andere Seite seines Bildes zu erfassen. Die Seite, die sich zeigt, wenn er Tee in unserer Hütte trinkt und uns sagt, daß ihm seine Tochter mit den langen Haaren fehlt. Wenn er für eine Weile sein Gewehr niederlegt, unser Brot teilt, einen Augenblick lang auf dem Weidensessel döst und das Fell unserer Katze streichelt... Es ist ein Gespräch mit dem Feind und ein Selbstgespräch über das Bild des Feindes, während die Knöpfe seiner Uniform glänzen, während er über unseren Schatten in den Haferfeldern schreitet, während er die Hütte, in der wir leben, verläßt, um sich in sein Steinhaus zu begeben, unser Haus, in dem er sich eingerichtet hat. Es ist der Fremde, der uns den Vers vom Steuermann von William Butler Yeats rezitiert und von uns verlangt, dem Opfer nicht zur Last zu fallen. Und dann bitten wir ihn, unser Haus in unserem Namen zu grüßen. Es ist ebenfalls der Fremde, der Feind, der die Worte ganz genau hört, die wir ihm gerne gesagt hätten, »aber er verbirgt sie in einem willkürlichen Husten, wirft sie beiseite, und die Knöpfe seiner Uniform glänzen, während er sich entfernt«.

Es handelt sich also um ein Gespräch, das wir noch nicht geführt haben, zumindest nicht so, wie wir es uns erhofft haben. Der Feind versteht unsere Worte, ohne daß wir sie aussprechen. Es handelt sich daher zwangsläufig um ein abgerissenes Gespräch, weil der Feind immer noch in unserem Steinhaus sitzt, während uns die Hütte zugewiesen wird; weil er weiterhin unsere Worte beiseite wirft und sich entfernt.

Die Personen dieses Gedichts bitten dennoch den Feind beziehungsweise den Fremden, ihren Brunnen zu grüßen. Der Brunnen taucht in dieser Gedichtsammlung immer wieder auf, und es gibt darin sogar ein Gedicht, dessen Titel »Der Brunnen« lautet. Welche Bedeutung haben die Brunnen bei Mahmoud Darwisch? Wohnt heute in Ihnen der Brunnen, nachdem zuvor das Meer in Ihnen lebte?

Der Brunnen ist das Wasser und die Antithese des Durstes. Er ist das Zeichen des Lebens in einer Zeit der Dürre. Der Brunnen ist ein Anziehungspunkt für die Geschöpfe, eine unentbehrliche Bedingung dafür, sich irgendwo niederzulassen. Der Brunnen stellt außerdem die geheimnisvolle Tiefe dar, den Weg, der die Menschen ins Innere der Erde führt, die Verbindung zwischen der Oberfläche und dem Grund. Und der Brunnen kann die individuelle und die kollektive Geschichte zusammenbringen, besonders, da der Brunnen mit der Idee der Gemeinschaft, des Teilens und der Verteidigung der Reichtümer verbunden ist. Schließlich und endlich ist der Brunnen in meinen Werken mit der Idee der Mutterschaft verbunden, die sich mit dem Himmel füllt, vor Sinn überquillt und Ursprung der allerersten Geburt ist.

Seit einigen Jahren ist der Brunnen in meiner Poesie untrennbar von der Geschichte Josephs und seiner Brüder, das heißt, des Opfers, das unter seinen Nächsten und seinen Freunden leidet und sich als Opferlamm wiederfindet.

In dem Gedicht »... Während er sich entfernt« sagen Sie:

Grüße unser Haus für uns, Fremder,
Die Tassen für unseren Kaffee stehen noch im Schrank.
Riechst du den Geruch unserer Finger daran?
Erzählst du deiner Tochter mit dem Zopf
Und den dichten Brauen,
Daß sie eine abwesende Gefährtin hat,
Die gern zu ihr zu Besuch käme?
Nur um ihr Spiegelbild zu durchqueren
Und ihr Geheimnis zu sehen,
Um zu sehen, wie sie an ihrer Stelle ihr Leben führt.

Es liegt eine bezaubernde Metapher im Geruch der Finger auf den Tassen und im »Führen des Lebens eines anderen an dessen Stelle«. Hier fallen mir außerdem die Passagen eines Gedichts aus der Sammlung »Das ist ein Lied« ein:

Wir werden ein paar Wortreste auf zwei Stühlen vergessen,
Wir werden unsere Zigaretten vergessen,
Dann werden andere kommen und
Unseren Abend fortsetzen und unseren Rauch.
Wir werden ein wenig Schlaf auf unserem
Kopfkissen vergessen.
Andere werden kommen und
Unseren Schlaf weiterschlafen...

Diese Art Metapher spricht von dem durch die Eroberung bewirkten Unglück, der Enteignung und der Ersetzung der Bewohner durch andere. Entstammt sie lediglich Ihrer ausgeprägten Vorliebe für das sinnliche Bild, oder muß man darin in den Tiefen Ihres Bewußtseins verborgene Verteidigungslinien sehen, die am Ende immer den Sieg davontragen? Verfügen Sie, während Sie schreiben, über eine besondere Macht über die Metapher?

Ja. Und ich muß an dieser Stelle etwas gestehen. Diese Macht, auf die Sie anspielen und über die ich im Hinblick auf die Metapher und auf die Allegorie verfüge, beruht auf der Tatsache, daß ich das Geistige und das Abstrakte nur auf dem Weg über das Sinnliche an die Oberfläche treten lasse. Zu allen Zeiten, seit dem ersten Stammeln der Poesie bis in unsere Tage, war der Ausdruck über die Sinne eine der wesentlichsten Bedingungen des Lebens. Und indem der dichterische Text sich von der sinnlichen Zwangsvorstellung entfernt, verwandelt er sich in ein anderes literarisches Genre, eine andere Form des Ausdrucks.

Aber trotzdem und ungeachtet meines Gefühls, eine besondere Gabe für den sinnlichen Ausdruck zu besitzen, geschieht es manchmal, daß ich ganze Passagen eines Gedichts ausschließlich deshalb weglasse, weil sich meine Gedanken darin nicht auf dem Weg über die Sinne ausdrücken. Was das betrifft, habe ich vor einigen Tagen einen Vers des irischen Dichters Seamus Heaney gelesen, in dem es heißt: »Oft ist es so, daß Worte den Tastsinn in sich tragen.« Und ich bin der Meinung, daß ein Text, dessen Sprache nicht an die Sinne des Tastens, des Geruchs, des Geschmacks rührt, in seiner poetischen Vision und der Praxis des Schreibens unter einem Ungleichgewicht leidet. Dieses Gleichgewicht zwischen den Elementen des Gedichts, und insbesondere zwischen den Metaphern, läßt sich herstellen. Aber manchmal kann ich mich auch von einem Bild verführen lassen, das für das Gedicht nicht lebenswichtig ist, weil seine Schönheit für sich spricht. Ebenso kommt es vor, daß ich vor einer skandierten und zum Tanz anregenden Passage kapituliere, die, wenn sie das Gedicht vielleicht auch nicht verbessert, ihm aber doch jedenfalls nicht schadet… Ich gestatte der Szenerie meines Gedichts manchmal, ein nicht direkt dazugehöriges Zeichen, eine Frau, die vorübergeht, einen auf einem Stuhl sitzenden Mond mit einzubeziehen, falls das den Leser von der allgemeinen Richtung des Textes nicht ablenkt.

Was verstehen Sie unter »epischer Lyrik«? Wie gehen Sie mit jedem dieser beiden Elemente um: der Lyrik und der Epik?

Ich stehe hier in der Schuld von Jannis Ritsos, der während einer meiner Poesie gewidmeten Veranstaltung in Athen, an der auch die damalige Kultusministerin Melina Merkouri teilnahm, als erster diesen Ausdruck gebrauchte. Dieser Tag war für mich wie eine Offenbarung, denn der Ausdruck von Ritsos beschrieb präzise mein poetisches Schaffen, insbesondere die Tatsache, daß ich keinerlei Widerspruch zwischen Lyrik und Epik sehe.

Das Problem, wenn es denn ein Problem gibt, erwächst aus der Zwiespältigkeit, die mit diesen beiden Begriffen verbunden ist, vor allem in der arabischen Welt. Es gibt bei uns ein Problem mit der Terminologie, das man bei einer Reihe von kritischen Konzepten ebenfalls wiederfindet.

Die Lyrik besteht nicht ausschließlich im romantischen Gesang oder dem Gesang der Troubadoure, ebenso wie sich das Epos nicht auf eine Reihe heroischer Variationen über eine einzige homerische Erzählung reduziert. So finde ich zum Beispiel die Epik auch in den lyrischsten Passagen Saint-John Perses wieder. Ich finde einen raffinierten Lyrismus in den eminent epischen Gedichten Pablo Nerudas. Und ebenso verhält es sich bei Lorca, Pound und Tagore, um nur einige Beispiele zu nennen.

Die traditionellen heroischen Themen sind auf ästhetischer, historischer und philosophischer Ebene erschöpft; sie haben der kollektiven Tragödie Platz gemacht, die sich nur aus einer komplexen Gesamtheit individueller Tragödien, sei es durch den Zusammenprall von individuellem und kollektivem Schicksal oder durch ihre Verschmelzung, entwickeln kann. In diesem Sinne kreisen die Texte, in denen sich eine Neigung zum Lyrisch-Epischen zeigt, um kosmische Themen, wie die tragische Auffassung der Geschichte und den Ausdruck eines kollektiven Bewußtseins angesichts von Zuständen des Verlusts und der Trauer.

Octavio Paz stellt eine starke Verbindung zwischen Erotik und Mystik her. Für ihn ist die mystische Liebe der Gipfel der Erotik. Wie denken Sie darüber?

Er sagt außerdem, daß der Reim den Zustand der Worte darstellt, während sie sich der Liebe hingeben! Ja, er hat recht, wenn er mystische Ekstase und Erotik miteinander in Verbindung bringt.

Ich habe mich immer zu dem glühenden Durst der arabischen und islamischen Texte hingezogen gefühlt, zu ihrer Art, das Heilige zu vermenschlichen, indem sie es auf die Ebene der Sinne zurückbringen und indem sie es in den Zuständen des Begehrens und der Verschmelzung mit dem geliebten Wesen darstellen. Ich habe mich niemals wirklich um die theologischen Aspekte der mystischen Texte gekümmert, sondern mich umgekehrt mit ihrer unendlichen Formbarkeit beschäftigt. Die mystische Literatur war sehr geschickt in ihrer Verwendung des Themas des Göttlichen, um die verbotenen Bereiche der Sprache zu befreien, der Imagination die Zügel schießen zu lassen und das Spirituelle mit dem Sinnlichen zu verschmelzen.

Als Literatur hat der erotische Text, wenn er anspruchsvoll sein will, keine andere Wahl, als sein physisches und sinnliches Vokabular zu überschreiten und sich das von den traditionellen Bezügen in diesem Bereich befreite spirituelle Vokabular zu eigen zu machen.

Bleibt noch die Frage nach der Literaturkritik. Was haben Sie zu der seltsamen Zurückhaltung zu sagen, die man Ihrer poetischen Erfahrung entgegenbringt?

Ich bin von der Haltung der Kritiker in bezug auf meine Poesie verletzt. Gleich, ob es sich nun um ihr Schweigen oder ihr Lob, um Ablehnung oder begeisterte Zustimmung handelt. Es ist, als ob man mich aus der modernen Poesie abschieben würde, als ob meine Gedichte auf irgendeine Art eine anthropologische Lektüre über die Palästinafrage darstellten. Wollen Sie eine Illustration dieser Haltung aus jüngerer Zeit? Ein bekannter syrischer Universitätsprofessor hat kürzlich eine Reihe von Konferenzen an der Sorbonne veranstaltet, die sich mit der arabischen Gegenwartsliteratur beschäftigten. Auf die Frage eines Journalisten begann er, die Schriftsteller der Avantgarde aufzuzählen, die er im Verlauf seiner Veranstaltungsreihe vorgestellt hatte. Da mein Name dabei nicht genannt wurde, wollte der Journalist von ihm wissen, ob er auch über meine Poesie gesprochen habe? »Selbstverständlich, als ich über die Sache der Palästinenser sprach...«, gab er dem Journalisten zur Antwort. Ich kann wohl sagen, daß ich noch nie einen schlimmeren Angriff auf meine Poesie gelesen habe. Ich stehe demnach außerhalb der Literatur, und die Schriften von Palästinensern sind Angelegenheit des Flüchtlingsbüros oder des Sicherheitsrates der Vereinten Nationen... Was die Modernität betrifft, ist sie dieser Auffassung zufolge bei den Vorläufern der fünfziger Jahre stehengeblieben.

Es ist betrüblich, daß die kritische arabische Literaturtheorie hier stehenbleibt und sich als unfähig erweist, sich mit den Perioden zu beschäftigen, die auf die Zeit der Vorläufer gefolgt sind. Es gibt natürlich junge Kritiker, die sich die Mühe gemacht haben, meine Poesie zu studieren, und das Risiko eingegangen sind, über sie zu sprechen. Aber die gängige Kritik hört nicht auf, mich zu beleidigen, ob sie mich nun glorifiziert oder ignoriert. Auf jeden Fall nehme ich das Vorgehen der Kritik weder als stimulierenden noch als entmutigenden Faktor wahr. Aber ich leide darunter, daß das arabische kulturelle Leben einen derartigen Grad des Stammeschauvinismus erreicht hat. Damit meine ich, daß, wenn von der palästinensischen Sache gesprochen wird, auch von der palästinensischen Poesie die Rede ist. Aber wenn von der arabischen Poesie gesprochen wird, hört man kein Wort von der palästinensischen Poesie.

III.

Unsere Gegenwart will
weder beginnen noch enden *1996*

Gespräch mit den palästinensischen Schriftstellern
Liana Badr, Zakariya Muhammad und Mundher Jaber

W*ie leben Sie mit der Tatsache, daß Sie zur lebenden
Legende geworden sind?*

Ich bin darüber weder glücklich noch ärgerlich, sondern eher
erstaunt. Ich bin jedenfalls nicht verantwortlich dafür, daß
dem Dichter Standbilder errichtet werden. Es scheint allerdings, daß diese Tradition unserer literarischen Geschichte
immer noch lebendig ist.

Ich selbst habe keinerlei Verlangen, ein Symbol oder eine
Legende zu sein. Aber ich habe keinen Einfluß auf diese Dinge und kein Mittel, die Auffassung der Menschen darüber,
wen sie als ihre Stimme betrachten, zu verändern. Und ich
erkenne an, daß meine persönliche Stimme auch kollektive
Dimensionen hat, ganz gleich, was ich auch tue, um ihr den
nötigen Freiraum zu verschaffen. Und selbst wenn es mir gelingt, mich in meiner Welt zu verschanzen, behalten sich die
Leute das Recht vor, aus diesem autobiographischen Teil meines Werkes eine öffentliche Botschaft herauszulesen. Diese
Situation mißfällt mir, weil sie mich der Möglichkeit berau-

ben könnte, meine innere Welt so zu erforschen, wie ich es gerne möchte.

Früher habe ich mich darüber beklagt. Ich stellte die Art, wie meine Poesie gelesen wird, in Frage. Ich forderte unablässig eine unvoreingenommene Lektüre meiner Gedichte. Aber es scheint, daß dieser Anspruch illusorisch ist. Gibt es überhaupt eine neutrale Lektüre von welchem Text auch immer? Gewiß nicht. In Wirklichkeit habe ich lediglich eine weniger politische Lektüre meiner Gedichte verlangt.

Mit alldem will ich sagen, daß meine Bemühungen fehlgeschlagen sind und daß ich mich mit einem erschöpften Bild, mit einer schweren Verantwortung befrachtet wiederfinde, nicht nur, was meine eigene Arbeit, sondern auch, was mein persönliches Verhalten und meine Ansichten betrifft. Ich sehe, wie man symbolische Züge auf mich projiziert, die ich in dieser Form weder akzeptieren noch ablehnen kann. Dazu kommt, daß ich mich der Rolle und der Verantwortung, die man mir zugewiesen hat, gewachsen zeigen muß. Ich habe nicht das Recht, die Menschen zu enttäuschen.

Nichtsdestoweniger waren Sie zu bestimmten Zeiten Ihres Lebens fast soweit, den Mythos zu verinnerlichen. Aber Sie haben sich ihm jedesmal entzogen. So zum Beispiel, als Sie sich 1970 entschieden haben, aus Palästina wegzugehen; als Sie 1982 Beirut verlassen mußten; als Sie aus dem Exekutivkomitee der PLO ausgetreten sind; als Sie beschlossen haben, in Paris zu leben. Es ist, als ob Sie davor zurückschreckten, die Schwelle zu überschreiten. Haben Sie auf persönlicher und literarischer Ebene Nutzen daraus gezogen, daß sie immer im Rampenlicht gestanden haben?

Es stimmt, daß ich wiederholt versucht habe, den Mythos zu zerstören. Denn einen Mythos zu bewohnen, heißt, ein Gefängnis zu bewohnen, sich jeder spontanen Entfaltung, jeder intellektuellen Bereicherung zu berauben. Daher mein Weggang aus Palästina 1970 und danach mein Bestehen darauf, einen Abstand zwischen meiner Praxis der Poesie und der nationalen Frage im weiteren Sinne aufrechtzuerhalten. Ich war mir vollkommen bewußt, daß ich meinen Mythos in Frage stellte und daß ich es tat, weil er mir lästig war. Und eine Zeitlang habe ich geglaubt, es sei mir gelungen, ihn loszuwerden und durchzusetzen, daß man aufhört, von mir Antworten auf sämtliche Fragen der öffentlichen Politik zu verlangen. Aber daraus ist nichts geworden.

Ich habe fast dreißig Jahre nicht in Palästina gelebt, aber weit davon entfernt, den Mythos abzuschwächen, hat meine Ferne von der Heimat ihn noch intensiviert. Der Grund dafür ist, daß die Menschen hier weiterhin davon überzeugt sind, daß ich sie nie im Stich gelassen habe und daß meine Stimme, auch wenn ich weggegangen bin, an allen Orten die ihrige bleibt. Also haben sie sich darangemacht, meiner Stimme von einem Land ins andere zu folgen, als ob mein Umherirren ihre Stimme überall über die Erde ausgießen würde. Sie haben mir also den »Fehler« meines Weggangs verziehen, und ich frage mich, ob sie mein Verlassen Palästinas überhaupt je so gesehen haben. Der Empfang, der mir bei meiner Rückkehr bereitet wurde, zeigt mir, daß die Menschen den »Prophezeiungen« der Hohenpriester der literarischen Medien nie geglaubt haben, die nach meinem Weggang meinen Tod verkündet hatten. Noch bevor ich an meinem neuen Aufenthaltsort auch nur einen einzigen Vers geschrieben hatte, hatten diese Propheten schon entschieden, ich sei kein Dichter mehr, denn in ihren Augen hing meine poetische Ader von meiner physischen Zugehörigkeit zu einem Ort ab. Sie hatten mich zum Tode verurteilt, bevor sie auch nur gesehen hatten, was das Exil und die Entfernung hervorbringen würden. Die Treue des Dichters zu seinen Lesern konkretisiert sich nicht in seinem direkten politischen Handeln, sondern in der Ernsthaftigkeit seines Werkes. Ich bin sehr stolz auf die Tatsache, daß meine Leser mein Recht auf Experimente anerkennen. Meine Poesie hat sich zu wiederholten Malen gegen das aufgelehnt, was sie war. Ich habe unablässig versucht, sie zu erneuern und bin dabei jedesmal das Risiko eines Bruchs mit den Lesern eingegangen. Aber das Vertrauen, daß die Leser in meine innere Welt setzten, hat sie dazu gebracht, alle Innovationen zu akzeptieren. So habe ich mich in keiner Weise verpflichtet gesehen, dem Bild zu entsprechen, das meine ersten Gedichte dem Bewußtsein der Leser eingeprägt hatten.

Glauben Sie, daß der »Mythos«, von dem wir sprachen, Ihr Gefühl des Exiliertseins verschärft hat?

Selbst wenn ich morgen an den Ort zurückkehrte, an dem ich zuerst gelebt habe, müßte ich meine Zurückgezogenheit beibehalten. Es handelt sich hier um eine innere Einsamkeit, in dem Sinne, daß ich meine innere Welt betrachten und in der Lage sein muß, die Freiheit meines Schreibens zu bewahren. Der Leser darf nicht direkter Zeuge des Schreibens sein. Er muß sogar davon ferngehalten werden. Ich weiß, daß er dennoch immer anwesend ist. Aber diese Anwesenheit ist verhüllt, indirekt. Andernfalls verwandelt sich der Leser in einen Polizisten. Ich sollte hinzufügen, daß das Exil nicht zwangsläufig Entfernung von der Heimat bedeutet. Vor meinem ersten freiwilligen Weggang aus Palästina war ich ein Fremder in meiner Heimat, ein Exilierter in meiner Heimat, ein Gefangener in meiner Heimat, und das hat nicht für einen Augenblick das Band, das uns vereinte, berührt. Ich habe mir irgendwie die Erfahrungen des Lebens, der Kultur, der Seelenzustände zu eigen gemacht, die die dialektische Beziehung zwischen Exil und Heimatland erzwingt. Und ich bin überzeugt, daß das Exil zutiefst in mir verankert ist, und zwar bis zu einem Punkt, wo ich ohne es nicht schreiben kann, und daß ich es mit mir tragen werde, wohin ich auch gehe, und es mit zurück zum Haus meines Ursprungs nehmen werde.

Mahmoud Darwisch hat seinen Blick auf das Hohelied und die Bibel gerichtet, und er möchte sie neu schreiben. Stimmt diese Behauptung?

Darauf werde ich nicht mit einem Ja oder Nein antworten. Ist das denn im übrigen überhaupt notwendig? Die Beschäftigung mit Literatur ist eine Tätigkeit, die nie ein Ende kennt. Sie ist eine offene Erfahrung, durch die man die Reife erlangen möchte. Der Schriftsteller läßt von ihr nur ab, um sich in einer neuen Erfahrung zu engagieren, und so geht es immer weiter. Es gibt keine endgültigen Antworten, weder auf der Ebene der Theorie noch auf der der Schöpfung. Literatur ist nichts anderes als eine unterbrochene Folge von Infragestellungen, von Antworten auf Fragen, die selbst wieder neue Fragen hervorbringen.

Das Hohelied gilt, wenn man von seinem Kontext einmal absieht, allgemein als einer der größten Liebesgesänge der Menschheit. Manche meinen, es sei von den Gesängen des pharaonischen Ägypten inspiriert, andere sehen sumerische Ursprünge darin. Es ist ganz einfach ein fundamentaler Text der Liebesdichtung. Alle Dichter der Welt haben darüber nachgedacht und von ihm gelernt.

Davon abgesehen bin ich als Palästinenser das Produkt dieser Erde, und in dieser Eigenschaft betrachte ich mich als den Treuhänder sämtlicher Kulturen, sämtlicher Werke, die hier das Licht der Welt erblickt haben. Und dazu gehört auch die Bibel.

Und in jedem Dichter lebt der Wunsch, den Anfang der Dinge, die ersten Manifestationen des Menschen, die ersten Beziehungen zwischen dem ersten Menschen und der ursprünglichen Erde zu beschreiben… Jeder Dichter mit einem

poetischen Projekt wünscht sich glühend, sein eigenes Buch
Genesis zu schreiben. Das Schreiben ist ein Prozeß ständigen
Wachstums, der nie aus dem Nichts kommt. Es gibt in der
Literatur keinen Grad Null, und hinter jedem Schreiben in
der Literatur steht ein anderes.

Wenn man das in Betracht zieht, wenn man die Frage unter
dem Gesichtspunkt der Beziehung zu dieser Erde angeht, liegen die Dinge noch klarer. Und mein Anspruch, mein eigenes
Buch Genesis zu schreiben, nimmt eine ganz andere Dimension an. Es handelt sich tatsächlich um einen Dialog mit all
den Kulturen, die auf der Erde Palästinas aufeinandergefolgt
sind. Das ist einer der Aspekte der intellektuellen Debatte,
die unsere Gegenwart und diejenige des Anderen betrifft. Auf
jeden Fall sind die heiligen Texte das Eigentum der gesamten
Menschheit. Ich habe daher keinerlei Scheu, sie zu diskutieren, ihnen zu widersprechen oder sie zur Grundlage meiner
eigenen Texte zu machen.

Glauben Sie nicht dennoch auch, daß das Loblied für das Mit-
telmeer, das »den« großen Bezugspunkt jenes Teils der Welt
bildet, spezifisch ist?

Das östliche Mittelmeer ist die Wiege großer Zivilisationen
der Menschheit, und Palästina bildet einen Teil davon. Drei
große »ursprüngliche« Zivilisationen erlebten dort ihre Blüte: die ägyptische, die sumerische und die kanaanitische, auch
wenn letztere lange Zeit aus Gründen, die Sie wohl erraten
können, in Dunkelheit gehüllt wurde. Das östliche Mittelmeer ist in gewisser Weise der Garten der Kindheit der Welt.

Man kann über unsere gegenwärtige Identität Diskussionen führen, soviel man will, und vorgeben, die mittelmeerische Identität könne sich nicht mit unserer arabischen Identität vertragen, aber nichts kann uns an der kulturellen Zugehörigkeit zum Mittelmeer hindern, und das impliziert in kei-

ner Weise die Ersetzung der einen Identität durch eine andere. Denn die mittelmeerische Identität ist universal, und jeder
Angehörige der heutigen Welt hat mit diesem Meer eine ge-
nealogische Verbindung. Auf unserer Zugehörigkeit zu dieser Kultur, ihrer schöpferischen Tradition, ihrem kulturellen
Erbe zu bestehen, bedeutet nicht, unsere eigene Identität zu
negieren, sondern sie zu bereichern.

Was den Lobgesang betrifft, so ist er in der Nachbarschaft
des Mittelmeers, bei den Sumerern, geboren worden und hat
dann auf den Schiffen der Griechen das Meer überquert.

*Ihre Gedichte tendierten zum Tragischen, bis vor kurzem die
politische Beruhigung eintrat, die allerdings möglicherweise
nur vorübergehend ist. Als ob es diese Konfrontation gewesen
wäre, die Ihrer Poesie ihren tragischen Charakter gab. Könnte man die Ansicht vertreten, daß Ihre Gedichtsammlung
»Warum hast du das Pferd seiner Einsamkeit überlassen?« eine
andere Richtung ankündigt?*

Das ist der Eindruck, den eine flüchtige Lektüre dieses Gedichtbandes hinterlassen könnte. Wenn man sie allerdings als
Einheit auffaßt, geht von ihr ganz unbestreitbar ein tragischer
Atem aus. Ich würde, was diese Gedichtsammlung angeht,
lieber von einer neuen Art des Aufbaus sprechen. Er basiert
auf einem immer wieder hervortretenden Lyrismus, der, indem er das Feld einer entfernten Geographie und Geschichte
bearbeitet, versucht, drei Erzählungen miteinander zu verschmelzen: eine Autobiographie, eine Biographie des Ortes
und seiner Geschichte und die Geschichte einer poetischen
Kultur. Das erklärt vielleicht die Verschiedenartigkeit der Ausdrucksformen in diesem Gedichtzyklus. Außerdem genügt
es, eine Folge von im *Crescendo* gehaltenen Sequenzen zu lesen, um sich darüber klar zu werden, daß dieser Band die tragische Dimension meiner vorhergehenden Bücher nicht ver-

läßt. Es stimmt, daß diese Gedichtsammlung nicht auf dieselbe, gleichsam epische Weise aufgebaut ist. Aber muß der Dichter denn immer denselben Wegen folgen? Muß er nicht, ohne je den Faden seiner grundlegenden Ausrichtung zu verlieren, seine Formen erneuern und vervielfältigen?

Ich bin gegen das Konzept, das den Schriftsteller als Propheten sieht. Die Helden meiner Gedichte sind einfache Menschen, die ihren Blick nach innen richten, um sich einen persönlichen Bereich zu schaffen. Unbedeutende Wesen, die sich ohne kriegerischen Geist und ohne hochfliegende Vorstellungen Gedanken über ihre Existenz machen. Ich glaube im übrigen nicht, daß es heute noch einen Platz für das Epos in seiner klassischen Auffassung gibt. Das moderne Epos ist eine Suche nach Wegen, existentielle Fragen zu formulieren.

Sie sind sehr schweigsam, was andere palästinensische Schriftsteller angeht. Tatsächlich haben Sie noch nie ein öffentliches Urteil über einen von ihnen abgegeben.

Ich habe noch nicht den Rang eines Weisen oder eines Richters erreicht, der Noten und Auszeichnungen zu vergeben hätte. Das Konzept des »größten Dichters« ist veraltet. Es gibt weder einen besten Schriftsteller noch einen zweitbesten. Es gibt nichts als Stimmen, die ein Konzert bilden und zusammenwirken. Das Leben birgt genug Poesie in sich, um einer Vielzahl von Dichtern zu ermöglichen, ihre Erzählungen vorzutragen und ihre Menschlichkeit auszudrücken. Aus diesem Grund sage ich, wenn man mich fragt, wie ich denn den oder jenen finde, ausnahmslos: hervorragend.

Ich muß außerdem gestehen, daß diese Haltung mich auch vor Klatsch schützt. Sie erspart gewissen Leuten, sich über den Preis meiner Hemden den Kopf zu zerbrechen, den Spuren meiner Liebesbeziehungen nachzugehen und mein persönliches Leben zu überwachen. Ich verlange ausschließlich, daß man mich vergißt.

Meine Generation hat jener, die ihr gefolgt ist, eine große ästhetische Errungenschaft weitergegeben. Unsere jungen Schriftsteller sind nicht mehr gezwungen, sich der nationalen Sache zu weihen oder die historische Legitimität unserer nationalen Forderungen zu verteidigen, denn wir haben das bereits getan – und vielleicht in höherem Maße als notwendig. Die Dichter können nunmehr ihr eigenes Universum erforschen, ihr Leben erzählen, ihre Fragen stellen, ohne patriotischem Druck ausgesetzt zu sein. Wir haben viel dafür geopfert, daß unsere jungen Schriftsteller sich auf die Suche nach ihrer Stimme machen können. Wir haben all unsere Kraft angespannt, um dem dichterischen Handeln eine patriotische Legitimität zu geben. Die Jungen haben nicht mehr über Geographie und Geschichte grübeln müssen; sie verfügen über ein Erbe, das sie jedermann entgegenhalten können. Sie müssen sich jetzt nur noch in den schönen Gefilden der Poesie einrichten.

Ist das denn nicht auch einer der Gründe dafür, daß man Ihre Gedichte immer durch das Prisma der Politik interpretiert? Man ist Ihnen einiges schuldig geblieben, und nur sehr wenige Kritiker haben Ihr Werk um seiner selbst willen studiert.

Das stimmt. Aber was ich gerade gesagt habe, bedeutet nicht, daß meine gesamte Poesie der Verteidigung unserer nationalen Legitimität gewidmet wäre. Ich habe lediglich zu bestimmten Zeiten diese Art Dienst geleistet, ohne deshalb aufzuhören, dafür sensibel zu sein, daß die Poesie ihren Status von allem freihalten muß, was ihr fremd ist, besonders von heroischem Atem. Ich strebe mit aller Kraft an, meine Poesie von den Zwängen der Aktualität zu befreien, ihr jene Elemente des Lebens einzuhauchen, die ihr erlauben, auch außerhalb des geschichtlichen Augenblicks zu leben und zu bestehen.

Aufgrund der symbolischen Last, die meine Person und meine Arbeit umgibt, hat die Kritik sich von den ästhetischen Aspekten meiner Poesie abgewandt und sich statt dessen nur für ihre nationalen oder politischen Aspekte interessiert. Wenn man davon einmal absieht, kann ich mich über die Kritiker nicht beklagen. Sie beschränken sich ja sehr oft einfach darauf, das zu wiederholen, was sie auf den Universitäten gelernt haben. Und da meine Poesie dort nicht auf dem Lehrplan steht, beschränken sich die Spezialisten auf vier oder fünf gängige Dichter der Avantgarde...

Aber wir haben jetzt eine Generation, die sich von akademischen Hemmungen und universitären Stereotypen befreit hat und über die Entwicklung der Literaturkritik des Westens, die manchmal innovativer ist als die Werke, die sie behandelt, im Bilde ist. Und ich bin sehr glücklich darüber, daß diese Generation sich seit einigen Jahren für mein Werk interessiert, wie man zum Beispiel kürzlich in Kairo während eines Seminars, an dem siebenundzwanzig Kritiker teilnahmen, sehen konnte.

Das Hauptproblem unserer »klassischen« Kritiker resultiert aus der Tatsache, daß ihr Handwerkszeug veraltet ist und daß sie aufgehört haben, zu lesen und sich über die Fortschritte in ihrem eigenen Tätigkeitsbereich zu informieren. Ich bin nicht der einzige, der unter diesem Stand der Dinge leidet. Das gesamte Schaffen der letzten beiden Jahrzehnte ist nicht zum Gegenstand einer modernen kritischen Herangehensweise gemacht worden. Und schließlich beklage ich mich, was mich selbst betrifft, weniger über die Kritik als solche als über die Hartnäckigkeit einiger Kritiker, mich systematisch unter der Rubrik »palästinensische Sache« einzuordnen.

Hat Ihr Exil nun mit dieser ersten Rückkehr nach Hause ein Ende gefunden? Empfinden Sie Sehnsucht nach Ihrer Nostalgie? Und glauben Sie, daß ein Minimum an Stabilität notwendig ist, um kreativ tätig sein zu können?

Das Exil geht niemals zu Ende, ob man sich nun weit entfernt von der Heimat befindet oder zu Hause ist. Ich möchte Sie diesbezüglich auf den wunderbaren Text von Abu Hayan al-Tauhidi über den Fremden verweisen. Es gibt vielfältige Ebenen, Aspekte und Befindlichkeiten des Status des Fremden. Man kann in der Sprache, in der Liebe, in seiner Haltung zur Gerechtigkeit, in einer abweichenden Sicht des Lebens exiliert sein, so wie man es aufgrund der Besatzung oder des Eingesperrtseins sein kann. Das wahrhafte Exil ist dasjenige, das man in seinem Heimatland erfährt, nämlich das innere Exil. Gewiß bringt die besondere Situation der Palästinenser das Exil hervor, aber es ist ja außerdem so, daß der Araber ganz allgemein nach dem berühmten Vers von Mutanabbi ein »Fremder nach Gesicht, Hand und Sprache« ist.

Während meines allzu kurzen Besuchs in Palästina habe ich natürlich einen Augenblick lang geglaubt, mein Exil sei jetzt zu Ende, aber das war die vorübergehende Wirkung einer überschäumenden Freude. Mittlerweile mache ich mir keine Illusionen mehr: Die Wahl eines Wohnortes beendet das Exil nicht. Ist das Exil schließlich nicht eine der Quellen der literarischen Schöpfung im Verlauf der Geschichte? Ein Mensch, der sich in vollkommener Harmonie mit seiner Gesellschaft, seiner Kultur, mit sich selbst befindet, kann kein Schöpfer sein. Es bedarf einer starken inneren Spannung, um die Regeln zu überschreiten, was aber eine notwendige Bedingung für jede schöpferische Tätigkeit ist. Und das würde selbst dann gelten, wenn unser Land ein Paradies wäre, selbst dann, wenn es uns gelänge, ein Paradies aus ihm zu machen. Die vitale Lust an der Erneuerung ist der Keim für eine schöpferische Arbeit. Auch wenn Glück, Erfüllung und Vollendung vielleicht gute Sitten hervorbringen können, so bringen sie doch niemals eine wahre Literatur zutage.

Die Unruhe ist demnach für Sie unentbehrlich. Aber läuft sie, wenn sie zu groß wird, nicht Gefahr, die Kreativität zu erstikken?

Ich brauche das Gleichgewicht zwischen einem gewissen Grad von Spannung und einer gewissen Heiterkeit; und ich kann sagen, daß ich, nachdem ich meine Aufmerksamkeit für jene innerliche Alchimie lange Zeit geschärft habe, dieses Gleichgewicht mittlerweile erkenne, sobald es sich zeigt.

Aber vor allem sollten Sie jetzt in meinen Worten kein allgemeingültiges Prinzip sehen. Jeder Autor hat seine Gewohnheiten, seine eigene Art, auf die äußeren Gegebenheiten zu reagieren. So gibt es zum Beispiel Schriftsteller, die nicht nachts schreiben können. Zu diesen gehöre auch ich. Es gibt Dichter, die, wenn sie verliebt sind, spontan Liebesgedichte schreiben. Mir geht das nicht so. Während ich meine Liebe lebe, spüre ich gar keinen Wunsch, ihr Vorhandensein schriftlich niederzulegen. Ich habe die Poesie immer als die Spur des Abwesenden aufgefaßt.

Sie haben einmal gesagt, daß die Geschichte bei Ihnen die Eigenschaft der Ironie entwickelt hat. Ebenso haben Sie sich einen Weg vom Besonderen zum Allgemeinen gebahnt und haben die Tatsache des Nationalen ins Register des Universellen eingeschrieben.

Beginnen wir mit der Ironie. Es gibt mehrere Sichtweisen der Geschichte. Bewegt sie sich auf ein Ziel zu? Folgt sie einem vorgezeichneten Weg zum Fortschritt? Schreitet sie ununterbrochen voran? Ist sie ihrem Wesen nach fortschrittlich? Ist sie im Gegenteil absurd?

Unsere intellektuelle Erziehung hat uns zu der Überzeugung gebracht, daß sich die Geschichte in einer Aufwärtsspirale bewegt. Aber gleichzeitig sind wir während der letzten fünfzig Jahre privilegierte Zeugen der Absurdität der Geschichte gewesen. Selbst wenn sie Fortschritte macht, ist die Geschichte doch voller absurder Abwege, die der Mensch nicht anders ertragen kann als dadurch, daß er sich mit Ironie bewaffnet. Die Geschichte selbst ist ironisch, und sie schreitet voran, ohne sich um die Menschlichkeit ihrer Akteure oder ihrer Opfer zu kümmern. Mit Ironie an die Geschichte heranzugehen, also ihre Abläufe zu ironisieren, unsere eigene Haltung zur Geschichte zu ironisieren, erlaubt unserer bedrückten Seele, Atem zu schöpfen. Die Ironie besteht aus nichts anderem als aus Verzweiflung. Sie ist wie ein anmutiges Duell mit der Geschichte. Sie erlaubt uns, ihr von gleich zu gleich auf ihrem Gebiet gegenüberzutreten. Es bedarf eines gewissen Nihilismus, um die Grausamkeit der Geschichte zu ertragen, denn sie ist noch nie gerecht oder elegant gewesen. Auf diesem Weg habe ich gelernt, mich langsam von der unmittelbaren Aktualität loszulösen, um über die Geschichte in ihrer allgemeinen Bewegung zu meditieren.

Unser bleibendes literarisches Problem als Palästinenser besteht darin, daß wir dazu verurteilt sind, Kinder des unmittelbaren Augenblicks zu sein, denn unsere Gegenwart will weder beginnen noch aufhören. Als ob sie die gesamte Geschichte umfassen würde. Die Gegenwart ist so hart, daß sie ihre eigene Geschichtlichkeit, ihre Vergangenheit und Zukunft verdunkelt. Außerdem ist es für uns furchtbar schwer, uns von ihr freizumachen, um die sichereren und festeren Ufer der Vergangenheit zu erreichen und den Ablauf der Geschichte zu beobachten. Das erfordert Intelligenz im Denken, aber auch eine Intelligenz des Herzens. Es ist eine Selbstüberwindung. Denn beim Unmittelbaren handelt es sich auch um Zeit, um ein Ganzes, das sich wiederholt. Die Fixierung auf den geschichtlichen Augenblick versperrt uns den Zugang zu den metaphysischen Fragen. Sie erlaubt uns nicht, uns vorzustellen, daß es einen natürlichen Tod gibt. Alle unsere Toten sind Märtyrer. Es ist der roten Rose verboten, nicht blutüberströmt zu sein, und es ist uns nicht gestattet, die Dinge frei zu betrachten, außer auf dem Weg über die Tragödie. Unsere Poesie leidet an einem Mangel an Metaphysik. Sie krümmt sich unter der Herrschaft des Relativen über das Absolute.

Wir müssen aus unserer Aktualität das herausziehen, was geeignet ist, sich auf das Menschliche hin zu entwickeln. Wir müssen uns vom Punktuellen loslösen, hervorgerufen durch äußere politische Pressionen, um über das Menschliche in uns nachzudenken. Der größte Teil unserer palästinensischen Literatur handelt von der palästinensischen Sache und schweigt zum Menschlichen in diesem Volk, zu seiner Existenz und zu seinen Fragestellungen. Bei uns ist das behandelte Thema wichtiger als die Essenz. Aber eine große Sache setzt sich aus einer Vielzahl kleiner Parzellen der Menschlichkeit zusammen. Und es wird nur dann eine wirkliche Befreiung geben, wenn es uns gelingt, unser allgemeines Thema zu überschreiten, um zu erforschen, was es an Menschlichem in sich birgt. Wenn dies nicht geschieht, wird unsere Literatur nur ein endloses politisches Dokument sein.

Wenn wir uns zum Beispiel nach einem Massaker ans Schreiben machen, beschreiben wir anschaulich das Gemetzel, das Blut, die Morde, die Zahl der Opfer. Aber wir erzählen nicht die Geschichte auch nur eines einzigen dieser Opfer, wir nennen nicht den Namen auch nur eines einzigen von ihnen. Aber das Gedicht, das ist der Name des Opfers, sein Leben, die Beschreibung des letzten Blicks, den es auf seinen Mörder geworfen hat. An was dachte das Opfer, was tat es in seinen letzten Augenblicken? Hat es sich noch einmal zu den Bergen umgewandt? Hat es auf das Meer geblickt? Es ist diese Sorge um den Menschen, die der Poesie ihr Feuer verleiht und ihren Fortbestand über ihre eigenen historischen Bedingungen hinaus sichert.

Der irakische Dichter Sadi Yussuf hat einmal gesagt: »Sämtliche palästinensischen Dichter haben sich auf Palästina gestützt, mit Ausnahme Mahmoud Darwischs, auf den sich Palästina gestützt hat.« Hat dieses »Sich Stützen« Sie ermüdet, Ihnen Kummer gemacht, Sie mit Glück erfüllt?

Bei allem Respekt für Sadi Yussuf und ungeachtet der Bewunderung, die ich für seine Poesie empfinde – denn er ist ein großer Dichter und mir in der arabischen Literaturlandschaft der Liebste –, darf man doch diese Bemerkung nicht zu wörtlich nehmen. Ich bin ihm für diese Huldigung dankbar, aber ich denke, daß er damit hat sagen wollen, daß es mir gelungen ist, meine Poesie aus dem Halseisen des Engagements zu befreien. Mit anderen Worten: Es ist mir gelungen, eine unabhängige poetische Sprache zu entwickeln, die sich nicht auf ihre thematische Achse reduziert. Das, und nicht Palästina, ist es, wovon er spricht. Palästina ist in seiner ganzen menschlichen und kulturellen Präsenz größer als wir alle. Außerdem glaube ich, daß es in der Literatur noch nicht die Behandlung erfahren hat, die es verdient. Sadi hat ganz einfach jede poetische Haltung kritisieren wollen, die ihre Legitimität auf eine große Sache gründet.

Es stimmt, daß ich mich nicht auf die palästinensische Sache gestützt habe. Aber wenn dem so ist, dann deshalb, weil ich ihr Kind, ihr Geschöpf bin. Ich habe Palästina nicht zum Thema gewählt, es ist mein Schicksal, meine menschliche und ästhetische Umgebung. Was das betrifft, bin ich über die Abwesenheit des Ortes und seiner wirklichen Eigenheiten in einer Poesie beunruhigt, die doch vorgibt, diesen Ort zu feiern. Palästina ist viel schöner als die Nostalgie. Ich finde die Pflanzen, die Tierwelt, die Züge der Landschaften, mit einem Wort, das wirkliche Palästina in der palästinensischen Poesie nicht wieder. Denn Palästina wird immer aus der Ferne, durch das ausschließliche Prisma des Patriotismus beschrieben.

Nein, ich habe nicht darunter gelitten, daß ich fort war. Und ich bemühe mich, eine Legitimität zu gewinnen, ohne mich allzu lange mit der angeblichen Mission der Poesie aufzuhalten. Es ist Aufgabe des Gedichts, seine eigene Legitimität zu begründen. Was die Mittel angeht, dies zu erreichen, so stammen sie aus dem Innern des Gedichts selbst, aus dem Handwerk des Dichters. Nehmen Sie eines meiner am leichtesten zugänglichen Gedichte: *Ich sehne mich nach dem Brot meiner Mutter.* Dieses Gedicht steht in keiner Verbindung zu welcher Sache auch immer, was es aber nicht daran gehindert hat, in Vergangenheit wie Gegenwart Millionen von Menschen zu bewegen. Ich spreche dort jedoch nur von einer ganz bestimmten Mutter und nicht von einem Heimatland. Aber diese Mutter verwandelt sich schließlich dank des poetischen Bildes in eine Vielfalt anderer Bilder, und das ist es, was jeder Dichter unwillkürlich anstrebt. Hier haben Sie ein Gedicht ohne Geschichte, ohne epischen Atem. Es handelt sich um eine ganz alte Geschichte. Ein Mensch besingt seine Mutter, und es gelingt seinem Gesang, die Herzen zu berühren. Die Funktion eines Gedichts darf erst zum Vorschein kommen, wenn es fertig ist, denn das Schreiben muß neutral, frei von jeder ideologischen oder symbolischen Befrachtung sein.

Wenn Ihre Poesie sich in die Trägerin vielfältiger Bedeutungen verwandelt, haben Sie dann auch Gedichte geschrieben, die absichtlich symbolisch waren?

Nein. Auf diesen Punkt habe ich immer geachtet. Ich glaube, den Mut zu besitzen, mir Fragen über die Gründe für den Erfolg dieses oder jenes Gedichts zu stellen. Das ist der Schlüssel zu meinen Meinungsverschiedenheiten mit den Anhängern meines Gedichts *Schreib auf: Ich bin Araber*. Einige Leute wollten mich gegen meinen Willen in diesen Text, in seinen Inhalt einsperren.

Aber ich muß auch eine Selbstkritik anbringen. Zu bestimmten Zeiten hat mich die nationale Pflicht genötigt, in direktem Sinne engagierte Gedichte zu schreiben, wie zum Beispiel das Gedicht *Passanten inmitten vorbeiziehender Worte* oder bestimmte Gedichte, die ich im Libanon geschrieben habe, vor allem das *Gedicht über Beirut*, das Passagen enthält, die zu direkt sind. Der Schriftsteller und der Intellektuelle stehen manchmal vor Verantwortlichkeiten, denen sie nicht den Rücken kehren können. Dann müssen sie jedoch den sozialen Auftrag außerhalb der Poesie erfüllen: durch eine Rede, einen Artikel, eine Meinungsäußerung. Unser Land hat gewisse Rechte über uns, aber es darf nicht so sein, daß diese Rechte immer auf Kosten der Poesie ausgeübt werden.

Meine Beiruter Periode war für meine poetische Erfahrung keine glückliche Zeit: Es gab direkten Druck, den Druck des Krieges, des Todes, der Verbrechen. All das hat die ästhetischen Fragestellungen durcheinandergebracht, die im übrigen als Luxus erschienen. Wir waren Adressat einer äußeren Forderung an die Poesie, einer persönlichen Forderung, einer Forderung des Menschlichen in uns. Angesichts des Todes so vieler Menschen konnte ich nicht neutral bleiben. Wir wurden von einem unschuldigen und spontanen Gefühl getrieben, und wir hatten nicht den notwendigen Spielraum, um Texte zu schreiben, die der Poesie genug Platz geboten hätten. Ich sage manchmal, daß ein Körnchen Salz genügt, um ein Gedicht zu retten…

Diese Urteile gelten nicht für sämtliche Gedichte, die ich in Beirut geschrieben habe. Aber nichtsdestoweniger glaube ich, daß unsere Poesie auf die erwähnte Forderung etwas vorschnell geantwortet hat; zudem ist es so, daß die Poesie schneller reagiert als der Roman. Das entbindet allerdings nicht von der Notwendigkeit, sorgfältig an der Form der Elemente, die ein Gedicht ausmachen, zu arbeiten.

Wenn Sie ein Gedicht schreiben, folgen Sie dann Ihren Intuitionen oder einem im vorhinein umrissenen Plan?

Jedes Gedicht muß den Anschein erwecken, als sei es der erste Text, den man jemals geschrieben hat: spontan, fähig, das Anorganische in Organisches zu verwandeln, wie die Welle, die am Strand anbrandet und dennoch eine Welle bleibt. Die Verwunderung ist unentbehrlich; ebenso die Bereitschaft, verwundert zu sein. Wenn es nicht so wäre, wäre jedermann Dichter. Die Akademiker und Professoren wissen mehr über die Poesie als alle Schriftsteller zusammengenommen, und dennoch können sie keine schreiben. Denn ihnen fehlt diese Bereitschaft, die vielleicht eine göttliche Gnade ist!

> Wir, aufrecht an der Feuerlinie, wir erklären folgendes:
> Wir werden den Schützengraben nicht verlassen,
> Solange die Nacht nicht vorbei ist.
> Beirut ist dem Absoluten anheimgefallen
> Und unsere Augen dem Sand.
> Am Anfang waren wir noch kaum geboren,
> Am Anfang war das Wort.
> Und so erscheinen im Schützengraben
> Die ersten Anzeichen von Schwangerschaften.

Das war die Prophezeiung des Dichters, verkündet vor fünfzehn Jahren. Hat die Geburt stattgefunden? Wie ist das Verhältnis von Prophetie und Poesie?

Das ist eine wichtige Frage. Ich habe sie mir oft selbst gestellt. Es ist, als ob bestimmte Gedichte die Zukunft ankündigten. So habe ich von unserem Weggang aus Beirut erzählt, lange bevor es dazu gekommen ist; ich habe die Intifada schon

1976 beschrieben... Aber es handelt sich hierbei nicht um Prophezeiungen, selbst wenn Vorahnungen eine wichtige Rolle dabei spielen. In Wirklichkeit handelt es sich um eine Fähigkeit, die Realität zu beobachten, ohne sich in den Erscheinungen zu verlieren. So mußte man keine außergewöhnliche Intelligenz besitzen, um zu der Einschätzung zu gelangen, daß unsere Anwesenheit in Beirut nicht von Dauer sein würde und daß die Erholungspause, die den Palästinensern und ihren Organisationen dort vergönnt war, bald zu Ende gehen würde. Jeder genaue Beobachter dieser zwischenzeitlichen Konjunktur konnte seit dem Beginn des libanesischen Bürgerkriegs nur den Schluß ziehen, daß diese Anwesenheit mit einer erneuten erzwungenen Abreise enden würde. In diesem Bürgerkrieg konnten wir weder siegen noch geschlagen werden. Ich bin im übrigen der Meinung, daß die Niederlage das kleinere Übel war. Ein Sieg wäre eine Katastrophe gewesen. Was hätte es für uns bedeutet, wenn wir in Beirut den Sieg davongetragen hätten? Ich habe die Begeisterung und die triumphalen Reden über diese Aussicht damals nicht verstanden. Und ich muß gestehen, daß ich sie bis heute nicht verstehe. Ein palästinensischer Sieg im Libanon hätte das Ende der Suche der Palästinenser eingeläutet.

Sie sehen, daß gerade in diesem Fall das, was Sie als Prophezeiung bezeichnet haben, nur eine realistische Sichtweise der Ereignisse ist, wenn man sie in ihrer historischen Kontinuität sieht. Es ist gleichwohl wahr, daß diese Beurteilung zunächst ein Vorgefühl erfordert, das die Grundzüge der Szenerie beleuchtet. In dieser Hinsicht glaube ich tatsächlich, daß es mir weder in meiner Sichtweise der Ereignisse noch im Erraten kommender Konstellationen an Kühnheit fehlt.

Nehmen Sie mein Gedicht *Und die Erde pflanzt sich fort wie die Sprache*. Geschrieben 1987, spricht es von der Rückkehr der Palästinenser auf ihre Erde, als ob sie schon verwirklicht wäre und als ob die palästinensische Sache, so wie sie damals verstanden wurde, schon ans Ziel gelangt sei. Aus diesem Grund schreibe ich nicht mehr über die Rückkehr, denn ich habe sie bereits vorweggenommen. Es war die Intifada, die den Ausgangspunkt für meine Intuition bildete, insofern sie mir signalisierte, daß die Palästinafrage nach nicht endenwollendem Exil dabei war, auf ihren angestammten Boden zurückzukehren. Das hat mich dazu gebracht, in meinem Gedicht das Konzept der Rückkehr mit der tatsächlichen Rückkehr zu verschmelzen.

Die »Gabe der Prophetie« ist die Fähigkeit, die Zirkulation der Zeichen im Innern der Realität zu lesen. Sie erfordert naturgemäß Intuition, denn ohne sie würde es dem Gedicht an Vorstellungskraft fehlen.

Spielt Ihre politische Erfahrung eine Rolle? Sie haben ein sehr reiches politisches Leben geführt...

Meine politische Erfahrung wird von Zehntausenden von anderen Palästinensern geteilt. Und es sind viele unter ihnen, die erfahrener sind als ich. Aber sie haben dennoch nicht die gleichen Intuitionen gehabt. Die mit der Bilderwelt der Poesie verknüpfte Erfahrung hat meine Vision der Zukunft geformt. Der Politiker, dem ein kultureller Zugang und poetische Imagination fehlen, bleibt in seiner Politik gefangen.

IV.

1991

Ich bin nicht bereit, mein Leben einer Fahne zu weihen

Gespräch mit der israelischen
Schriftstellerin Helit Yeshurun

Mir schien zunächst, daß unsere Begegnung in einem Augenblick der Ungewißheit stattfinden würde: Ihr Verschwinden nach Jordanien, die Schwierigkeit, Ihre Telefonnummer ausfindig zu machen, um ein Gespräch mit Ihnen zu vereinbaren. Aber von nahem betrachtet, trifft das Wort »ungewiß« gar nicht mehr zu. Wie würden Sie den gegenwärtigen Augenblick definieren? Nach dreizehn Jahren in Paris findet man Sie auf einmal in Jordanien wieder. Sind Sie von einem Exil ins andere gegangen?

Ich bin von einem Ort an einen anderen gegangen. Die historischen Ereignisse in der Region haben mir das Signal zum Fortgehen gegeben. Ich bin nicht hierhergekommen, um an den Ereignissen teilzunehmen, aber so weit entfernt von der neuen Dynamik hatte ich ein schlechtes Gewissen.

Ich kann nicht sagen, daß ich von einem Exil ins andere gehe, denn ich befinde mich auf eine zwiespältige Art im Exil. Heute ist das Exil psychischer Art, ein inneres Exil. Aber ich fühle mich in der arabischen Welt mehr zu Hause als in Paris.

137

Haben Sie gezögert, zurückzukommen?

Das Zögern liegt in meiner Art, die Ereignisse zu interpretieren. Ich komme nicht zurück, ich komme. Niemand kann an den Ort, den er sich vorgestellt hat, oder zu dem Menschen, der er gewesen ist, zurückkehren. Barwa [der Geburtsort Mahmoud Darwischs, A.d.Ü.] existiert nicht mehr. Und das Recht auf Rückkehr ist uns nicht wirklich in Aussicht gestellt worden. Ich komme, aber ich komme nicht zurück. Ich komme, aber ich komme nicht an. Und das ist nicht nur eine poetische Ausdrucksweise. Es ist die Realität. Ich habe einen Teil meiner Heimat besucht. In Gaza habe ich mich sehr fremd gefühlt. Denn das Land ist schön, wenn man es in seiner Gesamtheit sieht; es ist die gesamte Geographie, die die Schönheit unseres Landes ausmacht. Ich bin ohne Illusionen gekommen. Ich war auf die Enttäuschung vorbereitet, und ich habe sie vorgefunden. Aber zu dem Menschen, der einmal war, und zu dem Ort, der einmal war, zurückzukommen, ist unmöglich.

Vermischt sich bei Ihnen die Nostalgie der Kindheit mit der Sehnsucht nach der heimatlichen Erde? In der Einführung zu Ihrer ersten Gedichtsammlung haben Sie geschrieben, die Sprache Ihrer Kindheit sei Ihnen gestohlen worden. Und in Ihrem Buch »Eine Erinnerung für das Vergessen« sagen Sie: »Ich bin ein Dichter auf der Suche nach einem Kind, das in ihm war und das er irgendwo zurückgelassen und vergessen hat. Der Dichter altert und verbietet dem vergessenen Kind, heranzuwachsen.«

Die verschiedenen Ebenen meiner Geschichte sind untrennbar miteinander verbunden. In meiner Situation gibt es keinen wesentlichen Unterschied zwischen der Geschichte meiner Kindheit und jener der heimatlichen Erde. Der Einschnitt in meinem persönlichen Leben ist der gleiche wie der, der mein Heimatland betrifft. Die Kindheit ist mir zur selben Zeit weggenommen worden wie mein Haus. Die Ereignisse sind in ihrem tragischen Aspekt parallel, bilden eine Einheit. 1948, als der große Einschnitt stattfand, bin ich aus dem Bett der Kindheit gesprungen und habe den Weg des Exils begonnen. Ich war sechs Jahre alt. Meine ganze Welt ist untergegangen, und meine Kindheit ist stehengeblieben; sie ist nicht mit mir weggegangen. Die Frage ist: Kann man die gestohlene Kindheit wiederfinden, indem man die gestohlene Erde wiederfindet? Es ist eine poetische Suche, die ihren Rhythmus an das Gedicht selbst weitergibt. Das Kind Mahmoud Darwisch wiederzufinden, ist nur im Gedicht möglich, nicht im Leben.

Wenn Sie nur Prosa geschrieben hätten, hätten Sie dann dem Kind, das in Ihnen ist, ebenso verbieten können, heranzuwachsen?

Das Kind, das in mir ist, ist eine der Bedingungen für meine Poesie. Wenn ich ohne das ungestüme Kind, das in mir lebt, herangewachsen wäre, hätte ich nicht Dichter werden können. Wie soll man das Gleichgewicht finden zwischen Weisheit und Kindheit? Die Poesie ist eine Kindheit, die zur Weisheit gelangt ist, eine Synthese zwischen den Sinnen und dem Bewußtsein. Wenn ich einen Roman geschrieben hätte, hätte ich mich nicht im gleichen Maße von der Anziehungskraft der Kindheit freimachen können.

In einem Gespräch in der Zeitschrift »Masharif« sagen Sie, daß, nachdem Sie Ihre Familie verlassen hatten, um in Haifa zu leben, es Ihnen bewußt geworden ist, daß Sie das Lieblingskind der Familie gewesen sind, nicht weil Sie das beste, sondern weil Sie das abwesende Kind waren.

Ja, ich habe noch in jungen Jahren mein Zuhause verlassen. Ich hatte das Gefühl, nicht geliebt und beschützt zu werden. Ich bin nicht der Älteste, und meine Mutter schlug mich immerzu ohne Grund. Sie lud mir die Verantwortung für alles auf, was bei uns zu Hause oder in unserer Umgebung negativ war. Erst als ich 1956 im Gefängnis saß – infolge der Streiks während der israelischen Aggression gegen Ägypten und der Besetzung des Gazastreifens –, erst als meine Mutter mich dort besuchte, mich in die Arme schloß und mir Kaffee und Früchte brachte, erst in diesem Augenblick habe ich verstanden, daß sie mich liebte und daß ich mich in ihr getäuscht hatte. Ich habe eine tiefe Freude empfunden, wie ein Licht in meinem Innern. Das Gefängnis war kein zu hoher Preis dafür, schließlich das Gefühl ihrer Liebe zu spüren.

Ich habe dort das Gedicht *Ich sehne mich nach dem Brot meiner Mutter* geschrieben, und die Leute haben dieses Bekenntnisgedicht, dieses Gedicht, mit dem ich mein Schuldgefühl gegenüber derjenigen Person abbüßen wollte, die ich verdächtigt hatte, mich zu hassen, als ein Lied der nationalistischen Sehnsucht interpretiert.

Ich war nicht darauf gefaßt, daß es Millionen Menschen – nachdem es von Marcel Khalifa vertont worden war – in dem Glauben singen würden, die Mutter, von der dieses Gedicht handelt, sei das Heimatland.

Und Ihr Vater?

Mein Vater hat nie mit mir geschimpft, mich nie geschlagen. Er war ein sensibler Mann. Er orientierte sein Leben an den Jahreszeiten und bildete einen Teil der Erde. Er hat sich nie in unsere Erziehung eingemischt. Es war meine Mutter, die das Haus führte; eine starke, scharfzüngige Frau. Vielleicht verdanke ich ihr meinen Sinn für Humor. Sie war zu meinem Vater autoritär; ich mochte ihren Despotismus nicht. Mein

Vater lächelte und war friedlich; sie dagegen zettelte immerzu Streit an.

In demselben Gespräch in »Masharif« erzählen Sie, daß Ihre Mutter niemals zu Hochzeiten ging, immer nur zu Beerdigungen.

Ja, das ist der Widerspruch in ihrer Persönlichkeit. Sie hatte eine grausame, zynische Haltung hinsichtlich dessen, was bei uns zu Hause, bei den Nachbarn oder im Land vor sich ging. Aber gleichzeitig fand sie in den Beerdigungen ein Ventil für ihre innere Traurigkeit. Sie war eine sehr traurige Frau. Ihr Leben war anfangs recht glücklich gewesen; später ist dann alles sehr schwierig für sie geworden. Meine Mutter stammte nicht aus Barwa. Ihr Vater war der *Muchtar*, der Bürgermeister des Nachbardorfs. Nachdem sie Flüchtling geworden war, fand sie bei den Beerdigungen die Gelegenheit zum Weinen; als ob sie zuvor ihre Tränen versteckt hätte. Auf einem Begräbnis zu weinen, ist keine Schande, es ist kein Zeichen von Schwäche.

Haben Sie selbst auch ein wenig davon in sich?

Ich bin eine Mischung aus der Zaghaftigkeit meines Vaters und der Stärke meiner Mutter. Ich pendle zwischen zwei Polen, dem Schwachen und dem Starken, hin und her. Ich bin schwach und stark zugleich, in meiner Arbeit wie in meinem Leben. Meine Poesie ist vielleicht aus dem traurigen und stummen Sprechen meiner Mutter geboren.

In Ihrer Poesie finde ich vor allem Stärke. Läßt sie auch Platz für Schwäche?

Ja. Ich schütze die Kraft der Schwäche gegen die Kraft der Stärke. Aber nicht, was die Sprache betrifft; hier bedarf es maximaler Stärke.

Sie haben über einen Mann geschrieben, der des Nachts erschien, sang und wieder verschwand. Wer war dieser Mann?

Erinnern Sie sich an das Wort *Mistanenim*? Ich glaube, daß die Geschichte der »Eingesickerten« noch nicht geschrieben ist; ein palästinensischer Schriftsteller sollte dies einmal tun. Als der Staat Israel in seiner Anfangsphase einen Zensus durchführte, waren wir Flüchtlinge im Libanon. Wir sind zwei Jahre später ins Land zurückgekommen, indem wir »eingesickert« sind. Wir kamen in das Dorf Deir al-Assad.

Jedesmal, wenn die Polizei erschien, verbargen wir uns. Wenn der Schulrat in die Schule kam, versteckten mich die Lehrer, weil ich eigentlich gar nicht da sein durfte. Sie können sich vorstellen, wie stark so etwas ein siebenjähriges Kind beeinflussen kann, welche Gegensätze das zwischen der Kindheit und der Macht schaffen kann. Aus dieser Zeit in Deir al-Assad erinnere ich mich an einen Mann, der eine schöne Stimme hatte und der nachts zu unseren Nachbarn am Dorfrand kam, *Rababa* spielte und seine Geschichte vorsang: wie er sein Haus verlassen, die Grenze überschritten hatte und wie er zurückgekommen war. Er erzählte von Nächten und vom Mond – er brachte eine herzzerreißende Sehnsucht zum Ausdruck. Mein Unterbewußtsein hat seine Musik in sich aufgenommen. Als ich ihm zuhörte, spürte ich, daß Worte die Wirklichkeit in sich tragen können. Ich lernte, daß die Kunst aus den einfachen Dingen kommt. Ich wollte es diesem Mann gleichtun.

Das läßt an Scheherazade denken, die die ganze Nacht lang ihre Geschichte erzählt, um ihr Leben zu retten.

Das stimmt. Ich erinnere mich, wie, als wir noch in unserem Heimatdorf waren, jede Nacht Gäste zu meinem Großvater kamen, Tee und Kaffee tranken und sich diesem Kult hingaben: Jemand las aus einem Buch vor und sang. So will es die Tradition der arabischen Kultur. Es schützt vor der Gegenwart und rettet vor dem Leid; zusammen mit dem Tag kommen die Polizisten zurück. Wenn man vom Leid erzählt, fühlt man, daß man in sich die Kraft zur Schöpfung trägt. Gott hat die Welt erschaffen, der Mensch kann Dichtung erschaffen.

Dieser Mann erinnerte an einen Ritter. Nach ihm wurde im gesamten Land gefahndet. Er lebte in den Bergen. Er kam, sang und verschwand bei Tagesanbruch wieder ins Gebirge. Eines Tages ist er für immer verschwunden, aber seine Stimme ist in mir geblieben. In dem *Gedicht von der Erde* aus dem Jahr 1976 habe ich von ihm gesprochen:

> Der Sänger singt
> Vom Feuer und den Fremden.
> Und der Abend war der Abend.
> Sie haben seine Brust durchwühlt
> Und haben nichts dort gefunden als sein Herz.
> Haben sein Herz durchwühlt
> Und nichts dort gefunden als sein Volk.
> Haben seine Stimme durchwühlt
> Und nichts dort gefunden als seine Traurigkeit.
> Haben seine Traurigkeit durchwühlt
> Und nichts dort gefunden als sein Gefängnis.
> Haben sein Gefängnis durchwühlt
> Und nichts dort gefunden als sich selbst in Ketten.

Gibt es überhaupt ein einziges Gedicht von Ihnen, bei dem nicht das Exil im Hintergrund steht? Bildet nicht die Situation des Exils eine Konkretisierung der Stellung des Dichters in der Welt, jedes Dichters, ob er sich in der Heimat befindet oder im Exil?

Man kann von all meinen Werken sagen, daß sie die Poesie eines Exilierten sind. Ich bin als Exilierter geboren. Das Exil ist ein sehr weitgefaßtes und sehr relatives Konzept. Es gibt das soziale Exil, das familiäre Exil, das Exil in der Liebe, das innere Exil. Jede Poesie ist der Ausdruck eines Exils oder einer Andersartigkeit. Wenn sie einem wirklichen Erleben entspricht, handelt es sich um ein konzentriertes, komprimiertes Exil. Ich habe das Exil in jedem Wort gefunden, das ich in meinem Wörterbuch nachschlage. Aber ich beklage mich nicht darüber. Schließlich ist das Exil zu meinem Schreiben sehr großzügig gewesen. Es hat mir die Möglichkeit gegeben, unter verschiedenen Kulturen und Völkern umherzureisen.

Das Exil hat Ihre Poesie bereichert. Es hat Ihnen gegeben, wonach Sie sich so sehnten, bevor Sie das Land verließen.

Das stimmt. Aber gestatten Sie mir, das ein wenig anders auszudrücken. Zuvor glaubte ich, die Poesie nehme am Kampf teil; heute glaube ich nicht mehr, daß sie eine unmittelbare Funktion hat. Der Einfluß der Poesie macht sich sehr langsam geltend, in einem Prozeß, in dem die Zeit eine große Rolle spielt.

Der Abstand hat mir erlaubt, meinen Ton zu mildern; er hat mir gestattet, mich selbst, die Besatzung, die Landschaft, das Gefängnis zu beobachten und der Beobachtung ein Stück vom Heiligen hinzuzufügen. Die Poesie hat sich in einen Kult der Schönheit, einen von jeder Verpflichtung freien Kult verwandelt. An einen anderen Ort zu gehen, ist eine Befreiung. Je weniger man gekannt wird, desto besser kennt man sich selbst; es ist auch eine Frage der Reife. Ich habe mehr gelesen und die europäische Poesie kennengelernt. Ich habe gelernt, zu vergeben. Denn letzten Endes leben wir alle im Exil. Ich und der Besatzer, wir leiden beide unter einem Exil. Er ist in mir exiliert, und ich bin das Opfer seines Exils. Auf diesem

Ich bin nicht bereit, mein Leben einer Fahne zu weihen

Planeten sind wir alle Nachbarn, sind wir alle exiliert, dasselbe menschliche Schicksal erwartet uns, und was uns vereint, ist die Notwendigkeit, die Geschichte dieses Exils zu erzählen.

Liegt darin nicht eine Idealisierung der Distanz? Muß man für das Exil nicht einen Preis bezahlen?

Für das Exil zahlt man mit der Nostalgie und mit dem Gefühl, ein Außenstehender zu sein. Aber man wird dafür durch die Schöpfung einer neuen Welt parallel zur Wirklichkeit entschädigt. Und es ist die Distanz, die mir das erlaubt. Die geographische Entfernung schafft auch den zeitlichen Rahmen des Gedichts, das nun nicht mehr gezwungen ist, unmittelbar zu reagieren.

In Ihrer Dichtung der letzten Jahre orientieren Sie sich an der Metaphysik. In dem Gedicht »Der Wiedehopf« zum Beispiel wird die Liebe zu Gott zur Metapher für die Liebe zur heimatlichen Erde: »Und der Nichtort ist der Ort.«

Jeder Mensch wird zu einer bestimmten Zeit und an einem bestimmten Ort geboren. Es ist folglich normal, daß der Mensch sich auf sinnliche Weise ausdrückt. Ich gehöre zu den Dichtern, die der Meinung sind, daß die Poesie die Sinne durchlaufen muß. Ich glaube nicht an eine abstrakte Poesie. Selbst die Abstraktion durchläuft zunächst die Sinne. Je weiter wir heranwachsen, desto mehr nähern wir uns dem Himmel. Der Gesichtskreis erweitert sich. Indem die Poesie von der Wurzel ausgeht, entwickelt sie sich wie ein Baum dem Himmel entgegen. Die Poesie ist eine Reise zur Metaphysik. Der arabischen Poesie fehlt es an Metaphysik. Sie ist zu sehr mit der Realität befaßt. Man muß sie dazu bringen, den Alltagstrott zu verlassen. *Der Wiedehopf* stellt in meiner Poesie eine besondere Erfahrung dar. Ich wollte Ausdrucksmittel ohne Grenzen verwenden. Ich wollte mich in ganz neue Formen stürzen. Dieses Gedicht greift auf die Metaphysik zurück, aber es ist nicht metaphysisch. Es führt einen Dialog mit der Komödie *Die Vögel* von Aristophanes und mit den Wanderungen der Vögel in der persischen Poesie. Aber was suchte Aristophanes? Das Schlaraffenland. Was suchte Jalal al-Din al-Rumi? Gott. Was suche ich selbst? Ich habe dieselbe Reise gemacht, auf denselben Wegen; ich habe mich auf die griechische und die persische Kultur gestützt. Ich habe die Poesie gesucht – kein Heimatland. Und für die Dichter ist Gott letzten Endes die Poesie; er ist der große Schöpfer. Der Poet ist der Schatten Gottes.

Wird das Abwesende durch die Kraft der Poesie gegenwärtig? Wird der Nichtort zum Ort?

Ja. Aufgrund der Kraft der Poesie. Sie kennt keine Grenzen. Es gibt kein letztes Gedicht; der Horizont ist offen. Der Weg zur Poesie ist die Poesie. Es gibt keine letzte Station, nicht einmal Gott. Auf dem Weg zu Gott findet man Gott. Die Poesie ist ein tastender Versuch, die Poesie zu finden. Wenn wir wüßten, aus welchem Gedicht die Poesie besteht, würden wir es schreiben, und die Sache wäre zu Ende.

Die Beziehung zwischen der »Erde« und der »Poesie« steht im Hintergrund all Ihrer Gedichte. Worin besteht diese Beziehung?

Die Erde ist meine erste Mutter. Aus ihr bin ich gekommen, und zu ihr werde ich zurückkehren. Die Erde birgt in sich den Kreislauf der menschlichen Existenz; sie ist unser konkreter Himmel. Ein umgekehrter Himmel, könnte man sagen. Wir erheben uns, dann steigen wir wieder hinab und legen uns schlafen. Es ist vielleicht dieser Weg über die Erde, auf dem wir Gott begegnen. Da die Erde mir weggenommen wurde und ich auf ihr im Exil war, hat sie sich in den Ursprung und das Ziel meines Geistes und meiner Träume verwandelt – in das Symbol des Heimatlandes. Sie verkörpert alle Sehnsucht und alle Träume von Rückkehr. Aber man darf sie nicht ausschließlich als einen fest umschriebenen Ort betrachten. Sie ist auch die Erde der Welt schlechthin, und auch das bildet Teil der Grundlage meiner Arbeit. Die Erde ist eine Synthese: sie steht am Ursprung der Poesie, und ebenso ist sie deren Gegenstand und Sprache. Manchmal sind Erde und Sprache nicht voneinander zu trennen. Die Erde ist die physische Existenz der Poesie.

Ich möchte mit Ihnen über Ihren Gedichtzyklus »Elf Sterne über dem Auszug aus Andalusien« sprechen. Für was steht Andalusien in der arabischen Poesie? Was bedeutet es für Sie?

In der arabischen Tradition stellt Andalusien die kollektive Klage über das verlorene Paradies dar. Es übt eine starke Anziehungskraft gegenüber der Vergangenheit aus. Andalusien erinnert an die vorislamische Poesie der *Jahiliya*, in der man über den Ort, das Haus, das es nicht mehr gibt, weint. Das ist die Tradition: Der Gesang muß mit den Klagen über die Steine und das verschwundene Lager beginnen. Es ist der Gesang der Nomaden, die von einem Ort zum anderen ziehen. Der Dichter ist auf der Wanderung und findet Steine: Laila ist hier vorbeigekommen, Lubna ist hier vorbeigekommen. Die Geliebte ist nicht mehr da. Dann geht man zur Beschreibung des Pferdes oder Kamels über und von da zu den metaphysischen Fragen. Andalusien hat den Platz des verlorenen Ortes eingenommen, und später hat Palästina sich dann in Andalusien verwandelt. Die populäre Poesie der fünfziger und sechziger Jahre hat diesen Vergleich gezogen: Wir haben Palästina verloren, so wie wir Andalusien verloren haben. Aber das ist nicht die Art, wie ich die Dinge sehe. Ich habe immer gesagt, daß Andalusien wiedergefunden werden kann. Ich habe jene *Elf Sterne* in Erinnerung an die fünf Jahrhunderte geschrieben, die seit der – wie Sie wissen, auf einem Irrtum beruhenden – Ankunft von Christoph Kolumbus in Amerika verstrichen sind. Meine Gedichte sind der Appell eines arabischen Dichters, der sich inmitten jener enormen historischen Entwicklung befindet. Ich bin nicht der Auffassung, daß Andalusien mir gehört oder daß Palästina ein verlorenes Andalusien ist. Ich habe versucht, einen Dialog mit den Exilierten der Erde herzustellen, und ich habe kein Recht auf Andalusien reklamiert. Aber ich habe das Leid und die Tränen des Arabers verstanden, der siebenhundert Jahre lang an einem Ort gelebt hat und dann von dort verjagt worden ist; er hat keinen anderen Ort, keinen anderen Sammelpunkt. Meine Vision war nicht die eines Kolonialisten. Ich habe die Verschiedenartigkeit der Menschen gesucht, wo immer sie sich befinden. Andalusien kann hier oder anderswo, kann überall sein. Für mich repräsentiert Andalusien die Begegnung aller Fremden beim Aufbau einer menschlichen Kultur. Es gab dort nicht nur die Koexistenz zwischen Juden und Moslems; sie hatten auch ein gemeinsames Schicksal. Sie sind zur gleichen Zeit von dort weggegangen. Die spanische Regierung hat sich kürzlich, Jahrhunderte später, bei den Israelis entschuldigt; gegenüber den Arabern hat sie das nicht getan. Diese Reue basiert auf einem Kräfteverhältnis, nicht auf einer menschlichen Beziehung. Für mich ist Andalusien die Verwirklichung des Traums der Poesie. Ein goldenes Zeitalter des Humanismus und der Kultur.

Glauben Sie nicht, daß Sie diesen Weg haben gehen können, weil Sie in einer Situation des Exils waren? Jetzt, wo sich die Liebe zum Heimatland in alltäglichen Problemen konkretisieren wird, werden Sie den umgekehrten Weg zur Realität gehen müssen. Beunruhigt Sie das?

Das Verhältnis, von dem Sie sprechen, ist nicht poetischer, sondern politischer Art. Für die Poesie ist die jetzige Situation vorzuziehen. Wir werden eine wundersame Lösung für alle Probleme haben: Wir werden einen Staat haben. So denken wir auf der politischen Ebene. Aber vom literarischen Gesichtspunkt aus ist das ein Irrtum. Wenn die Palästinenser einen Staat haben werden, wird die literarische Herausforderung noch größer sein. Der Staat wird den Schriftstellern ermöglichen, unter »normalen« Bedingungen zu schreiben. Aber erst diese normalen Bedingungen werden zeigen, ob diese Literatur überhaupt der Mühe wert ist. Viele palästinensische Schriftsteller berufen sich darauf, daß wir keinen Staat haben. Aber ein Staat ist kein literarisches Thema. Dasselbe gilt für ein Heimatland. Wenn man ein Heimatland hat und dann mit patriotischer Begeisterung davon spricht, ist das lächerlich. Aus diesem Grund wird ein großer Teil der palästinensischen Literatur in die Krise geraten. Die Träume werden sich realisieren und dann? Ich werde nicht unter dieser Krise zu leiden haben. Ich habe sie bereits durchgemacht. Ich habe mir mein eigenes Heimatland aufgebaut. Ich habe mir sogar einen Staat geschaffen, nämlich in Form meiner Sprache. Wenn die Poesie keine menschliche Weite hat – wenn sie nicht ans Menschliche rührt –, ist der Text tot. Was nicht bedeutet, daß wir nur über allgemeine Themen schreiben müssen. Die Literatur kommt aus dem Alltäglichen, aber definiert sich das Alltägliche durch die Grenzen der Erde, in der wir unsere Wurzeln haben? Was ist ein Heimatland? Ein Ort, der den Menschen Bewegungsfreiheit gibt; aber nicht, damit sie eine Fahne daraus machen. In dem Gedicht *Waffenstillstand mit den Mongolen* schreibe ich: »Wenn wir siegen, werden wir unsere schwarzen Banner auf Wäscheleinen hängen, danach machen wir Strümpfe daraus.« Ich bin nicht bereit, mein Leben einer Fahne zu weihen.

In Ihrer Dichtung der letzten zehn Jahre spüre ich immer stär-
ker eine Annäherung an die jüdische Konzeption, die wäh-
rend der Jahrhunderte des Exils gereift ist: Sie stellt den Text
der Realität, den abstrakten Ort dem physischen Ort gegen-
über. In Ihrem Buch »Eine Erinnerung für das Vergessen«
schreiben Sie: »Wir haben vom Libanon nichts als eine Spra-
che gesehen, die uns dem Überlebenstrieb auslieferte.« Und
in einer anderen Passage: »Palästina war kein Heimatland
mehr, sondern eine sinnlose Parole.« Ich weiß, daß der Ver-
gleich zwischen dem jüdischen Schicksal und dem Schicksal
der Palästinenser Sie empört, weil er an eine Art »Wettstreit«
denken läßt, wer von beiden in stärkerem Maße Opfer ist.

Zunächst einmal entrüstet mich dieser Vergleich durchaus
nicht, wenn es um tiefe literarische Fragen geht. In diesem
Bereich gibt es keinen Nationalismus. Ich denke, daß der
Knoten, bei dem es darum geht, ob man den Vergleich akzeptiert oder zurückweist, sich mit dem Frieden auflösen wird.
Der Jude wird sich der arabischen Komponente, die er in sich
trägt, nicht mehr schämen, und der Araber wird sich nicht
schämen, zu bekennen, daß auch er jüdische Bestandteile in
sich hat. Besonders, wo es sich doch um dieselbe Erde handelt, *Eretz Israel* im Hebräischen, Palästina im Arabischen.
Ich bin das Produkt sämtlicher Kulturen, die durch dieses
Land gezogen sind, der griechischen, der römischen, der persischen, der jüdischen, der ottomanischen. Deren Präsenz
besteht bis in meine Sprache hinein. Jede starke Kultur hat
etwas dort zurückgelassen. Ich bin der Sohn all dieser Kulturen, aber ich habe nur eine einzige Mutter. Heißt das etwa,
daß meine Mutter eine Prostituierte ist? Meine Mutter ist jene
Erde, die alle Welt bei sich empfangen hat, die Zeugin und
Opfer gewesen ist. Ich bin auch Sohn der jüdischen Kultur,
die es in Palästina gegeben hat. Aus diesem Grund fürchte ich
diesen Vergleich nicht. Aber das politische Spannungsverhält-

nis – wenn Israel existiert, müssen die Palästinenser verschwinden, und wenn die Palästinenser da sind, kann es Israel nicht geben – hat dazu geführt, daß wir es abgelehnt haben, uns als aus gleichen Bedingungen geboren zu betrachten, und daß wir zu Rivalen hinsichtlich der Frage geworden sind, wer von uns mehr Opfer ist als der andere. Ich habe schon Zionisten den Verstand verlieren sehen, wenn man sie an Völkermorde erinnert hat, die an anderen Völkern verübt wurden. Wie zum Beispiel Elie Wiesel, der geschrieben hat, er frage sich, wie man behaupten kann, was in Bosnien vor sich gehe, sei ein Völkermord. Als ob die Juden auf diesen Begriff ein Monopol hätten. Jedesmal, wenn ich zu einer Veranstaltung oder Fernsehsendung eingeladen werde, will man immer im Namen der Parität auch noch einen israelischen Schriftsteller einladen. In Italien hat man mir vorgeschlagen, ein gemeinsames Buch mit Nathan Zach zu veröffentlichen. Ich habe dazu gesagt: »Wenn Sie glauben, daß Nathan Zach ein guter Dichter ist, und ich denke, daß er das ist, und wenn Sie glauben, daß ich ein guter Dichter bin, und darin bin ich mir nicht so sicher wie Sie, dann veröffentlichen Sie ein Buch von ihm und ein Buch von mir.« Warum muß ich über meine gute oder schlechte Beziehung zu den Israelis definiert werden? Bei diesen Beziehungen handelt es sich um Politik. Sie verwandeln unsere literarische Arbeit in Politik. Dem widersetze ich mich. Gibt es denn Gemeinsamkeiten zwischen meiner Wanderschaft und der des Juden? Ich denke ja. Unter dem Aspekt des menschlichen Schicksals gibt es viele Überschneidungen. Das ist sowohl gut als auch schlecht. Ich habe die Befürchtung, daß das ein neues Ghetto schaffen wird, daß wir keine Freude daran haben werden.

Ist ein Staat immer ein Ghetto?

Man muß den Staat, jene wundersame Lösung, schnell vergessen und sich so verhalten, als sei er eine vollkommen normale Sache. Sie haben von Anfang an Ihren Staat zu etwas Heiligem gemacht und haben sich in diesem Ghetto eingeschlossen. Jetzt versuchen Sie, dem Ghetto zu entkommen. Man muß zwischen den beiden Standpunkten, dem politischen und dem intellektuellen, unterscheiden. Sie haben unser Exil verursacht, wir aber nicht das Ihrige.

Das war eine historische Notwendigkeit.

Ich möchte Sie an einen wesentlichen Punkt erinnern. Ich bin mir nicht sicher, ob die heutigen Generationen der Juden in Europa das Gefühl haben, sich im Exil zu befinden. Ist der Begriff des »Heimatlandes« während sämtlicher Generationen bei Ihnen lebendig gewesen? Aber jeder Palästinenser erinnert sich daran, daß er ein Heimatland hatte und daß er von dort ins Exil getrieben wurde. Die Juden in ihrer Gesamtheit erinnern sich nicht daran, denn es sind zweitausend Jahre seitdem vergangen. Bei den Palästinensern ist das Heimatland keine intellektuelle Erinnerung, kein intellektueller Begriff. Jeder Palästinenser ist Zeuge des Einschnitts, der stattgefunden hat.

Aber die Juden haben lange Zeit im Exil gelebt. Worauf wollen Sie hinaus?

Darauf, daß der Palästinenser aus dem Konkreten kommt. Daß Ihr Exil allen Exilen aller Völker ähnelt.

In Ihrem Artikel »Die Identität der Abwesenheit« sprechen Sie sich gegen den Versuch aus, die Palästinenser mit den Juden zu vergleichen. Sie lehnen es ab, unsere Völker als geschichtliche Doppelgänger zu betrachten.

Ich sprach von der Situation in den besetzten Gebieten. Man muß einen Unterschied zwischen Besatzer und Besetztem machen.

In Ihrem Buch »Eine Erinnerung für das Vergessen« schreiben Sie: »Wir müssen wissen, was wir wollen: unser Land oder unser Bild von uns selbst fern unseres Landes oder aber auch das Bild unserer Sehnsucht nach unserem Land im Innern des Landes.« Sehnsucht nach der Sache selbst oder nach ihrer Widerspiegelung?

Hinter den großen Worten wie Vaterland, Revolution, Patriotismus verbergen sich zerbrechliche Dinge. Das Heimatland ist ein weitgefaßter Begriff, aber wenn man dann selbst dorthin geht, sucht man nach einem bestimmten Baum, einem bestimmten Stein, einem Fenster. Diese Dinge bringen das Herz zum Glühen, nicht eine Fahne oder eine Nationalhymne. Ich sehne mich nach den kleinen Einzelheiten. Ihre Frage nach der Sache selbst und ihrer Widerspiegelung warnt mein Herz vor einer Enttäuschung. Aber gestehen Sie mir wenigstens das Recht zu, zurückzukehren, damit ich mir diese Frage überhaupt stellen kann?!

Sie haben Angst, den Traum zu verlieren?

Das ist in meiner Poesie ein lebendiger Mythos. Ich habe immer Angst, den Traum zu zerstören. In meiner letzten Gedichtsammlung sage ich, daß ich nur einen einzigen Traum habe: einen Traum zu finden. Ein Traum, das ist ein Stück Himmel in jedem von uns. Wir können nicht vollkommen pragmatisch, vollkommen realistisch sein; wir brauchen ein wenig Himmel, um das Gleichgewicht zwischen dem Realen und dem Traum zu finden. Der Traum ist das Gebiet der Poesie.

In demselben Buch sagen Sie: »Mein Leben ist die Beschä-
mung meiner Poesie, und meine Poesie ist die Beschämung
meines Lebens.«

Was soll das heißen? Das soll ich gesagt haben? Das ist ein
Irrtum in der Übersetzung. Ich habe das Wort *Fadiha* ge-
braucht. Im Arabischen ist *Fadiha* nicht nur die Beschämung,
sondern auch der Skandal. *Fadiha* ist das Gegenteil eines Geheimnisses, einer Sache, die sich im Verborgenen abspielt.
Fadiha, das ist eine Enthüllung. *Fadahtu sirri*: Ich habe mein
Geheimnis offenbart. Die Poesie kann die in meinem Innern
befindliche Wahrheit nicht verbergen. Die Poesie ist die skan-
dalöse Enthüllung meines Geheimnisses.

Über Beirut haben Sie geschrieben: »Ist es eine Stadt oder eine
Maske? Exil oder Lied?« Haben Sie hier Beirut in eine Meta-
pher der Poesie verwandelt?

Für eine sehr kurze Zeit. In Wirklichkeit haben wir den Libanon nicht gekannt. Wir lebten in einem Ghetto, das wir uns
in Beirut aufgebaut hatten. Jeder von uns fragte sich, was Beirut eigentlich war. Selbst die Libanesen kannten Beirut nicht.
Beirut ähnelt Manhattan, ist eine Stadt der Vermischungen.
In Beirut sahen wir nur uns selbst. Dort ist jede Straße eine
Stadt für sich, vor allem im Krieg. Ich habe mich dieser Metapher bedient, um die inneren Widersprüche dieser Erscheinung hervortreten zu lassen. Beirut war ein Phänomen. Ich
bin mit meinem Schreiben während dieser Zeit nicht sehr
zufrieden. Der Krieg begann 1975, und ich war zu dem Zeitpunkt seit zwei Jahren dort. Ich habe das *Gedicht über Beirut*
geschrieben. Den Libanesen hat es nicht gefallen. Sie haben
gesagt: Das ist nicht deine Stadt. Sie haben gesagt, ich sei ein
Fremder. Ich fühlte mich als Durchreisender. Alle, die einen
sechsten Sinn besaßen, wußten, daß das palästinensische »Ge-

bilde« in Beirut nicht von Dauer sein würde. Zwischen den Libanesen auf der einen und den Palästinensern und Syrern auf der anderen Seite begannen sich nationalistische Spannungen breitzumachen. Unsere Anwesenheit war den Libanesen lästig. Sie konnten die Bürde der Palästinafrage nicht allein tragen, und ich kann sie verstehen. Das ist ein Kapitel meines Lebens. Beirut war kein Lied. Es war eine Maske.

Wie ordnen Sie sich innerhalb der Geschichte der arabischen Poesie ein?

Ich bin das Produkt eines alten, reichen Dialogs. Aber meine Art, mich auszudrücken, ist sehr persönlich. Jeder Dichter hat etwas beizusteuern. Es gibt keine Schöpfung aus dem Nichts. Es gibt keinen Beginn, der mit einer leeren Seite anfängt. Ich ziehe eine Summe, ich synthetisiere. In meiner Poesie findet sich eine Art Schlußfolgerung der Geschichte der arabischen Poesie – der klassischen und der modernen. Die Schriftsteller nach mir werden mich in ihre Schlußfolgerungen einschließen. Indem ich meine Bewunderung für Mutanabbi, der im zehnten Jahrhundert lebte, zum Ausdruck bringe, sage ich, daß er die Geschichte der arabischen Poesie vor ihm, zu seiner Zeit und danach in sich vereinigt. Er ist moderner als wir. Denn seine Poesie widersteht sogar noch dem Rhythmus unserer Zeit. Wenn wir etwas über unsere Zeit sagen wollen, gehen wir zu ihm zurück. Er ist der größte arabische Dichter. Ein Beispiel? »Unruhig, als säße ich rittlings auf dem Wind«, oder über seine Poesie: »Unter ihrem Aufblitzen verblaßt meine Tinte.« Mutanabbi hat das Gewicht der Poesie dem Gewicht der Macht entgegengestellt, er hat die Macht der Poesie geschaffen.

Ihre Poesie respektiert die Tradition der »Kasida«, der klassischen arabischen Ode. Sie führen jedoch die Alltagssprache und regional bedingte Ausdrücke ins klassische Arabisch ein. Sie verwenden zum Beispiel das Wort »Shubbak«, das man für gewöhnlich in der gesprochenen Sprache verwendet, öfter als das klassische literarische Wort »Nafidah« [Beide Begriffe sind Synonyme für »Fenster«, A.d.Ü.].

Der arabische Modernismus kann sich nicht außerhalb der Geschichte der *Kasida* entwickeln. Ich bin gegen die Tendenz, die sich vornimmt, genau das zu zerstören, was die *Kasida* zu dem gemacht hat, was sie ist. Ich bin stolz, an jener musikalischen Schatzkammer teilzuhaben, die die arabische Poesie nun einmal ist. Ich kenne nicht alle Sprachen der Welt, aber keine andere Sprache besitzt wie das Arabische sechzehn verschiedene dichterische Metren. Das arabische Metrum beruht auf der Anzahl der metrischen Einheiten der Musik. Eine lange Silbe und eine kurze Silbe. Manchmal hat man drei lange Silben, gefolgt von einer kurzen und zwei langen Silben. Jede prosodische Einheit enthält mindestens eine lange Silbe. In einem kleinen Abschnitt kann ich einen Rhythmus in zwei verschiedene Metren aufspalten. Wenn ich sie mit einem weiteren verbinde, erhalte ich ein drittes Metrum, und das ist dann so, als hätte ich einen neuen Rhythmus geschaffen, und so geht es immer weiter. Man bezieht sich immer, ob am Ende oder am Anfang eines dichterischen Metrums, auf sämtliche anderen Metren. Kurz, es fehlt uns nicht an musikalischem Reichtum. Wir finden unsere Lösungen im Innern der arabischen Metrik, und nicht in ihrer Zerstörung, oder indem wir uns auf die Prosa verlegen.

Bei der neuen Welle in der arabischen Poesie handelt es sich um Prosa. Um eine poetische Prosa. Ich bin nicht dagegen, aber in meinen Augen ist das ein neues Genre; ich bezeichne das nicht als Poesie.

Ich bin der Ansicht, daß die Musik etwas Fundamentales ist und nicht nur eine Verzierung. Der Unterschied zwischen

Poesie und Prosa muß erhalten bleiben, und zwar nicht nur in der Theorie. Was das betrifft, bin ich ein wenig reaktionär. Aber grundsätzlich geht es darum, das arabische Auge und Ohr vergessen zu lassen, daß es sich hier um eine Fortsetzung der klassischen Tradition handelt. Dabei hilft die Komposition der Metapher, weil sich dadurch eine neue Sicht ergibt. Man kann die Alltagssprache oder sogar fremde Wörter mit einbeziehen. So gebrauche ich zum Beispiel nicht das Wort *al-Qithara*, sondern ich sage »Gitarre«. Ich sage nicht *Kaman*, sondern *Kamanja* (Geige). Das bringt Abwechslung und nimmt dem Text die Schwere. Aber es ist nicht das, was die Poesie ausmacht. Die neue Herangehensweise befreit das Gedicht von der Unmittelbarkeit des Alltäglichen, sie stellt eine Synthese zwischen dem Sinnlichen und dem Abstrakten her und bewahrt dem Gedicht sowohl die Wolke als auch den Schatten.

Ich schreibe nicht in Reimen. Der Reim ist in meinen Augen eine Frau, die ihrem Mann aufgezwungen wird. Aber manchmal kann man, indem man einen einzigen Reim über eine gesamte Passage des Gedichts beibehält, das Gefühl einer Wiederkehr der abgelaufenen Zeit erzeugen. Ich sage immer, daß man die arabische *Kasida* beherrschen muß, um sich wirklich gegen sie auflehnen zu können. Die Revolte muß aus dem Innern kommen. Ich hüte die uns überlieferte Tradition. Mein Text ist den Einflüssen jener Zeit gegenüber offen.

Betrachten Sie sich als Nachfolger von Ibrahim Tukan und Abu Salma, die nach der großen arabischen Revolte, die wir »die Ereignisse von 1936« nennen, politische »Kasidas« geschrieben haben?

Als ich jung war, empfand ich ebenso wie alle anderen die Notwendigkeit, die Kontinuität der palästinensischen Tradition zu demonstrieren. Ich sah mich genötigt, mich zum Er-

ben dieser Familie zu erklären. Aber wenn Sie die Texte in
bezug auf die Struktur, die Herangehensweise und die Vision
des Gedichts aufmerksam lesen, werden Sie zwischen diesen
Dichtern und mir, abgesehen von der Tatsache, daß wir Palästinenser sind, nichts Gemeinsames finden. Sie schrieben klassische Gedichte, und ich behauptete aus politischen Gründen, ich würde ihrem Weg folgen.

*Auf welche Weise beeinflußt die Barriere zwischen dem ge-
schriebenen und dem gesprochenen Arabisch den Charakter
der gegenwärtigen arabischen Poesie? In welchem Verhältnis
steht diese Erscheinung zu dem für die Dichter des zwanzigsten Jahrhunderts typischen Versuch, eine spontane Poesie zu
schaffen?*

Ich setze mich mit dieser Frage immer in einer anderen Form
auseinander: Wie kann man so schreiben, daß die Menschen
es verstehen, daß das Volk es lesen kann? Denn selbst wenn
man eine komplexe und moderne Poesie schreibt, bringt man
auf die eine oder andere Art den Geist des Volkes zum Ausdruck. In der gesamten Geschichte der arabischen Literatur
hat es immer eine literarische Sprache und eine Volkssprache
gegeben. Selbst während der *Jahiliya*, als sich die arabische
Kasida auf ihrem Höhepunkt befand – einem Höhepunkt, der
bis heute unerreicht blieb –, ist es niemandem gelungen, auch
nur im geringsten diese Barriere zu überwinden. Dabei kann
ich mir nicht vorstellen, daß jemals Leute in dieser Sprache
gesprochen haben. Es hat immer eine Sprache für die Literatur und eine andere für das Leben gegeben. Viele Dichter haben versucht, diese Beschränkung zu lockern und den For-
malismus der geschriebenen Sprache zu mildern, indem sie
sie mit der gesprochenen Sprache vermischten. Ich denke, daß
sämtliche Versuche, die Distanz zwischen den beiden Sprachen zu reduzieren oder sie dazu zu bringen, sich auf halber

Strecke zu treffen, fehlgeschlagen sind. So etwas ist vielleicht schön und nützlich für den Roman, aber bei der Poesie handelt es sich um eine aristokratische Arbeit, nicht um volkstümliche Werke. Sie bedient sich einer sorgfältig bearbeiteten Sprache. Wenn es in einem Gedicht mehrere Stimmen gibt, kann man auch einige Passagen in gesprochener Sprache darin aufnehmen; im übrigen wissen wir, daß sämtliche volkstümlichen Ausdrücke einen literarischen Ursprung haben. Man kann den Ton leichter machen, indem man auf Wörter verzichtet, die schon tot sind. Jede Entwicklung hat dazu geführt, daß Hunderte und Tausende von Wörtern aufgegeben wurden. Wir schreiben vielleicht im gleichen Rhythmus, aber nicht mit den gleichen Worten wie die Dichter der *Jahiliya*. Bestimmte vergessene Wörter verdienen es, zum Leben erweckt zu werden. Sie führen den Text an einen präzisen Ort, der Sehnsucht hervorruft und einen neuen Raum eröffnet. Das ist ein raffiniertes Spiel. Man kann Worte töten, aber ebenso kann man andere wiederbeleben. Letzten Endes hängt alles von der Struktur des Gedichts ab.

Fühlen Sie sich nicht eingeschränkt, wenn sich der Rhythmus der gewöhnlichen Sprache nicht im Gedicht wiederfindet?

Nein. Der Unterschied liegt in der Grammatik und der Syntax, aber jedes Wort der gesprochenen Sprache hat einen Vetter in der literarischen. Ich möchte in einem modernen Gedicht keine überflüssigen populären Wörter sehen, auch wenn es sich dabei um eine der Grundlagen des Modernismus handelt. Ich selbst habe dieses Problem nicht. Die Frage, die sich heute stellt, ist die, wer die Poesie versteht, die man schreibt; und die einzige Antwort auf diese Frage ist, daß der arabische Leser sich entwickeln muß.

*Worin liegen die Vor- und Nachteile, die sich aus der Existenz
zweier paralleler Sprachen in der Literatur und im Leben ergeben?*

Ich sehe keinen Gewinn. Ich sehe immer nur den Verlust. Jeder Dichter träumt von einer Poesie, die so unentbehrlich ist
wie das Brot. Das ist ein schöner Traum. Man muß davon
träumen. Der Verlust besteht darin, daß, wenn ich für meine
Mutter schreibe, sie mich nicht verstehen wird, weil sie nicht
lesen kann. Das ist ein menschlicher und kultureller Verlust.

In Ägypten und im Libanon gibt es eine Poesie, die in gesprochener Sprache geschrieben ist. Aus diesem Grund sage
ich, auch wenn das mit Sicherheit zu kurz gegriffen ist, daß
das Problem durch al-Abnudi in Ägypten und durch Dichter
wie Talal Haydar im Libanon, die in der Volkssprache schreiben, gelöst worden ist. Im Irak gibt es wunderbare Dichter
der gesprochenen Sprache. Tatsächlich hat es dort immer zwei
Arten von Poesie gegeben. Manchmal manifestiert sich die
Modernität in diesen Gedichten besser als in der literarischen
Poesie. Diese Dichter haben die gesprochene Sprache in eine
neue literarische Sprache verwandelt. Das ist wirkliche Poesie. Sie haben, ausgehend von der Sprache des Lebens, eine
Literatur geschaffen.

*Glauben Sie, daß einmal der Tag kommen wird, an dem die
beiden Sprachen, die literarische und die gesprochene, im
Schreiben verschmelzen werden? Können Sie sich vorstellen,
eines Tages in einem arabischen Dialekt zu schreiben?*

Nein. Und wissen Sie warum? Weil ich die arabischen Dia-
lekte nicht gut kenne. Ich spreche eine gemischte Sprache.
Meine Sprache ist nicht rein. Um eine Sprache rein zu sprechen, muß man an einem bestimmten Ort leben. Meine gesprochene Sprache ist eine Mischung aus Palästinensisch,
Ägyptisch und Libanesisch.

In dem Gedicht »Die Lehren der Houriya« sagt Ihre Mutter:

Und das Exil schuf uns zwei Sprachen:
Den Dialekt, damit die Tauben
Ihn hören und die Erinnerung bewahren;
Die Literatur, damit ich den Schatten
Ihren Schatten erkläre.

Kennen Sie die Bedeutung des Namens Houriya? Es ist eine Meerjungfrau; halb Frau, halb Fisch. Die Volkssprache ist den Ursprüngen, der Landschaft näher; einfacher, menschlicher. Sie trägt eine Liebesbotschaft zwischen den Bäumen und den Tauben mit sich. Sie hütet die volkstümliche Erinnerung. Seitdem ich schreibe, bin ich zur ausgearbeiteten literarischen Sprache verurteilt worden, deren Rolle es ist, die Komplexität des Schattens zu erklären. Deine Beziehung, Mutter, ist wahrhaftiger; deine Sprache ist wahrhaftiger. Ich strebe nach den metaphysischen, höheren Dingen. In dem Absatz, den Sie zitieren, charakterisiere ich ja den Unterschied zwischen der Volkssprache und der literarischen Sprache.

Meinen Sie, daß es in der Volkssprache keine Schatten gibt?

Dort ist das Weiße weiß und das Schwarze schwarz. Aber ich muß Schatten und Nuancierungen schaffen, um mich zu retten. Ich sitze im Schatten; ich bin nicht sehr klar. Ich befinde mich im Schatten der Sprache und im Schatten der Dinge; im Schatten der Realität und der Legende, aber nicht in der Sache selbst. Ich bin nicht ich, ich bin im Schatten meiner selbst.

Und wie zeigt sich dieser »Schatten meiner selbst« in der Poesie?

Man schreibt ein Gedicht und hat manchmal den Eindruck, daß ein anderer es geschrieben hat. Zwischen dem Text und uns besteht eine unbestimmte Spannung. Man sucht sich selbst und findet den Schatten eines anderen, manchmal das Bild eines anderen. Ich bin nicht ein einziges »Ich«, und jeder Schatten wirft selbst noch weitere Schatten.

Hatten Sie, seitdem Sie im Exil waren, den Eindruck, Sie müßten für Ihr Schreiben neue sprachliche Werkzeuge entwickeln?

Diese Notwendigkeit neuer Mittel hat nichts mit meinem Leben in der Fremde zu tun; es ist eine beständige Notwendigkeit. Als ich nach Europa gegangen bin, hatte ich die Gelegenheit, Bilanz zu ziehen. Das war der Wendepunkt. In Beirut habe ich die Bewegung der modernen arabischen Poesie kennengelernt, die ich in Palästina nicht kannte; in Beirut lebte ich im Zentrum der Debatte über die moderne arabische Lyrik.

Worüber wurde diese Debatte geführt?

Über die Form und – was noch wichtiger ist – über die Beziehung zwischen Poesie und Realität, über die Frage, was wir mit dem Konzept der »revolutionären Poesie« aussagen wollten. Ist die genannte Beziehung revolutionär als Beziehung zum Sujet, zur Gesellschaft, zur Realität, oder soll sich die Revolution nur in der Sprache abspielen? Es gab zwei Strömungen. Ich habe beide gewählt.

Wenn man Revolutionär in der Poesie sein will, kann man nicht Reaktionär im Leben sein. In Beirut habe ich alles Neue auf dem Gebiet der Theorie gründlich gelesen und die künstlerische Praxis genau verfolgt. In dieser Zeit bin ich zum Schreiben des globalen Gedichts, des offenen Gedichts übergegangen. So jedenfalls bezeichne ich es. Ein langes Gedicht, das mehrere Stimmen enthält und aus antagonistischen Elementen zusammengesetzt ist. Man kann darin sämtliche Formen der arabischen Poesie in einer pyramidenartigen Struktur miteinander kombinieren. Ich habe den Bericht in die Lyrik einfließen lassen. Ich habe vom Preis der Äpfel gesprochen. Ich dachte mir, diese Form könnte auch nichtpoetische Dinge in sich aufnehmen. Aber die in Beirut herrschende Spannung hat uns nicht erlaubt, diesen Versuch bis zum Ende zu gehen. Nachdem ich in Europa angekommen bin, habe ich eine Neubewertung von allem vorgenommen, was ich bis dahin geschrieben hatte. Ich habe eine Unterscheidung zwischen Erhaltenswertem und Überflüssigem getroffen. Ich bin in meinem Schreiben kürzer, konzentrierter, milder geworden. Und vor allem: weniger militant.

In einem großen Teil Ihrer Gedichte findet ein Gespräch zwischen mehreren Stimmen statt. Äußert sich in diesem Dialog ein Wille, sich Präsenz zu verschaffen, das Abwesende zu manifestieren? Drückt der Dialog verschiedene Standpunkte aus, oder handelt es sich bei ihm um eine Rhetorik, die in Wirklichkeit ein und dieselbe Position auf verschiedene Arten ausdrückt?

Diese Möglichkeiten bestehen alle zugleich. Ich bin nicht allein – weder im Raum noch in der Zeit. Auch nicht mit mir selbst. Es gibt eine Öffentlichkeit in mir. Ich bin selbst eine Öffentlichkeit. Und die Wahrheit hat mehrere Gesichter. Die Verleumder der Wahrheit haben ebenfalls das Recht, sich zu äußern; ich bin nicht Herr und Gebieter über die Wahrheit. Meine inneren Widersprüche sind ihrerseits die Frucht der Widersprüche, die mich in der Welt um mich herum umgeben. Vom literarischen Standpunkt aus erlaubt der Dialog dem Gedicht, den Teil einer Last zu tragen, den es aus sich heraus nicht tragen könnte. Das ist ein wenig wie im Theater. Es erlaubt, die Szenerie zu erweitern und das Drama seine Irrtümer begehen zu lassen, was in einem kurzen Gedicht fast unmöglich ist. Aber die genaueste Antwort besteht darin, daß ich nicht allein an diesem Ort bin. Ich habe nicht eine einzige Farbe, eine einzige Geschichte, ein einziges Land; ich bin nicht allein an diesem Ort, es gibt ein anderes Außen, ein anderes Innen, es gibt Nachbarn. Ich öffne die Tür für die Unterschiedlichkeit der Stimmen.

Das Gedicht muß eine einladende Form haben, es muß anderen Farben und anderen Ausdrucksformen einen Raum bieten. Mein Leben ist ein Schauspiel. Wenn ich mit einer einzigen Stimme schreibe, bin ich ein Prophet, ein romantischer Dichter oder ein Dichter der *Jahiliya*. Ich verfolge nicht den verwickelten Knoten historischer Argumentationen. In gewisser Weise muß das Gedicht all das klären und entfalten. Ich möchte in einem Gedicht von der Art einer Person, sich zu kleiden, lesen, den Geruch ihres Parfüms einatmen; ich möchte, daß das Gedicht mich mit ihr persönlich bekannt macht. Ich kann mir kein Gedicht ohne persönliche Merkmale, ohne eine spezifische Geographie vorstellen. Ein mexikanisches Gedicht muß der schwarze Stein Mexikos sein. In einem in Israel oder Palästina geschriebenen Gedicht muß man die Stimmen der Propheten hören können, der wahren wie der falschen. Und man muß Esel vorüberziehen sehen.

Aber ich habe noch nicht auf die Frage geantwortet: Warum gibt es so viele Stimmen in meinen Gedichten? Weil ich nicht allein bin. Nicht allein im Gedicht. Nicht allein im Raum. Nicht allein in der Zeit. Es gibt den Anderen.

Wenn man arabische Poesie liest, hat man oft den Eindruck, daß diese Poesie eine Waffe ist; daß sie Sprengstoff in Form von Parolen liefert.

Das, wovon Sie hier sprechen, ist eine Katastrophe. Zu meinem großen Bedauern gibt es noch heute Leute, die glauben, daß das genauso sein muß, und die mich beschuldigen, sie und die Rolle der Poesie verraten zu haben. Sie sagen, ich habe mich der Elite zugewandt und mich von meinen Wurzeln abgeschnitten. In dem Buch *Eine Erinnerung für das Vergessen* habe ich außerdem meine Besorgnis über den Begriff »Mission« geäußert. Die Poesie hat keine Mission. Ich habe verstanden, daß ich um so leiser sprechen muß, je mehr Lärm um mich herum herrscht. Ich kann nur dann meine Stimme erheben, wenn um mich herum alles ruhig ist.

Glauben Sie nicht, daß das ein allgemeines Problem ist, nicht nur das von Beirut im Jahr 1982?

Doch. Ich glaube, daß es für die Poesie besser ist, wenn sie sich auf sich selbst besinnt. Es ist selten, daß man in ihr eine radioaktive Kraft findet. Früher hat man geglaubt, die Poesie löse die Probleme durch Teilnahme an Streiks und Demonstrationen. Heute ist sie bereits etwas ganz Besonderes, und es könnte gut sein, daß sie sich eines Tages in eine Institution verwandelt, die ebenso unzugänglich ist wie ein Kernkraftwerk. Aber zum jetzigen Zeitpunkt, wo wir dieses gefährliche Stadium noch nicht erreicht haben, wäre es besser, wenn die Poesie sich mit sich selbst befaßte und in ihrem Verhältnis zur Realität wieder autonom würde. Es gibt heute viele Dichter und wenig Poesie.

Sie haben viel in der ersten Person Plural geschrieben. Was geschieht in einer Poesie, die die Pflicht hat, »Wir« zu sagen, mit dem »Ich«?

Hier möchte ich genau sein: Habe ich denn so oft »Wir« geschrieben? Was diesen Eindruck betrifft, stimme ich Ihnen nicht zu. Ich bin mir immer der Tatsache bewußt gewesen, daß die persönliche Stimme diejenige ist, die den Rhythmus, den Text hervorbringt. Das »Wir« wird gegenwärtig und erhält Anspruch auf das Wort, wenn das Gedicht sich vom Lyrischen zum Epischen erhebt; denn im Epischen gibt es kein »Ich«. Wenn Sie sich meine Arbeit aufmerksam betrachten, sehen Sie, daß ihre Lyrik episch ist. Sie enthält das Legendäre *und* das Alltägliche.

Dieser Dualismus besteht. Daß das Gedicht die lyrische Ebene zugunsten des kollektiven Umkreises verläßt, geschieht nur, wenn es das »Wir« in sich trägt. Außerdem ist dieses »Wir« eine Maske. Ein Dichter wird niemals akzeptieren, Teil einer kollektiven Stimme zu sein. Er hält sich im Hintergrund und läßt das »Wir« sprechen. Aber das ist sein Werk. Es ist seine Maske. Der Dichter ist keine Stimme in einem Chor. Er gibt ihm den Rhythmus. Das »Ich« ist ein zentrales Element der Poesie, das »Ich« erschafft das »Ihr«, das »Sie« und das »Wir«. Wenn die Stimme des Individuums nicht spürbar ist, heißt das, daß irgend etwas mit dem Gedicht nicht stimmt.

Seit einer Reihe von Jahren betrachtet man Sie als den Nationaldichter der Palästinenser, und Sie sind Gegenstand der Verehrung Ihrer Landsleute. Bedroht dieser Zustand nicht Ihre Zukunft als Schriftsteller? Sperrt Sie das nicht in ein Gefängnis?

Alles hängt davon ab, was man mit dem Wort »national« sagen will. Wenn ein Nationaldichter ein Repräsentant ist – nun, ich repräsentiere niemanden. Ich bin nicht verantwortlich für die Art, wie man meine Texte liest. Aber die kollektive Stimme ist in meiner persönlichen Stimme präsent, ob ich das nun will oder nicht. Selbst wenn ich von einer traurigen Winternacht in Paris erzähle, denkt jeder Palästinenser, daß ich von ihm spreche, ob es mir nun gefällt oder nicht. Daran kann ich nichts ändern. Aber wenn man sagen will, daß ein Nationaldichter derjenige ist, der den Geist des Volkes zum Ausdruck bringt, dann akzeptiere ich das – das ist schön. Sämtliche

Schriftsteller der Welt träumen davon, daß ihre Stimme auch die der anderen ist. Zu meinem großen Bedauern wollen die Kritiker, wenn sie mich so bezeichnen, sagen, ich sei der Dichter einer Gemeinschaft; sie versuchen, den Text auf den Bereich des Politischen zu beschränken. Und in unserem Leben ist die Politik keine Angelegenheit von Parteien, sondern eher der Ausdruck des Schicksals. Ich halte mich in der Mitte, an der Grenze zwischen öffentlicher und persönlicher Stimme. Aber in Wirklichkeit setze ich mich darüber hinweg; vielleicht kann ich auf dem Hintergrund einer derartigen Popularität das verwöhnte Kind spielen und behaupten, daß ich all das nicht will. Wenn man mich vergessen würde, hätte ich all das vielleicht gern wieder. Für mich zählt, daß ich mich frei fühlen kann. Die bloße Tatsache, daß man auf ein neues Gedicht von mir wartet, beengt mich, aber ich gebe dieser Erwartungshaltung nicht nach. Jedesmal, wenn ich ein Liebesgedicht schreibe, sagt man, es sei ein Gedicht über die Erde, »Rita« sei Palästina. »Rita« ist ein erotisches Gedicht, aber das glaubt man mir nicht.

Wer ist Rita?

Rita ist ein Pseudonym, das aber zu einer wirklichen Frau gehört. Es ist ein Name, der ein starkes Begehren in sich trägt. Und große Macht. Und Schwäche. Und Distanz.

Und dennoch schreiben Sie in dem Gedicht »Der Winter mit Rita«:

> Kaum Erde für diese beiden Körper in einem,
> Kaum Exil für ein Exil
> In diesen Zimmern…
> Vergeblich singen wir zwischen zwei Abgründen.

Es ist Rita, die diesen Satz spricht, der wie eine politische Parole aussieht. Warum keine menschlichen und tragischen Worte, werden Sie mich fragen? Und wenn ich Ihnen sagen würde, daß es sich um eine jüdische Frau handelt, würde es dann immer noch nach einer politischen Parole aussehen? Und wenn es der Ausdruck eines Konflikts wäre, bei dem der nationale Unterschied die Körper daran hindert, sich zu lieben oder die Liebesgeschichte fortzusetzen? Die Rita meiner Gedichte ist eine jüdische Frau. Ist das ein Geheimnis? Eröffne ich Ihnen damit etwas Neues?

Wie sind Ihre ersten Gedichte unter Ihren Lesern aufgenommen worden?

Sie sind gut aufgenommen worden. Der Beweis dafür ist, daß ich weitermache. Wenn das nicht der Fall gewesen wäre, hätte mich das vielleicht zerstört, denn ich bin sehr verletzbar.

Für welchen Leser schrieben Sie damals?

Meine ersten Gedichte waren Liebesgedichte. Ich dachte an die Geliebte, die mich lesen würde. Heute zögere ich nicht zu sagen, daß ich an gar keinen Leser denke. Der Leser ist wie ein Gendarm. Man muß ihn bei Laune halten. Wenn ich schreibe, denke ich an niemanden. Wenn ich die Texte für den Druck vorbereite, stelle ich mir vor, wie sie aufgenommen werden, aber es ist nicht das, was mich dazu bringt, Korrekturen vorzunehmen. Selbst jetzt schreibe ich ein Gedicht über sie, aber dabei denke ich nicht an sie.

Man hat einer Periode Ihres Werkes den Namen »Die träumerische Revolution« gegeben.

Das hat ein ägyptischer Schriftsteller geschrieben. Er wußte nicht, wie er mich definieren sollte: als revolutionären Dichter? Als romantischen Dichter? Seine Definition scheint mir der Wahrheit ziemlich nahe zu kommen. Ich akzeptierte nicht, daß man uns »Schriftsteller des Widerstands« nennt. Einige meiner Freunde haben begonnen, diese Worte zu verwenden, um das entsprechende Konzept zu rechtfertigen. Dies passierte bereits 1967 – »Schriftsteller der besetzten Erde« oder »Schriftsteller des Widerstands«. Das hat mir nicht gefallen. Ich möchte kein Dichter sein, den man mit Etiketten versieht.

Sie haben in Ihrem Leben einen bedeutsamen Wandel vollzogen: von der »Rakach« zur PLO. Mit anderen Worten: von einer marxistisch-kommunistischen Konzeption der Welt zu einer nationalistischen Bewegung. Fühlen Sie sich in einer Welt, die nur nationalistisch ist, zu Hause?

Ich sehe in diesem Wechsel kein Problem, denn die PLO steckt einen sehr weiten ideologischen Rahmen ab. Sie umfaßt viele Strömungen. In diese Welt einzutreten, bedeutete nicht, meine Haltung zu ändern, sondern Instrumente zum Handeln zu gewinnen.

1970 sind Sie mit einer Delegation der kommunistischen Jugend ins Ausland gereist, haben sich abgesetzt und sind nach Ägypten gegangen. Nach dieser Reise sind Sie nicht nach Israel zurückgekehrt. Haben Sie diese Entscheidung manchmal bedauert?

Heute vielleicht ja. Aber was den Einfluß betrifft, den das auf die Entwicklung meiner Poesie gehabt hat, bedaure ich es nicht. Heute würde ich nicht die Flucht wählen. Ich würde bei meinem Volk und in meinem Land bleiben. Vielleicht ist es menschliche Schwäche, die in mir dieses Bedauern hervorruft. Auf jeden Fall bin ich sensibler, weniger dumm, weniger verträumt.

Wenn ich das richtig verstehe, hat Ihre Korrespondenz mit Samih al-Kassim, der selbst Mitglied der »Rakach« ist, viele wieder mit Ihnen versöhnt. Ihr Weggang hatte ein Gefühl des Verlassenseins hervorgerufen. Wie hätte Ihrer Ansicht nach diese Korrespondenz ausgesehen, wenn Sie sie mit Emil Habibi – diesem intelligenten Schriftsteller und hellsichtigen Kommunisten der älteren Generation – geführt hätten, statt mit Samih?

Ich habe weiter gute Beziehungen mit allen Leuten von der *Rakach* aufrechterhalten. Der größte Teil von ihnen hat die Motive verstanden, die mich dazu gedrängt haben, das Land zu verlassen. Warum habe ich mir Samih ausgesucht? Zwischen uns ist nach meinem Weggang ein großer Disput ausgebrochen, und danach haben wir uns öffentlich versöhnen wollen. Ich wollte eine gefühlsmäßige Brücke nach Palästina schlagen. Wir haben uns in Schweden getroffen und beschlossen, gemeinsam etwas zu unternehmen, um die Erinnerung wiederherzustellen. Ich wollte mich von meinem Heimweh heilen. Alles in allem schien mir, daß ich in gewisser Weise zurückgekommen wäre, daß ich genesen wäre, daß ich durch das Schreiben den Traum der Rückkehr realisiert hätte, und damit war ich ganz zufrieden. Und ich sah, daß Samih innerlich floh, Sehnsucht nach draußen hatte. So haben wir uns auf halbem Wege getroffen.

Der Wert dieser Korrespondenz liegt auf der Gefühlsebene. Wenn ich mit Emil Habibi korrespondiert hätte, wäre der persönliche Aspekt beiseite geblieben, und wir hätten über Fragen von öffentlichem Interesse miteinander polemisiert. In seiner Eigenschaft als Journalist öffnet Emil Habibi den Geist und nicht das Herz. Er hat zwei Persönlichkeiten: die literarische und die politische. Und es gibt keine Verbindung, keine diplomatischen Beziehungen zwischen diesen beiden Persönlichkeiten. Wir hätten uns mit Sicherheit gestritten, und die Atmosphäre der Briefe wäre bitter geworden. Ich bin mit dem raschen Sprung, den er vollzogen hat, nicht einverstanden. Als Intellektueller hat er die Pflicht, mißtrauisch zu sein und bis zum letzten an allem zu zweifeln. Das ist es, was Ideen ihre Kraft gibt. Er hat ganz einfach einen Glauben durch einen anderen ersetzt – seine Vergangenheit ausgelöscht. Wenn er an eine Sache glaubt, ist er sehr aggressiv und kategorisch; als ob er die ganze Wahrheit in der Tasche hätte.

Sie vergessen, daß Emil Habibi der Autor des Buches »Der Peptimist« ist.

Das ist es ja, was ich sage: Es gibt bei ihm zwei Persönlichkeiten. Und ich ziehe den Schriftsteller Emil Habibi vor. Sein Beitrag zur arabischen Literatur ist enorm. Er hat ein neues literarisches Genre geschaffen. Was er geschrieben hat, ist kein Roman. Ich hoffe, daß er es mir nicht übelnimmt, wenn ich das sage. Er ist ein Virtuose der Novelle. Er schreibt hervorragend, und sein Arabisch ist wirklich verblüffend.

Sind Sie als Heranwachsender auf Ihren Vater und die Männer seiner Generation wütend gewesen, weil sie sich das Land haben wegnehmen lassen?

Ja. Aber heute verstehe ich sie; sie konnten nichts tun. Und von meiner Wut habe ich mich durch andere Gedichte geheilt.

Haben Sie in der Jugend, die die Intifada in Gang gebracht hat, eine Art Entschädigung für Ihre eigene Jugend gefunden?

171

Mein Gefühl dazu war vollkommen anders. Ich habe gespürt, daß die Intifada die einzige einfache Antwort war, die einzige wirkliche Antwort, die die Frage an ihren angemessenen Ort zurückbrachte, die das Thema in seinen Kontext zurückversetzte. Sie hat das palästinensische Volk von der Trägheit befreit, die es sich allein schon durch die Existenz der PLO glaubte gestatten zu können. Selbst die Palästinenser in Gaza glaubten, sie hätten in Beirut eine politische Hauptstadt, von der sie Hilfe und Unterstützung erhalten würden. Sie arbeiteten in Israel und profitierten von dessen ökonomischem Wachstum. Sie hatten ein ruhiges Gewissen; sie sagten sich, daß die Leute in Beirut sich der palästinensischen Sache annehmen würden. Ariel Sharon, der Gaza in den vorherigen Jahren zerstört hatte, hat es dann, ebenso wie das Westjordanland, gerettet, indem er die PLO 1982 ins Meer warf. Da haben die Menschen gespürt, daß sie nur noch auf sich selbst zählen konnten, und letzten Endes sind sie es dann gewesen, die die PLO gerettet haben. Ich habe in der Intifada einen überfälligen Ausgleich für die Trägheit gesehen, sich auf die Führung zu verlassen; einen Ausgleich nach einer langen Periode des Schlafs. Das Volk hat die Dinge in die Hand genommen. Die palästinensische Frau hat den Funken bewahrt; sie hat die Geschichte an ihren Anfang zurückgeführt, das Symbol und das Wesen der Dinge als ewige Wächterin des Feuers ins Gedächtnis zurückgerufen. Am Anfang war es wie ein Spiel von Kindern mit einer einfachen und symbolischen Waffe, und wenn die Leute das im Fernsehen sahen – es war das erste Mal, daß das Fernsehen etwas Positives für die Palästinenser bewirkt hat –, fühlten sie sich zum Weitermachen ermutigt, und die Intifada wurde zu einer Lebensweise. Zum Schluß hat die Intifada dem palästinensischen Volk geschadet. Sie wurde zu einem Beruf.

Ihre Poesie ist von Symbolen durchdrungen. Gehorcht die Verwendung von Symbolen der Notwendigkeit politischer Tarnung, oder tat sie das zumindest zu Beginn?

Nein. Abgesehen vielleicht von einer bestimmten Zeit in den sechziger Jahren, als es die Zensur gab und ich sie hinters Licht führen wollte.

Hat das Symbol in der arabischen Kultur einen privilegierten Status? Setzen Sie eine Tradition fort, oder machen Sie einen neuen Gebrauch davon?

Das Symbol ist ein modernes Konzept, das vom europäischen Symbolismus herkommt. Aber es gibt eine Tradition der Allegorie in der arabischen Kultur. Das führt mich zum Mythos. Ich greife auf die griechische, assyrische, kanaanitische und sumerische Mythologie zurück. Ich verwende sie, aber sie bildet nicht meine Grundlage. Das Gedicht muß seine eigene Mythologie schaffen. Der Bereich des Gedichts muß auf mythologische Weise aufgebaut sein, und zwar nicht nur durch das Anführen von Namen. Bis jetzt bin ich noch nicht so weit, aber ich möchte eine moderne Parallele zur Mythologie schaffen, ungeachtet der veränderten Wahrnehmung unserer Zeit und ungeachtet des Gefühls, daß die Welt von heute dem Begriff des Helden fremd gegenübersteht. Wie? Indem ich die Welt neu erschaffe. Jedes Gedicht trägt das Vorhaben in sich, eine neue Genesis, einen neuen Beginn zu schaffen: »Am Anfang schuf Gott den Himmel und die Erde, und die Erde war wüst und leer.« Das Gedicht muß jedesmal sein eigenes »Am Anfang« schaffen.

Und sein eigenes ursprüngliches Chaos?

Jedes Gedicht ist ein solches Chaos; das Gedicht ist aus einem Tohuwabohu gemacht. Man weiß nicht, wo man das Salz, das Gras, den Himmel hintun soll. Man hat ein Chaos in seiner Vorstellung. Wie soll man eine Ordnung hineinbringen? Notwendig ist das Schreiben einer Genesis. Das Leiden ist da, die Liebe ist da, die Worte sind da.

Wie und von welchem Ausgangspunkt her machen Sie Gebrauch von der Mythologie?

Man muß der Mythologie eine andere Richtung geben. So habe ich mich beispielsweise der Helena von Troja bedient. Ich habe sie von Troja in eine kleine Pariser Straße gebracht und dort Brot verkaufen lassen. Ich hege den Traum und vielleicht die Illusion, daß es in der Poesie keine Grenzen gibt, daß die gesamte Poesie der Menschen nur ein einziges von verschiedenen Dichtern Stück für Stück geschriebenes Gedicht ist. »Der trojanische Krieg hat nicht stattgefunden«, hat Giraudoux geschrieben. Und so kommt es, daß Helena Brot verkauft. Die Namen sind Träger von Assoziationen. Ich brauche sie, um dem Gedicht eine zusätzliche Ebene hinzuzufügen, um eine Akkumulation zu schaffen. Das Gedicht muß sich selbst fremd werden. Es muß seine eigene Reise machen. Manchmal hängt alles von einem einzigen Wort ab. Manchmal ist das der Name einer Blume, manchmal der Name eines Ortes. Jedes Gedicht hat einen Schlüssel, ein Geheimnis. Man schreibt, man bewegt sich in eine bestimmte Richtung und denkt dann, daß das zu poetisch ist. Dann wirft man ein Wort hin, und alles wird plötzlich zu Fleisch und Blut. Elytis hat einmal vom Gedicht als einem Gleichgewicht zwischen dem Blau, dem Sand und dem Salz gesprochen. Wenn das Gleichgewicht zerrissen wird, kann sich das Gedicht nicht halten.

In Ihrem letzten Buch »Warum hast du das Pferd seiner Ein-
samkeit überlassen?« schreiben Sie: »Wer seine Geschichte
schreibt, erbt das Land der Worte.« Und in dem Gespräch,
von dem wir geredet haben, sagen Sie: »Wir sind der Vergan-
genheit, unserer Vergangenheit beraubt.« Wer hat Ihnen die
Vergangenheit gestohlen?

Es ist wahr: Die Mächtigen schreiben die Geschichte. Derjenige, der das erste Wort schreibt, erwirbt den Ort des Geschriebenen oder die Vision des Geschriebenen; er schreibt
sich in das Bewußtsein des Lesers ein. Er hat die Macht, nicht
nur die Zukunft der Menschen zu ändern, sondern auch ihre
Vergangenheit umzugestalten. Der palästinensische Mythos
muß innerhalb des palästinensischen Bewußtseins aufgebaut
werden – in einem geschriebenen Palästina. Der Andere hat
Palästina als seinen »Beginn« beschrieben, einen Anfang, der
nicht in Zweifel gezogen wird. Wie kann ich über dieses
Schreiben schreiben? Unsere Geschichte ist stehengeblieben.
Unsere Vergangenheit ist in gewisser Weise zum Eigentum
des Anderen geworden, und wir müssen aufs Neue eine Verbindung zum Ort herstellen. Die einzige Art, die ich hierfür
sehe, besteht in einem Hin- und Herwechseln zwischen dem
Mythischen und dem Alltäglichen.

Und es ist das Schreiben, das die Macht über die Welt be-
stimmt?

Ja. Warum glauben Sie und mit Ihnen überhaupt jedermann,
daß das Land Israel Ihr Heimatland ist? Weil in der Bibel die
menschliche Geschichte geschrieben steht. Das dort Geschriebene hält Ihre Geschichte aufrecht. Wer hat für Ihr Recht ge-
sorgt, zu behaupten, dieses Land sei Ihr Heimatland? Die Bi-

bel. Was die Kanaaniter geschrieben haben, ist verschwunden.

Sie verwenden in Ihren Gedichten viele christliche Symbole. Jesus am Kreuz erscheint in ihnen als eine Inkarnation Palästinas. In Ihrem Gedicht »Naives Lied über das Rote Kreuz« will der Autor seinem Vater nicht verzeihen, daß er ihn in der Obhut des »Roten Kreuzes« zurückgelassen hat. Und in dem Gedicht »Meine Geliebte erwacht« bringt das Kreuz dem Dichter die Sprache der Nägel bei. Wie kommt es, daß das Christentum eine solche Anziehungskraft auf Sie ausübt?

Bestimmte Symbole kommen in meiner Arbeit immer wieder vor, aber sie sind nicht ein für allemal festgelegt. Sie sind anpassungsfähig. Ihre Bedeutung ändert sich je nach den Erfordernissen des Gedichts. Als guter Palästinenser habe ich alle Religionen in mir. Ich bin Erbe von Erde, Landschaften, Kultur und Geschichte. Ich schätze mich sehr glücklich, aus diesem Land zu stammen, über das so viele Erzählungen geschrieben worden sind.

Ich lebe in einem Paradies von Symbolen. Deshalb spreche ich, ohne zu zögern, auf christliche Weise, und ich zögere auch nicht, die jüdische Mythologie und das jüdische Erbe zu verwenden. Aber der Messias hat noch eine weitere Dimension: das Leiden. Und er lebt in Palästina. Das ist der Grund, weshalb er für mich ein Vorbild ist: Er lehrt mich, auszuharren und zu vergeben. Er ermutigt mich, Bücher der Liebe und der Toleranz zu veröffentlichen. Und was in bezug auf die Poesie das wichtigste ist: Er stirbt und erwacht wieder zum Leben. Jedes Jahr stirbt er und ersteht wieder auf. Unser ganzes Leben ist eine Reise zwischen dem Tod und dem Leben. Man stirbt in jedem Gedicht und ersteht wieder auf. Der Messias ist für mich ein natürliches Symbol: Er ist palästinensisch in Zeit und Raum und universell in seiner Spiritualität.

Und jüdischen Ursprungs.

Das stört mich nicht. Die Religionskriege sind politische Kriege. Wenn wir uns über die Farbe des Himmels streiten würden, wäre das ein poetischer Kampf. Die Christen beurteilen mich nicht nach meiner Zuneigung für den Messias, denn der Kampf zwischen Kirche und Staat ist zu Ende. Wenn ich muslimische Symbole verwende, bin ich behutsamer, bin ich sehr vorsichtig. Der offizielle Islam ist sehr dogmatisch. Im Islam kann man keine freien Beziehungen zu den Propheten unterhalten. Alles, was geschrieben ist, gilt kategorisch: Man unterscheidet nicht zwischen Religion und Kultur, und man toleriert keine kulturelle Konzeption von der Religion. Die Christen sind etwas toleranter. Deswegen bin ich in meinen Beziehungen zum Christentum freier.

Aber dennoch, was gibt es im Christentum, das Ihnen so nahe ist?

Das Leiden. Ich ziehe das Wort Leiden vor. Christus ist poetischer, weil er gewesen und nicht gewesen ist. Er ist aus dem Geist geboren. Er hat eine Mutter und keinen Vater. Er ist der Mythologie näher als die anderen Propheten. Außerdem ist er menschlicher als sie. Er liebte den Wein. Ich liebe den Wein. In meiner Kindheit sahen wir keinen Unterschied zwischen einem Christen und einem Muslimen. Der beste Freund meines Großvaters war der Dorfpfarrer. Ich liebe die Frühlingszeremonie, bei der man zur Kirche geht wie zu einem Liebesrendezvous.

Und den Status des Opfers?

Ja. Christus ist das Opfer, und dann siegt er. Dem Islam zufolge ist nicht er ermordet worden, sondern ein dritter. Mein

177

Volk ist Opfer. Der Messias – einer der Söhne dieses Landes – ist wiederauferstanden. All diese Schatten bevölkern das Gedicht.

In Ihrem Buch »Eine Erinnerung für das Vergessen« schreiben Sie: »Ich habe mich über die Kundgebungen in Tel Aviv nicht gefreut. Sie haben uns überhaupt keine Rolle übriggelassen – jetzt sind sie sowohl die Henker als auch die Opfer. Die Sieger haben Angst, ihre Identität als Opfer zu verlieren. An unserer Stelle schreien sie, an unserer Stelle weinen sie.« Woher kam Ihre Wut auf diese Israelis, die während des Libanonkriegs demonstrierten? Ist das Klischee vom Henker, der sich als Opfer ausgibt, für Sie unverzichtbar?

Ich sprach von der arabischen Welt während der Belagerung Beiruts. Zur gleichen Zeit fand die Fußballweltmeisterschaft von 1982 statt. Auf den Straßen der arabischen Welt befaßte man sich mit Fußball. Tausende von Menschen gingen auf die Straße, um einen Schiedsrichter auszupfeifen. Wer war der Aggressor? Die Israelis. Wer demonstrierte? Die Israelis. Die ganze Sache blieb eine israelische Angelegenheit. Raful Eitan und Ariel Sharon waren die Aggressoren. Und wer protestierte gegen sie? Israel. Die Israelis haben angegriffen – sie sind die Helden; die Israelis haben demonstriert – sie sind die Guten. Es gibt unter ihnen Verrückte, Geistesgestörte, Kriegstreiber, aber die israelische Gesellschaft ist gesund. Und ich, wo war ich in alldem? Ich war überhaupt nicht Bestandteil des Bildes. In dem Text, den Sie zitiert haben, ging es mir darum, die Situation in der arabischen Welt zu denunzieren, und alles andere löste mein Problem nicht. Ein derart schönes Bild von Israel zu zeichnen, war für mich ohne Interesse. Das sage ich ganz offen. Zur selben Zeit habe ich einen Text geschrieben, den Sie nicht kennen, nämlich gegen den Fußballschiedsrichter. Die Araber haben sich mit den Bildern der israelischen *Peace-Now*-Demonstration zufriedengegeben, als ob die Israelis in ihrem Namen sprächen. In der arabischen Welt ist alles tot. Das Buch *Eine Erinnerung für das Vergessen* ist keine Analyse der politischen Situation. Es ist ein Buch, das ein Panorama von der Rolle des Opfers und der Rolle des Opfernden zeichnet. Ich befürchtete, daß diese Demonstrationen, obwohl sie für sich genommen gut und positiv waren, die Kameras auf die Israelis lenken und uns dabei im Schatten lassen würden. Ich wollte niemanden beleidigen, aber mir war wichtig, das Paradoxe daran aufzuzeigen. Es beschäftigte mich. Wenn das verletzend wirkte, bedaure ich es. Das war nicht meine Absicht. Ich wollte sagen, daß das Opfer keinen Ort hatte, um zu demonstrieren, denn andere demonstrierten an seiner Stelle. Alles Gute kam von Israel und löschte dabei das Böse aus, das ebenfalls von dort kam. Ich wollte kein positives Bild von Israel geben. Ich war derart gedemütigt, daß ich kein Licht kommen sehen wollte, das von diesem Ort kam.

Diese Israelis brachten Ihr Stereotyp vom Israeli durcheinander.

Ich habe kein Stereotyp vom Israeli. Ich war es leid, die Israelis von ihren Gewissensproblemen zu befreien. Ich wollte sagen, daß ich gar nicht existierte – weder als Opfer noch als Revoltierender noch als Stimme. Die arabische Welt spielte Fußball, und das moralische Heil kam von Israel.

In dem Gedicht »Ein Soldat, der von weißen Lilien träumt«, das Sie 1967 geschrieben haben, wird der Soldat gefragt, ob er bereit sei, für die Heimaterde zu sterben, und er antwortet: »Bestimmt nicht! Man hat mich gelehrt, die Liebe zu ihr zu schätzen, aber ich habe nie gespürt, daß ihr Herz zusammen mit dem meinen schlägt. Mein Weg zur Liebe ist ein Gewehr.« Dieser Soldat möchte in Frieden für sein Kind leben, und für ihn bedeutet die Heimaterde nichts weiter, als »daß er den Kaffee seiner Mutter trinkt« – im Gegensatz zum Araber, der »ihr Gras, ihre Wurzeln, ihre Äste geatmet« hat. Spielen Sie hier nicht die Beziehung der Israelis zu dieser Erde herunter?

Ich ahne, was sich hinter dieser Frage verbirgt. Ich werde der Antwort darauf nicht ausweichen, aber ich möchte Sie daran erinnern, daß ich wegen dieses Gedichts von arabischen Künstlern heftig angegriffen wurde, weil es gegen den stereotypen Blick auf die Israelis gerichtet ist. Es handelt sich um einen Soldaten, den ich kannte. Eines Abends hat er mir seine Lebensgeschichte erzählt. Er haßte den Staat und das Verteidigungsministerium – etwas, was zu der Zeit, am Vorabend des Krieges von 1967, nicht gerade üblich war. Das Gedicht war eine Antwort auf das Stereotyp. In diesem Soldaten, der mir wie ein Panzer hätte erscheinen müssen, habe ich ein Wesen von Fleisch und Blut erblickt. Das war ein großer Verrat. Diese Geschichte ist wahr. Der Soldat hat das Land nach dem Krieg verlassen.

Es gibt in der israelischen Gesellschaft ein Gefühl der Wurzellosigkeit. Israel ist eine neue Gesellschaft. Nicht alle Israelis sind in Israel geboren. 1967 war der Staat zwanzig Jahre alt. Es ist unmöglich, innerhalb von ein oder zwei Generationen eine Gesellschaft mit Wurzeln und kulturellen Bezugspunkten zu schaffen. Das ist der Grund, weshalb in der israelischen Erziehung die Liebe zum Land gelehrt wird. In Rußland gab es keine jüdischen Bauern. Das ist ein neuer patriotischer Beruf, der in Israel geschaffen wurde. Deshalb sind ja die Kibbuzim gegründet worden. Ich kritisiere das nicht. Es gab kein wahrhaft körperliches Band zwischen der jüdischen Seele und der Erde Israels. Die zionistische Bewegung hat sich bemüht, den Juden davon zu überzeugen, sich an die Erde zu klammern, und sie tut es immer noch. Worauf wollen Sie also hinaus? Was ich sage, ist, daß dieses Gedicht das erste

arabische Gedicht war, das der israelischen Stimme eine Platt-
form gegeben hat.

*Und was sagt diese Stimme? Daß für diesen Soldaten das
Heimatland bedeutet, den Kaffee seiner Mutter zu trinken?*

Diese Stimme sagt, daß er sehr menschlich ist. Daß er ein
Mensch ist und kein Gewehr. Daß seine Beziehung zum Boden seiner Herkunft eine Suche nach Sicherheit ist sowie danach, in Ruhe seinen Morgenkaffee zu trinken. Das ist mein
palästinensischer Traum von heute.

Das ist mir allerdings neu.

Es ist aber dennoch so. An welcher Stelle finden Sie, daß ich
die Beziehung des Juden zum Land herunterspiele? Das ist
nicht das zentrale Thema des Gedichts. Was sich im Mittelpunkt des Gedichts befindet, ist die Tatsache, daß der Soldat
ein menschliches Wesen ist. Sie können sich nicht an meine
Stelle versetzen und sehen, welcher Art das Bild dieses Soldaten im Bewußtsein meiner Leser war. Und ich versuche nicht,
die Dinge schön zu zeichnen, aber ich war von diesem jungen
Mann sehr bewegt, der die Schrecken des Krieges erlebt hatte
und der hoffte, das Gurren der Tauben auf dem Dach des
Verteidigungsministeriums zu hören. Ich möchte jedoch Ihnen gegenüber nicht lügen und behaupten, es hätte mich ge-
stört, wenn jemand etwas Schlechtes über den Staat Israel sagte. Es hat mir Freude gemacht. Ich liebte den Staat Israel nicht.
Ich liebe ihn immer noch nicht. Und ich glaube, Sie täten gut
daran, mir zuzuhören: Sie können von einem Palästinenser
nicht verlangen, daß er den Staat Israel liebt.

*Ich habe von der Beziehung zum Land gesprochen. Nicht von
der Beziehung zum Staat.*

Für den Palästinenser ist dieses Land nicht *Eretz Israel*. Es ist Palästina. Ein Fremdkörper ist ein Fremdkörper. Heute ist es selten geworden, daß man einen Palästinenser findet, der wirklich sagt, was er denkt. Wir befinden uns in einem Friedensprozeß, jede Seite muß ihre Version der Geschichte verändern, aber seien Sie nicht erzürnt, wenn jeder Palästinenser davon überzeugt ist, daß Palästina ihm gehört. Im Augenblick findet er sich gerade damit ab, daß er einen Teilhaber hat. Das ist ein ungeheurer Fortschritt. Sie sollten das nicht für gering achten und nicht bei dem Gedanken erschrecken, daß der Palästinenser der Ansicht ist, Palästina gehöre ihm. Welches ist sein Land? Er ist in Palästina geboren. Er kennt kein anderes Land. Ihr seid in seinen Augen Fremde. Vor wieviel Jahren seid Ihr hierhergekommen? Ihr seid vor langer Zeit einmal hier gewesen, während er die Jahre seiner Anwesenheit in diesem Land schon gar nicht mehr zählen kann. Und er ist nicht einmal sicher, ob Ihr es wart oder jemand anderes, der hier gewesen ist. Seid Ihr alle Enkel des Königs Salomon? Wirklicher Friede bedeutet einen Dialog zwischen zwei Versionen. Ihr behauptet, dieses Land habe schon immer Euch gehört, als ob die Geschichte während der Zeit, als Ihr nicht da wart, nicht weitergegangen wäre, als ob es hier niemanden gegeben hätte und als ob diese Erde nur eine einzige Funktion gehabt hätte: auf Euch zu warten. Zwingt mir nicht Eure Version auf, und ich werde Euch nicht die meinige aufzwingen. Jedem muß das Recht zugestanden werden, seine eigene Geschichte zu erzählen. Und die Geschichte wird uns alle beide auslachen; die Geschichte hat keine Zeit für die Juden oder die Araber. Viele Völker sind durch dieses Gebiet gekommen. Die Geschichte ist zynisch, und das ist nur gut so.

Der Soldat sagt in dem Gedicht: »Mein Weg zur Liebe ist ein Gewehr.«

Das ist nun einmal das Handwerk der Soldaten. Ohne Gewehr gäbe es den Staat Israel nicht. Wenn man offen spricht, muß man auch das sagen. Aber aus dem Mund eines Arabers klingt das böse.

Und was ist Ihre Art des Zugangs zur Liebe? Auch in Ihrer Liebe gibt es viel Gewalt: »Und diese Erde ist eine Guillotine, deren Fallbeil ich liebe.« Hat der Haß nicht auch Ihnen Schaden zugefügt?

Nein. Mein Weg zur Liebe ist die Poesie. Wenn ich den Schatten des Hasses in einem Gedicht erkenne, ändere ich es. Man darf niemals von einem Gefühl des Hasses ausgehend schreiben. Das verträgt sich nicht mit der Literatur. Der Satz, den Sie zitieren, ist der Höhepunkt der Liebe: Selbst wenn diese Erde eine Guillotine ist, liebe ich sie.

In Ihrem Buch »Eine Erinnerung für das Vergessen« schreiben Sie: »Wir haben keine andere Wahl, als die gegenwärtige Bedingung unserer Existenz zu bewahren: das Gewehr. Uns seiner zu berauben, liefe darauf hinaus, uns die Garantie unserer Existenz zu entreißen.« Waren Sie bereit, diesen Satz zu akzeptieren, als er in der Vergangenheit von vielen Israelis ausgesprochen wurde?

Zu einer bestimmten Zeit ja. Ich konnte das verstehen. Denn die Geschichte ist in ihrer Entwicklung weder geschmackvoll noch gerecht. Das Kräfteverhältnis zwischen Gerechtigkeit und Gewalt neigt sich immer zugunsten der Gewalt. So ist die Geschichte. Wenn wir selbst Zeuge eines historischen Wendepunkts sind, leiden wir darunter; wenn wir Erben einer historischen Situation sind, rechtfertigen wir sie. Hier liegt der ganze Unterschied. Die arabische Anwesenheit in Spanien war nach den Kriterien der Gerechtigkeit nicht legal, aber der Geschichte hat es so gefallen. Heute bin ich Zeuge eines Dialogs zwischen Anwesenheit und Abwesenheit. In meiner Rolle als lebender Zeuge, der kaum aus dem zuvor herrschenden Bild herausgetreten ist, kann ich die Ungerechtigkeit, die vor meinen Augen begangen wird, nicht akzeptieren. Wenn ich dagegen lediglich eine historische Lektüre betreiben würde, würde ich sie akzeptieren. Unser aller Tragödie besteht darin, daß wir direkte Zeugen eines historischen Wendepunkts, einer Neuordnung sind, die sich in der Geschichte und der Geographie festsetzt. Das ist der Grund, weshalb jetzt jede Seite ihre Argumente vorbringt. Wir stehen vor einem neuen Kapitel, das den Namen Friedensprozeß trägt. Zu meinem großen Bedauern geht es hierbei mehr um den Prozeß als um den Inhalt. Friedensprozeß, das ist ein pragmatischer amerikanischer Ausdruck, der manchmal unwürdig und vulgär ist. Dieser Prozeß wird zu einer gemeinsamen und getrennten Lektüre der gemeinsamen und umstrittenen Geschichte dieses Teils der Erde führen. Und wir haben nur dieses eine Stück Erde. Unglücklicherweise. Oder glücklicherweise. Ich weiß nicht, wie ich über diese Periode Gedichte schreiben soll. Der ganze Konflikt ist aus diesem Ort geboren. Sie lieben diesen Ort, und Sie bringen Ihre Liebe zu denselben Pflanzen, denselben Gräsern zum Ausdruck, ganz als ob Sie ich selbst wären. Als ob Sie in meinem Namen sprächen. Das ist die Macht der Literatur. Die arabische und die hebräische Poesie treffen sich im Schreiben über die Landschaft. Einige israelische Dichter bringen ganz meine Beziehung zur Landschaft zum Ausdruck, in Gedichten, deren Verfasser ich selbst sein könnte. Ich nenne an dieser Stelle keine Namen. Die Kriege unter Schriftstellern sind noch härter als die Kriege unter Tänzerinnen. Ich nehme nicht an einem Wettbewerb teil, wenn ich über denselben Ort und über dieselbe Pflanze schreibe. Aber es ist unser Schicksal, in derselben Metapher zu leben und uns in ihr einzurichten, und das ist wirklich etwas Neues.

Verlassen Sie einmal die Metapher.

Einverstanden. In der Realität verhält es sich ganz ähnlich. Wir finden dort dieselbe Sehnsucht. Wenn von der Rückkehr ins Land die Rede ist, weiß man nicht mehr, wer Jude und wer Araber ist. Ihr habt Euch erhoben, Ihr habt kraft der Macht des Gewehrs gesiegt, und wenn ich Ihnen sagte, kraft der Macht der Moral, würden Sie mir nicht glauben. Kraft der Macht des Gewehrs Ihr habt Euch durchgesetzt. Auch die Palästinenser haben mit der Macht der Steine ihre Anwesenheit durchgesetzt, mehr allerdings nicht. Wenn wir einander in diesem Geist verstehen, besteht ein Terrain für eine wirkliche Diskussion. Die Zeit dafür ist reif. Aber Sie sollten keine Vorbedingungen stellen. Sagen Sie nicht: Ich werde nicht mit Ihnen sprechen, wenn Sie der Ansicht sind, daß Palästina Ihnen gehört. Palästina gehört mir. Und das werde ich immer sagen. Welches Recht hattet Ihr, zweitausend Jahre lang zu glauben, die Erde Israels gehöre Euch? Wie viele Zivilisationen, wie viele Reiche hat es seitdem dort gegeben! Ihr habt nicht aufgehört zu träumen. Sehr gut. Träumt. Aber Euer Traum war nach Zeit und Raum ferner als der Abstand, der mich von meinem Traum und meinem Ort trennt. Mein Traum ist frisch und noch jung.

Sie wissen doch, daß die Zeit im Traum keine Gültigkeit besitzt.

Ich weiß, welche Kraft der Traum besitzt. Aber es ist auch möglich, auf eine andere Art von der Zukunft zu träumen. Davon zu träumen, aus jener Erde ein Paradies zu machen. Dieses Land ist Land des Friedens genannt worden, und es hat niemals Frieden gekannt. Aber verlangen Sie nicht von uns, unsere Anwesenheit zu rechtfertigen. Wir sind keine Eroberer gewesen. Es gibt gegenwärtig eine Tendenz, von den

Palästinensern zu verlangen, sich mit dem Gedanken abzufinden, ihre Version ihrer Beziehung zu Palästina sei falsch gewesen.

Wie kommen Sie darauf?

Das ergibt sich aus der Konzeption, die die zionistische Bewegung als eine nationale Befreiungsbewegung sieht. Was aber nicht der Fall gewesen ist. Sie war eine komplexe, nicht-religiöse Kolonisationsbewegung, die an westliche Wirtschaftsinteressen gebunden war. Sie glauben zudem, die arabische Befreiungsbewegung sei eine neofaschistische Bewegung gewesen. Man muß zwischen diesen beiden Versionen einen Dialog herstellen. Der jetzige Frieden bedeutet nicht, daß ich mein Geschichtsverständnis des Zionismus oder meine Position zum Zionismus ändere. Ich muß meine Konzeption von der Zukunft verändern, aber der Kampf um die Vergangenheit besteht weiter; nur die Sprache hat sich gemildert. Selbst wenn ich glaube, daß Ihr Großvater ein Eroberer war, hindert mich das nicht daran, Ihr Recht auf Existenz anzuerkennen. Jeder von uns hat einen Großvater, der Eroberer war. Zeigen Sie mir in der gesamten Geschichte einen einzigen unschuldigen Großvater. Warum sollten wir denn plötzlich anerkennen, der Zionismus sei eine Bewegung der nationalen Befreiung gewesen? Der Befreiung wessen? Und auf wessen Kosten?

Eine nicht gerade geringe Zahl von Israelis spricht von einem tragischen Gegensatz zwischen Recht und Recht.

Ich akzeptiere den Gedanken nicht, daß beide Seiten recht gehabt haben. Die Gerechtigkeit kämpft nicht gegen die Gerechtigkeit. Es gibt nur eine Gerechtigkeit. Ich ziehe es vor, zu sagen: ein Erleben gegen ein anderes Erleben. Eine Version, die mit einer anderen Version konfrontiert ist. Argument gegen Argument, Abwesenheit gegen Anwesenheit oder umgekehrt. Aber nicht ein Recht, das gegen das andere steht. Das ist der größte Schwindel, von dem ich je gehört habe, genau wie dieser andere Schwindel: »Palästina ist ein Land ohne Volk für ein Volk ohne Land.« Beides sind Lügen. Warum wärmen wir diesen alten Streit wieder auf? Um das israelische Bewußtsein von der Illusion zu befreien, die Palästinenser hätten ihre kollektive Erinnerung verloren. Der Palästinenser hat kein anderes Land. Die Israelis hatten viele Länder. Wie viele Völker haben sich in Euch vermischt? Wie viele Ursprünge habt Ihr? Mindestens fünfzig. Aber die historische Entwicklung hat zwei Gebilde in einem einzigen Land geschaffen, und es ist gut, daß wir jetzt beim Dialog miteinander angelangt sind. Lassen Sie den Historiker erzählen. Wenn Sie das nicht tun, ersticken Sie die Freiheit des Wortes. Das ist der kulturelle Aspekt der Sache. Und es wird uns von einigen Krankheiten, einigen Illusionen und einigen Lügen kurieren.

Ich habe von Israelis gehört, die die Palästinenser als ihre Brüder in diesem Land betrachten. Sind Sie im Hinblick auf die Juden dieses Gefühls fähig?

Noch nicht. Denn ich bin seit sechsundzwanzig Jahren von meinem Land abgeschnitten. Der Sieger ist immer der Barmherzigere. Er kann sich den Luxus erlauben, gemäßigter zu sein. Wenn ich es gewesen wäre, der gesiegt hätte, hätte ich auch so sprechen können. Aber für den Augenblick sollten Sie mir nicht glauben, wenn ich so etwas behaupten würde. Die Liebe hat ihre Bedingungen. Der Liebende sollte angenommen, nicht aber ausgehungert werden. Es stimmt, daß es keine vollkommene Gleichheit in der Liebe gibt, aber der Liebende muß sich zumindest begehrt fühlen. Bis jetzt haben die Palästinenser sich nicht akzeptiert gefühlt. Was Sie sagen, klingt für mich ganz wunderbar. Der Palästinenser soll Ihnen sagen, daß Sie seine Schwester sind, und man muß daran arbeiten, dieses Verständnis herzustellen, aber Sie müssen ihm das Recht lassen, sich zu beklagen.

Die Geschichte der Beziehungen zwischen den Intellektuellen und der Macht ist immer die einer gesunden Feindschaft gewesen. Meinen Sie nicht, daß es historische Augenblicke gibt, wo der Mut sich eher in Unterstützung und Ermutigung zeigt, wie zum Beispiel, als unsere Intellektuellen Yitzhak Rabin und Shimon Peres unterstützt haben?

Unsere Rolle ist es, den Friedensprozeß zu kritisieren. Ich habe mich nicht gegen die Oslo-Abkommen ausgesprochen; ich habe meine Vorbehalte zum Ausdruck gebracht. Ich bin nicht gegen den Frieden. Ich war dafür, daß das Land zwischen den beiden Völkern aufgeteilt wird, nicht dafür, daß hier mal ein Stückchen, da mal ein Stückchen gegeben wird – und die Menschen in Ghettos eingeschlossen werden. Nur die Kultur garantiert einen wirklichen Frieden. Ich habe unsere Führung in Zeiten unterstützt, wo sie schwach war. Jetzt, wo sie stark ist, habe ich auch das Recht, ihr keinen Beifall zu spenden. Sollte ein palästinensischer Staat das Licht der Welt erblicken, werde ich in der Opposition sein. Das ist mein natürlicher Platz.

Während einer Begegnung, die Sie mit dem französischen Philosophen Gilles Deleuze hatten, hat dieser Sie gefragt: »Warum haben die Israelis das Hebräische gewählt, statt sich eine andere, lebendige Sprache auszusuchen?« Sie haben ihm geantwortet: »Diese Wahl ist Teil der großen Legendenbildung, denn die Legende des ›Rechts auf Rückkehr‹ ins Land der ›Thora‹ bedurfte ihrer eigenen sprachlichen Mittel: der Sprache der ›Thora‹.« Ich muß gestehen, daß die Formulierung der Frage noch empörender ist als die Antwort.

Ich weiß, warum die Israelis die hebräische Sprache gewählt haben. Seit fünf Stunden unterhalten wir beide jetzt die besten Beziehungen miteinander, und ich habe den Eindruck, daß unserem Gespräch die Würze fehlen wird, wenn wir uns nicht auch streiten. Die Wahl des Hebräischen ist eine Wahl, die dazu bestimmt war, die israelische nationale Identität zu konkretisieren. Es ist unmöglich, ohne eine gemeinsame Sprache eine wirkliche, aussagekräftige Identität zu schaffen. Das Hebräische existierte nur noch in den Synagogen, den Texten und vielleicht in den Herzen. Das war schön. Aber es war keine Sprache, die die Menschen in der Kommunikation verwendeten – es gibt ja auch heute noch einige Verrückte, die noch lateinisch schreiben… Es mag sein, daß irgendwer auch noch assyrisch schreibt. Das Hebräische war beinahe eine Art Geheimschrift und hatte keinen Bezug zur Gesellschaft. Es gab Schriftsteller, aber keine Leser.

Das Hebräische hat nie aufgehört zu existieren, und die Frage einer Wahl stellte sich überhaupt nicht. Das Hebräische war auch eine Sprache der Nostalgie.

Ich bin kein Spezialist, was diese Frage betrifft.

Sind Sie ein Spezialist in Nostalgie?

Die Sprache der Nostalgie war das Jiddische, oder? Aber der Staat Israel hat das Hebräische gewählt und sich gegen das Jiddische entschieden. Die Frage von Deleuze betraf das jüdische Genie. Er meinte, die Juden seien Genies gewesen, die einen enormen Beitrag zur menschlichen Kultur geleistet haben. Wie hat ein Teil von ihnen es akzeptieren können, sich von der Weltkultur zu trennen, um sich in das Ghetto des Hebräischen einzuschließen? Das ist eine philosophische Frage, die man nicht einfach abtun darf. Als Philosoph, als Anhänger von Nietzsche hat Deleuze das Recht, sich zu fragen, wie man, ausgehend von einer ideologischen Motivation, durch die Wahl einer Sprache eine Kultur geschaffen hat, und auf welche Weise dies gelungen ist. Es handelt sich hier um eine wirkliche Frage.

Was den Ausdruck »die Legende vom Recht auf Rückkehr« betrifft, der Sie so in Rage gebracht hat, möchte ich Ihnen sagen, daß es gut ist, daß wir die Epoche der Legenden hinter uns gelassen haben. Was eine Legende war, ist zu einer Wahrheit geworden. Ich selbst befasse mich mit meinem eigenen Recht auf Rückkehr. Die Verteidigung des Rechts der Israelis auf Rückkehr ist nicht meine Sache.

Ihr Gedicht »Andere Barbaren werden kommen« endet folgendermaßen: »Wird nach uns ein neuer Homer geboren werden, werden die Legenden für alle ihre Pforten öffnen?« Wie sehen Sie den homerischen Dichter in unserer Zeit? Gibt es in der heutigen Zeit einen Platz für eine epische Poesie?

Es gibt keinen Platz für den Dichter nach der Art Homers, aber es gibt sehr wohl einen Platz für den Dichter der Trojaner. Wir haben sein Gedicht jedoch nicht gehört; wir haben die Version der trojanischen Seite nie gehört. Ich bin sicher, daß es in Troja Dichter gab, aber die Stimme Homers, die Stimme des Siegers, hat so sehr gesiegt, daß nun sogar das Recht des Trojaners auf Wehklage ihr gebührt. Ich versuche, der Dichter Trojas zu sein. Bin ich damit ein Störfaktor? Ich liebe die Besiegten.

Geben Sie acht, Sie fangen an, wie ein Jude zu reden!

Das hoffe ich. Damit ist man heute gut angesehen. Die Wahrheit hat immer zwei Gesichter. Wir haben die griechische Version gehört, und wir haben sogar die Stimme des trojanischen

Opfers vernommen, nämlich aus dem Mund des Griechen Euripides. Ich dagegen suche den trojanischen Dichter. Troja hat seine Geschichte nicht erzählt. Hat ein Land, in dem große Dichter leben, das Recht, ein Volk zu besiegen, das keine Dichter hat? Ist das Fehlen von Poesie bei einem Volk ein ausreichender Grund für seine Niederlage? Handelt es sich bei der Poesie um die Gabe der Rede, oder ist sie eines der Instrumente der Macht? Kann ein Volk stark sein, ohne im Besitz von Poesie zu sein? Ich bin der Sohn eines nicht anerkannten Volkes, und ich wollte immer im Namen des Abwesenden, im Namen des Dichters von Troja sprechen. In der Niederlage liegt mehr Inspiration und menschlicher Reichtum als im Sieg. Im Verlust liegt eine große Poesie. Wenn ich dem Lager der Sieger angehörte, würde ich an Solidaritätskundgebungen für das Opfer teilnehmen.

Sind Sie sicher?

Ich habe sogar gesagt: »Sollte Arafat Tel Aviv belagern und die Einwohner von Wasser und Elektrizität abschneiden, werde ich gegen ihn demonstrieren.« Ist Ihnen klar, welche Genugtuung darin liegt, ein humanistischer Sieger und mit dem Opfer solidarisch zu sein? Das ist der materielle und moralische Sieg zugleich. Zu meinem großen Bedauern gehen diese beiden Hand in Hand. Denn die moralische Position hat nicht die Möglichkeit, zur Geltung zu kommen, solange sie nicht materiell gesiegt hat. Wenn man in konkreter Hinsicht stark ist, ist man auch moralisch stark, und vielleicht verhält es sich mit der Poesie genauso. Ich bin mir dessen nicht sicher. Vielleicht ist es so.

Wissen Sie, warum wir berühmt sind, wir anderen, wir Palästinenser? Weil Ihr unser Feind seid. Das Interesse für die palästinensische Frage hat sich aus dem Interesse, das der jüdischen Frage entgegengebracht wird, ergeben. Ja. Für Euch interessiert man sich, nicht für mich! Wenn wir uns im Krieg mit Pakistan befinden würden, hätte kein Mensch je von mir gehört. Aber wir haben nun einmal das Pech, Israel zum Feind zu haben, das derart viele Sympathisanten in der Welt hat, und wir haben das Glück, daß unser Feind Israel ist, weil die Juden der Mittelpunkt der Welt sind. Euch verdanken wir unsere Niederlage, unsere Schwäche und unser Renommee.

Wir sind Euer Propagandaministerium.

Ihr seid unser Propagandaministerium, weil sich die Welt für Euch interessiert, nicht für uns. Deswegen werde ich auf dem Umweg über diese Beziehung wahrgenommen: Stehe ich in guter oder schlechter Beziehung zu Euch? Ich mache mir keine Illusionen. Das internationale Interesse für die palästinensische Frage ist nur eine Widerspiegelung des Interesses für die jüdische Frage.

In dem in der Zeitschrift »Masharif« abgedruckten Gespräch sagen Sie: »Wenn wir auch in der Poesie Schlachten schlagen – das wäre das Ende.«

Ich glaube nicht, daß es ein Ende für ein Volk oder für eine Poesie geben kann. Ich vermute, daß das Zitat nicht korrekt ist [Dieser Satz findet sich in dem Gespräch mit Abbas Beydoun tatsächlich nicht, A.d.Ü.]. Aber es gibt eine andere Bedeutung, die besagt, daß Sieg oder Niederlage sich nicht in militärischen Begriffen ausdrücken lassen. Ein Volk ohne Poesie ist ein besiegtes Volk.

Wenn Sie sagen, daß Sie gerne der Dichter Trojas wären, liegt dann darin nicht eine Idealisierung der Niederlage?

Nein. Genau dort finde ich die Vitalität der Poesie. Dort, wo ich das Nichtgesagte ausdrücken, Dinge sagen kann, die bisher nicht geäußert worden sind. Die Poesie ist immer eine Suche nach dem, was noch nicht gesagt worden ist. Ich kann Homer nichts hinzufügen, aber ich kann auf der menschlichen Leere, die sich in mir befindet, auf Troja aufbauen. Die Niederlage ist ein Schlüssel zur Beobachtung des menschlichen Geschicks, zu einer Beobachtung, zu der der Sieger nicht fähig ist. Die Verzweiflung bringt den Dichter Gott näher, bringt ihn zurück zur Genesis des Schreibens, zum ersten Wort. Sie straft die Zerstörungsmacht des Siegers Lügen, denn die Sprache der Hoffnungslosigkeit ist stärker als die der Hoffnung. Das Wort Trojas ist noch nicht gesprochen worden, und die Poesie ist der Beginn des Wortes.

Kennen Sie die Wehklagen des Jeremias? Sie sind ebenfalls das Gedicht des Trojaners.

Das stimmt. Aber Sie müssen wählen: ob Sie Sparta, Athen oder Troja sein wollen. Sie können nicht alles haben.

Ich erinnere Sie lediglich an die Wehklagen des Jeremias, das ist alles.

Auch ich erinnere Sie lediglich daran, daß Sie nicht alles zugleich genießen können. Ihr wollt das Opfer sein. Ihr berstet vor Lust, das Opfer zu sein. Ihr seid eifersüchtig auf jeden, der von der Welt als Opfer anerkannt wird. Denn das ist ein israelisches Monopol. Können Sie mir erklären, weshalb alles, was den Palästinensern geschieht – so zum Beispiel, wenn man ihnen die Knochen bricht –, falls es dann für eine Minute im Fernsehen gebracht wird, durch eine ganze Woche mit Filmen über die *Shoah* ausgeglichen werden muß? Im Namen der Ausgewogenheit. Es gibt zwischen uns einen Wettstreit um den Status des Opfers. Ich bin bereit, die Rollen zu tauschen: ein Dummkopf und Sieger, statt ein Opfer zu sein. Sind Sie bereit zu diesem Tausch?

193

Ich bin bereits Opfer gewesen.

Und was wollen Sie heute sein? Geben Sie mir als Opfer das Recht, zu schreien. Und erinnern Sie mich nicht an die Wehklagen des Jeremias.

Ich sage Ihnen lediglich, daß die jüdische Kultur große Werke eines besiegten Volkes geschaffen hat. Das hören Sie nicht gern. Machen Sie aus uns nicht Sieger, die aus dem Nichts gekommen sind.

Bis heute hatten Sie einen Platz in einem Kapitel der griechischen Tragödie. Und Sie wissen, daß es in der Bibel zahlreiche Widersprüche gibt. Sie können dort finden, was Sie wollen.

In einem anderen Gedicht schreiben Sie: »Und mein Land ist ein Epos, in dem ich der Musiker war und in dem ich nun nur noch eine einzige Saite bin.« Sind Sie sich der Verbindung bewußt, die zwischen diesem Satz und dem von Yehuda Halevi über Zion besteht: »Ich bin die Geige deiner Gesänge«?

Ich habe an diesen Vers nicht mehr gedacht. Vielleicht gibt es eine unbewußte Verbindung. Ich kenne das Gedicht von Yehuda Halevi gut. Ich mag es jedenfalls sehr.

In dem Gedicht »Elf Sterne über dem Auszug aus Andalusien« schreiben Sie: »Und bald werden wir in fernen Ländern im Umkreis eurer Geschichte nach dem suchen, was unsere Geschichte war.« Ist die Zeit für diese Suche gekommen? Und wohin wird diese Suche führen?

Die Zeit ist gekommen. Wir haben Kurs auf eine gemeinsame Zukunft genommen. Heute sprechen wir die neue Sprache der Welt, sprechen von wirtschaftlicher, Verzeihung, beidseitiger Prosperität. Ich denke, daß über die Zukunft mehr Klarheit besteht als über die Vergangenheit. Wir werden uns über die Vergangenheit streiten. Ich sehe das in Verbindung mit dem, was ich über das Recht jeder Seite, ihre eigene Version zu haben, gesagt habe. Wenn man sich an das internationale Bankett der Träume begibt, sprechen sämtliche Widersprüche dieselbe Sprache. Ich könnte die Reden sämtlicher Parteien schreiben. Aber der Disput hat jetzt wenigstens begonnen. Wir sind die beiden dümmsten Völker der Geschichte. Wir sind derartig klein und ausgestoßen, sind Josephs, die von ihren Brüdern gehaßt werden. Es ist die Ideologie der Staaten und der Ausweispapiere, die den Konflikt geschaffen hat. Unsere Völker sind dafür geboren, der Gegenstand von Gedichten zu sein. Als wir ins Spiel der Politik eingetreten sind, haben wir angefangen, uns zu streiten. Wenn wir Frieden geschlossen haben werden, werden wir über diese gesamte Periode lachen. Aber eine Frage beunruhigt mich: Sind wir wir selbst? Sind wir frei genug, unabhängig Kriege zu führen und Friedensschlüsse zu besiegeln, oder sind wir Soldaten in einem Schachspiel? Es hat eine Zeit gegeben, wo wir Juden sein wollten. Heute dagegen wollt Ihr Palästinenser sein. Wozu müßt Ihr Palästinenser spielen? Ihr habt Euch die ganze Welt erworben, warum wollt Ihr Palästinenser sein?

Was meinen Sie mit »Sind wir wir selbst«?

Die Poesie muß immer Fragen aufwerfen, ohne darauf zu antworten. *Elf Sterne über dem Auszug aus Andalusien* ist ein Gedicht über Menschen, die zurückkehren und sich nicht zu Hause wiederfinden. Ist derjenige, der weggegangen ist, derselbe, der zurückgekommen ist? Als Odysseus zurückkam, war er nicht mehr derselbe Mann. Das Meer hatte ihn verwandelt. Das Meer und die Jahre. Er hat nicht mehr dasselbe Haus, dieselbe Penelope vorgefunden. Man erlebt sich keine zwei Male als derselbe. Man ist jeden Tag ein anderer.

Und wer sagt Ihnen, daß wir Palästinenser sein wollen?

Ihr seid nach Palästina gekommen. Ihr hattet eine universelle Kultur. Ist die Fahne von größerer Bedeutung als Homer? Lassen wir die Geschichte auf diese Frage antworten. Und wir haben Juden sein wollen. Unsere gesamte Region haßt uns. Also geben wir uns Spielen hin, die die Historiker vielleicht einmal amüsieren werden. Aber ich bin sicher, daß wir in zehn Jahren anfangen werden, uns zu langweilen. Wir haben uns die gesamte Legende, die gesamte Realität, die gesamten Kriege, den gesamten Frieden der Juden angeeignet. Woran werden wir danach arbeiten? Wird es möglich sein, diese Leere in einen Ort musikalischer Schöpfung zu verwandeln? Ich bezweifle es. Wir werden normal sein. Jeder muß auf dem Weg über Legenden und Mythen zur Normalität kommen. Danach werden wir uns meiner Ansicht nach ganz an die Region angleichen.

Was geschieht mit einer Poesie, die sich ganz aus der Vergangenheit nährt, wenn sie in die Zukunft projiziert wird? In dem Gedicht »Elf Sterne über dem Auszug aus Andalusien« schreiben Sie: »Und ich bin einer der Könige des Endes. Ich springe im letzten Winter von meiner Stute. Ich bin der letzte Seufzer des Arabers.« Hat der Dichter keine andere Berufung als die, der »König des Endes« zu sein?

Diese Worte stammen von Abu Abdallah al-Saghir, dem letzten arabischen König von Granada, der sie ausspricht, als er am Gebirge ankommt, zurückblickt und weint. Die Spanier haben das in einen Felsen eingraviert: »Hier wurde der letzte Seufzer des Arabers getan.« Die ganze Geschichte al-Saghirs ist tragisch. Seine Mutter brachte ihn dazu, einen Krieg zu führen, der von vornherein verloren war. Er hatte die Wahl zwischen der Annahme eines Friedens, der lediglich eine Kapitulation gewesen wäre, und dem Weg in die Niederlage.

Ich identifiziere mich mit dieser Wahl. Ich bin nicht »der letzte Seufzer des Arabers«, aber als ich diese Worte schrieb, lebte ich sie. Als ob wir uns nicht im zwanzigsten Jahrhundert befänden. In Ihrer Frage verbirgt sich das wichtige Problem der Vergangenheit in der Poesie. Ich denke, daß die Poesie eine rückwärtsgewandte Art des Schreibens ist. Sie hört immer die Stimmen der Vergangenheit, Stimmen, die es nicht mehr gibt. Kein einziger Modernismus kommt aus der Gegenwart. Die Vergangenheit ist die rigideste Zeit von allen. Man muß sich in der ältesten Straße von Paris befinden, damit der Ton des Gedichts, das man schreibt, modern ist. Eine von der Vorzeit abgeschnittene Poesie ist ein Echo ohne Wiederkehr. Man muß aus jedem Gedicht die Geschichte der Poesie lesen können. Der Dichter ist der erste Mensch. Jedes Gedicht muß sagen, daß der Mensch gerade angekommen, gerade verjagt worden, gerade in sein wahres Paradies zurückgekehrt ist. Mit dem Gleichgewicht zwischen Vergangenheit und Zukunft in der Poesie verhält es sich so: Je näher das Gedicht der Vergangenheit ist, desto näher ist es auch der Zukunft. Es gibt keine Poesie, die dem *american way of life* entstammt. Je mehr man sich in die kanaanitische und sumerische Geschichte versenkt, desto fester ist man verwurzelt. Es gibt keine jungfräuliche Erde. Selbst wenn man ein Lied im Radio hört, bewegt es einen nicht, wenn es nicht einen fernen Ort in Erinnerung ruft.

Und der Dichter ist der König des Endes?

Als Dichter hatte ich das Gefühl, der König des Endes einer historischen Periode zu sein. Ich habe mich mit dem Mann identifiziert, der der Hamlet Andalusiens war. Er wußte nicht, was er tun sollte: kämpfen oder nicht kämpfen? Das ist der Grund, weshalb seine Mutter nach seiner Niederlage, als er in Tränen zu ihr zurückkam, die berühmt gewordenen Worte sprach: »Beweine wie eine Frau ein Königreich, das du als Mann nicht zu bewahren gewußt hast.« Sie wußte, daß er besiegt werden würde, und hat ihn dennoch zum Kampf gedrängt. Das ist genau das, was auch heute vor sich geht. Die Wahrheit hat nicht nur ein einziges Gesicht. Kein Historiker hat das Recht, über al-Saghir zu richten. Seine Angst, sein Zögern und seine Niederlage sind begreiflich. Einige haben ihm gesagt: Begehe Selbstmord, sei ein Held. Und dann ist dieser Mann, vor die Wahl zwischen Heroismus und Pragmatismus gestellt, zum Hamlet der Araber geworden. Und sämtliche Generationen beschimpfen ihn. Mit Granada war es vorbei. Die gesamte arabische Kultur ging in diesem Augenblick zu Ende. Was tut ein Mann in einer solchen Prüfung? Er rettet sich selbst. Man hat ihn entkommen lassen. Sie haben ihm ein kleines Königreich versprochen, dann haben sie ihn betrogen.

»Wer bin ich nach dieser fremdartigen Nacht?« Wer sind Sie?

Oh la la! Diese Frage bleibt in dem Gedicht ohne Antwort. Ich bin nicht ich. Wenn es keinen Fremden in meiner Identität gibt, erkenne ich mich nicht wieder. Ich kann mich nicht anders als in der dialektischen Beziehung zwischen mir und dem Anderen definieren. Wenn ich allein bin, ohne den Anderen, was kann ich dann verstehen? Ich wäre nur erfüllt von mir selbst, von meiner gesamten Wahrheit, ohne Dualismus. Seitdem ich aus Andalusien weggegangen bin, suche ich die Antwort – seitdem ich aus der Geschichte des Anderen, der Anderen weggegangen bin. Seit diesem Tag und bis heute suche ich einen Platz in der Geschichte, und ich bin noch weit davon entfernt, ihn gefunden zu haben. Ich stehe außerhalb der Geschichte der Anderen und außerhalb meiner eigenen.

In der Zeitschrift »Masharif« sagen Sie: »Der Anteil der Geographie an der Geschichte ist stärker als der Anteil der Geschichte an der Geographie.« Was meinen Sie damit?

Das ist eine Verteidigung des Ortes. Denn der Ort als solcher ist neutral. Ungeachtet Tausender Jahre von Wind und Regen. Er empfängt alle, die zu ihm kommen. Er ist zynisch. Ich sprach von dem Ort, der stärker ist als alles, was sich im historischen Prozeß auf seinem Boden abspielt. Die Geschichte ist ein Punkt, von dem aus man die Gespenster, das Ich, den Anderen in einer buntgemischten menschlichen Kolonne vorüberziehen sehen kann.

Ihre Poesie unterscheidet zwischen dem Fremden, dem Feind und dem Unbekannten. Wer sind Sie im Verhältnis zu jedem von ihnen?

Ich bin einer dieser drei in den Augen der anderen beiden. Aber ich bin niemals ich selbst.

Sie sprechen vom Anderen, der im allgemeinen ein Palästinenser ist. Gibt es bei Ihnen heute einen Platz für den jüdischen Anderen, für den Israeli?

Ich kann den Platz, den der Israeli in meiner Identität erobert hat, nicht ignorieren. Er ist dort, ganz gleich, was ich von ihm denke. Er ist eine physische und psychische Tatsache. Die Israelis haben die Palästinenser verändert und umgekehrt. Die Israelis sind nicht mehr dieselben wie die, die einst gekommen sind, und die Palästinenser sind nicht mehr dieselben, die sie einmal waren. In jedem gibt es den Anderen. Würde meine Identität in sich zusammenfallen, wenn der Israeli sie verließe? Ich nehme an, daß das der Sinn Ihrer Frage ist.

Ich möchte nicht in eine derartige Diskussion eintreten. Ich bin schließlich ein Teil der arabischen Kultur. Wenn ich mich aus diesem präzisen historischen Moment löse, finde ich mich in Marokko oder im Jemen wieder. Sie müssen also wissen, daß der Israeli, ob nun der von gestern oder der von heute, nicht die Macht hat, mich dazu zu bringen, von mir selbst wegzugehen. Denn ich besitze einen riesigen Ausweis über meine Identität, der vom Atlantik bis zum Jemen reicht. Ich habe Gebiete, wohin ich entwischen, wo ich sterben oder von neuem geboren werden kann. Jetzt im Augenblick sprechen wir von einer israelischen Komponente in der palästinensischen Identität. Das ist eine breitgefächerte, heterogene Komponente. Ich brauche Heterogenität, sie bereichert mich. Der Andere stellt eine Verantwortung und einen Prüfstein dar. Zusammen unternehmen wir nun etwas geschichtlich Neues. Das Schicksal hat uns dazu aufgefordert.

Es hat uns dazu gezwungen.

Es hat uns zunächst dazu gezwungen. Jetzt fordert es uns dazu auf – so höflich ist es inzwischen geworden –, uns auf andere Weise zu betrachten. Wird aus diesen beiden Perspektiven eine dritte hervorgehen? Das ist der Prüfstein.

Sie sagen auch, daß wir mit Euch das Gebiet des Traumes teilen wollen.

Wenn Ihr die Richtung meines Schicksals und meines Traumes ändern könntet, würdet Ihr es tun. Wenn heute vom »neuen Nahen Osten« die Rede ist, wer erbaut dann diesen Nahen Osten? Leute wie Shimon Peres. Er hat einen Traum und setzt ihn in die Tat um. Niemand wird seinen Beitrag zu die-

sem historischen Wendepunkt in Abrede stellen können. Und
die Araber zitieren ihn. Aber haben sie an der Formulierung
des Konzepts teilgenommen? Nein. Sie sind schwach und ge-
spalten. Sie benehmen sich, als sei dieser Frieden ihnen aufgezwungen worden und als stünden sie in keiner Verbindung
dazu.

Die Israelis haben schon immer der Zukunft mehr Aufmerksamkeit geschenkt, denn sie konnten sich keine Irrtümer erlauben. Die Araber denken, der ganze Raum stünde
ihnen offen und sie hätten alle Zeit der Welt; das ist der Grund,
weshalb sie keine Eile haben, unaufmerksam und vom historischen Standpunkt aus träge sind. Sie sind eines schönen
Morgens aufgewacht, haben gesehen, daß Shimon Peres eine
historische Landkarte in der Hand hielt, und sie haben sie,
ohne zu diskutieren, akzeptiert. Sie haben einen arabischen
Markt gebildet. Aber was ist denn besser für sie, ein arabischer oder ein nahöstlicher Markt? Ist der Iran auch Bestandteil der Karte von Peres? Sie haben ihn nicht danach gefragt.
Peres will der Arabischen Liga beitreten. Was haben sie ihm
geantwortet? Sie hätten ihm antworten sollen: Einverstanden,
aber die Türkei wird ebenfalls beitreten, ebenso der Iran und
Pakistan. Wenn er sagt »der Nahe Osten«, was meint er dann
damit? Daß »die arabische Welt« nicht mehr existiert. Daß
sie durch »den Nahen Osten« ersetzt ist. Aber niemand diskutiert mit ihm. Das ist es, was mich so zornig macht. Shimon
Peres verbietet uns nicht, mit ihm zu diskutieren. Im Gegenteil, er will diskutieren. Und die Diskussion würde berei-
chernd sein. Israel muß von seiner Zukunft sprechen. Aber es
spricht von der Zukunft der Region. Von unser aller Zukunft.
Wo sind die anderen Parteien? Die Araber nehmen an der
Formulierung ihrer Zukunft in der Ära des Friedens nicht
teil. Während der Ära des Krieges haben sie versucht, etwas
zustande zu bringen. Aber heute marschieren sie getrennt.
Gibt es auch nur zwei arabische Länder, die miteinander spre-

chen? Nein. Sie sprechen auf dem Weg über Tel Aviv miteinander. Jeder möchte Peres näher sein, jeder geht zu Shimon Peres, wenn er ein Problem mit Amerika hat, aber sie sprechen nicht miteinander, um herauszufinden, was sie wollen! Haben wir die Tatsache akzeptiert, daß Israel eine regionale Macht ist? Es geht um die Wirtschaft, um kulturelle Zusammenarbeit, um Wasser, aber wo ist das Wasser? Wird Israel sein Wasser aus der Türkei beziehen? Israel ist ein intellektuelles Imperium, das auf Samtpfoten daherkommt. Peres ist geduldig, er arbeitet zwanzig Stunden am Tag, und er bereitet unsere Zukunft vor. Wenn Samuel Beckett über die zeitgenössische arabische Realität geschrieben hätte, wäre sozialistischer Realismus dabei herausgekommen, denn unsere Realität ist noch absurder als seine Texte. Wenn ein Mensch heute nach zwei Jahren Schlaf aufwachen würde, würde er nicht mehr begreifen, wo er lebt. Ich sehe durchaus die Gegensätzlichkeiten und Widersprüche und fälle hier kein Urteil. Haben Sie keine Angst, ich bin nicht gegen den Frieden.

Es sind viele hebräische Übersetzungen von Ihren Gedichten publiziert worden.

Leider kenne ich sie nicht alle. Ich bin froh über das Interesse, das meine Texte hervorrufen. Ich habe immer auch den Verdacht gehabt, daß dieses Interesse eher politisch als literarisch motiviert ist. Ich habe die Befürchtung, daß diese Arbeit nicht frei von Hintergedanken ist. Das ist es, was mit Übersetzungen aus dem Hebräischen ins Arabische passiert ist: Man wollte erfahren, wie die Israelis denken, die Schwachpunkte des Feindes herausfinden – das ist normal. Ich hoffe, daß wir das gegenseitige Mißtrauen fallenlassen werden. Ich bin froh über die Übersetzungen von Anton Shammas. Ich teile nicht die Ansicht, es sei unmöglich, Poesie zu übersetzen. Es ist schwer, genau zu sein, aber manchmal, vor allem wenn die Gedichte einem Dichter anvertraut werden, sind die Übersetzungen besser als das Original. Ich habe gerade ein Exemplar meines neuesten auf hebräisch erschienenen Buches, *Über das Glas der Abwesenheit hinweg,* erhalten. Ich bin dem Übersetzer, Peretz Dror-Banai, unendlich dankbar. Er hat seinen guten Willen unter Beweis gestellt. Aber unglücklicherweise habe ich elementare Irrtümer darin gefunden. Es ist schade, daß er mich nicht konsultiert hat. So hat er zum Beispiel einem der Gedichte den Titel *Vier private Angelegenheiten* gegeben, während ich geschrieben hatte *Vier Privatadressen.* Oder statt »Blüte des Granatbaumes« übersetzt er »Granat« im Sinne von Granate. Auf der Ebene des Unbewußten spiegelt dieser Fehler eine stereotype Sicht wieder: Wenn Darwisch von etwas schreibt, wo »Granat« vorkommt, spricht er sicherlich von Bomben und nicht von einem Baum. In der letzten Nummer von *Iton 77* trägt ein Gedicht den Titel *Die Nacht steigt aus dem Fluß* statt *Die Nacht tritt aus dem Körper.* Ich habe für diese Art von Irrtümern keine Erklärung. Aber ich bin allen Übersetzern für ihre Bemühungen dankbar, und ich hoffe sehr, daß es bald eine Anthologie meiner Gedichte auf hebräisch geben wird.

Wie denken Sie über die Auswahl von Gedichten, die Anton Shammas für die Literaturzeitschrift »Hadarim« getroffen hat?

Ich habe vollkommenes Vertrauen zu Shammas. Wenn er sich mit einem Text befaßt, kann dieser nur gewinnen. Ich würde jedoch dem israelischen Publikum gerne auch als Liebesdichter vorgestellt werden. Seine Auswahl hat ihre Gründe, aber ich bedaure, daß er sich nicht dafür entschieden hat, auch Liebesgedichte zu übersetzen. Ich möchte, daß das Publikum, das gesamte Publikum, den Dichter kennenlernt, der in mir ist, nicht nur den Palästinenser; daß man mich als einen Schriftsteller behandelt, der Fragen stellt, und daß man mich nicht nur aufgrund des Sujets beurteilt. Denn letzten Endes ist das Sujet der Poesie die Poesie selbst. Jedes Sujet ist ein Vorwand für die Poesie, um in ihre Tiefen hinabzusteigen.

Ist auch Palästina ein Vorwand?

Wenn das Gedicht den Bau seiner Welt und seines Körpers vollendet hat, ist das Sujet nicht mehr von so großer Bedeutung. Es ist das ästhetische Resultat, das zählt. Jedes Sujet, ob heilig oder profan, ist für das Gedicht ein Vorwand. Auch wenn Palästina ein politisches Thema ist, ist es doch auch ein menschliches, tragisches Sujet. Selbst wenn das Thema politisch ist, darf man nicht auf politische Art schreiben. Die palästinensische Frage läuft Gefahr, ein Friedhof der Poesie zu werden, wenn sie innerhalb ihrer eng gesteckten Grenzen bleibt, wenn sie sich nicht zum Menschlichen hin öffnet; wenn sie nicht zu einem Mythos wird, dessen Sprache sich der konkreten Realität bedient, um sie in der Realität der Worte zum Ausdruck kommen zu lassen. In meinen Augen liegt hier das ästhetische Heil.

Gibt es nichts Wichtigeres als die Poesie? Keine Zeiten, in denen das behandelte Thema wichtiger ist als das Gedicht?

Für den Dichter nicht. Es kommt manchmal vor, daß Dichter den künstlerischen Wert eines Textes seinem politischen Wert opfern, als nationaler Dienst, den sie dem Volk, das dieses Dienstes bedarf, leisten. Auch bei den Palästinensern sind Hunderte, vielleicht Tausende von Autoren Opfer dieses äußeren Drucks geworden, der von der Lyrik einen unmittelbaren Nutzen verlangte. Was zugleich bedeutet, daß mit der Veränderung der Situation viele dieser Gedichte jeden Wert verlieren werden. Ich habe selbst einige spruchbandartige Gedichte geschrieben, wie jenes sehr bekannte und verschriene Gedicht *Passanten inmitten vorbeiziehender Worte*. Nachdem ich im Fernsehen gesehen hatte, wie man Palästinensern die Arme brach, habe ich dieses Gedicht geschrieben, als würde ich einem Kind einen Stein in die Hand drücken. Sein künstlerischer Wert scherte mich nicht im geringsten. Aber ich habe es in keines meiner Bücher aufgenommen.

Zu jener Zeit habe ich es abgelehnt, Ihre Gedichte in »Hadarim« zu veröffentlichen, und zwar wegen dieses Gedichts. Was dachten Sie über diese Entscheidung?

Ich habe diese Strafe akzeptiert. Ich habe gesagt: Ich bin bereit, auf das Gedicht zu verzichten, wenn Shamir auf die Siedlungen verzichtet. Ich mußte darüber lächeln. Ich habe gesagt: Helit Yeshurun möchte mich aus der Welt der Poesie verjagen. Wenn es ihr gelingt, um so besser für sie. Aber ich bezweifelte, daß es Ihnen gelingen würde. Ich war nur aus einem einzigen Grund peinlich berührt: Shamir hatte mich *in flagranti* beim Schreiben eines schwachen Textes ertappt. Für mich zählte dieses Gedicht nicht. Verbittert hat mich, daß alle meine israelischen Freunde mich deswegen angegriffen haben. Ich wollte nicht mit der Elle dieses Gedichts gemessen werden. Ich bin auch in Europa sehr stark angegriffen worden. Das Gedicht ist entstellt worden. Ich habe nie geschrieben: »Nehmt eure Gräber mit euch.« Ich fordere jedermann heraus, mir diesen Satz zu zeigen. Er kommt in dem Gedicht nicht vor. Nicht einmal der arabische Leser glaubt mir. Und schließlich, was kann das besetzte Volk dem Besatzervolk wohl sagen? Geht weg von hier! In einem Gedicht werden doch keine Landkarten gezeichnet. Aber nun gehen die Israelis tatsächlich, *al-hamdulillah* [Gott sei Dank], selbst ohne dieses Gedicht.

Was repräsentiert das Hebräische für Sie?

Das ist eine sehr komplexe Frage. Ich möchte keine zu dürftige Antwort zusammenstottern…

Was für ein schönes Hebräisch!

Das Hebräische ist die erste Fremdsprache, die ich gelernt habe, im Alter von zehn oder zwölf Jahren. Ich habe diese Sprache mit dem Fremden gesprochen, mit dem Polizisten, mit dem Militärgouverneur, mit dem Lehrer, mit dem Gefängniswärter und der Geliebten. So kommt es, das es nicht lediglich die Sprache des Besatzers ist. Denn ich habe in dieser Sprache auch Worte der Liebe gesprochen. Außerdem ist sie die Sprache meiner Freunde. Mein Verhältnis zu ihr ist klar. Das Hebräische hat mir die Tür zur europäischen Literatur geöffnet. Ich habe García Lorca auf hebräisch gelesen und auch Nazim Hikmet, der für die Linke dichterische Pflichtlektüre war. Die griechischen Tragödien habe ich zuerst auf hebräisch gelesen. Es ist zudem eine Sprache der Erinnerung, die meine Kindheit wieder vor mir entstehen läßt. Wenn ich hebräisch lese, erinnere ich mich an den Ort; die Sprache führt die Landschaft mit sich. Viele meiner Freunde in Europa beneiden mich, weil ich die Bibel im Originaltext lesen kann. Ich habe nie aufgehört, hebräisch zu lesen; ich lese auch die israelische Presse. Und ich interessiere mich für die hebräische Literatur, vor allem für die Lyrik. Jedenfalls habe ich keinerlei Komplexe, was die hebräische Sprache betrifft.

In »Masharif« sprechen Sie von der Poesie Chaim Bialiks und sagen: »Ich mochte Bialik nicht. Ich hatte etwas gegen seine einfältige und ideologische Nostalgie.« Erscheint Ihnen die

Lyrik Bialiks nicht einfach deshalb ideologisch, weil seine Ideologie der Ihren entgegengesetzt ist?

Ein ägyptischer Student hat eine Doktorarbeit über mein Verhältnis zu Bialik geschrieben. Er behauptet, ich sei ganz versessen auf Bialik. Einige Leser, arabische wie nichtarabische, betrachten mich als einen der Schüler Bialiks. Ich habe ihn in der Schule gelesen und, weil es sich um ein Pflichtthema handelte, mochte ich ihn natürlich nicht. Sein Einfluß auf mich liegt in der Nostalgie, die uns gemeinsam ist. Wir sehnen uns nach demselben Ort. Es ist normal, daß wir beide vom Winter, vom Fenster, vom Geruch der Erde nach dem ersten Regen sprechen. Das ist die Sprache, in der alle Nostalgien einander begegnen. Ich sage tatsächlich, daß er ein ideologischer Dichter ist. Seine Lyrik ist in den Dienst der zionistischen Idee gestellt worden, und das ist verständlich. Auch meine Poesie stellt man in den Dienst der palästinensischen Ideologie. Vor allem die Verleumder tun das, denn ihr Ausgangspunkt ist ein ideologischer. Ja, das gebe ich zu.

Haben Sie das Kind in den Gedichten Bialiks wiedererkannt? Kennen Sie dieses Kind?

Nein. Ich kenne es nicht. Sie bringen mich dazu, Bialik noch einmal zu lesen. Ich verspreche Ihnen, dieses Kind zu suchen.

Wenn Sie heute ein Heranwachsender von sechzehn Jahren wären, würden Sie dann noch einmal dasselbe tun?

Ich würde mehr Liebesgedichte schreiben. Ich würde mich dem Abstrakten zuwenden. Ich würde eine Unterscheidung zwischen Leben und Politik treffen. Ich würde mehr Abstand halten, so wie ich es heute tue.

In dem Gedicht »Die Lehren der Houriya« sagt Ihre Mutter zu Ihnen: »Komm wieder, wenn dein Land so groß ist wie alle Länder und anders aussieht als jetzt.« Ist die Zeit dafür nicht gekommen, Mahmoud?

Sie sagt mir: Ob du zurückkommst oder nicht, kommt aufs gleiche hinaus. Denn die Mutter hat sich gefunden, sie ist gereift und saugt nicht mehr die Liebe ihrer Söhne. Sie kann mit mir und ohne mich leben. Sie braucht mich nicht. Die Spannung ist verschwunden.

Wird das Exil zur Maske?

Nein. Heute sehe ich mich auf die Probe gestellt: Ich habe die Möglichkeit, zwischen dem äußeren Exil oder dem inneren Exil, dem Heimatland draußen oder drinnen zu wählen – und ich weiß nicht, was ich will. Das Exil ist so stark in mir, daß ich es vielleicht mit nach Palästina nehme.

Das Haus ist schöner
als der Weg dorthin

Gespräch mit dem syrischen Dichter Nuri Jarrah

Sie sind kürzlich nach Palästina zurückgekehrt. Ihr plötzlicher Besuch dort war um so überraschender, weil er vollkommen unerwartet erfolgte. Wer sind Sie nach dieser an einen Traum erinnernden »nächtlichen Reise«?

Ich frage mich unaufhörlich, ob ich noch der bin, der ich war. Dieser Besuch hat mich um fünfzig Jahre zurückversetzt. Ich bin wieder zu dem Kind geworden, das dort hinter den Schmetterlingen herrannte, Blumen pflückte und seine ersten Fragen stellte. Ich befinde mich immer noch in der Euphorie der Wiederbegegnungen mit dem Kind, das ich vor so langer Zeit gewesen bin. Ja, ich bin heute der, der ich war, und der, der ich sein werde.

Eine große Menschenmenge hat Ihren Besuch begleitet, brachte Ihnen Blumen und schäumte über vor Zuneigung. Was suchten diese Menschen? Welchen Mahmoud? Wer waren Sie für all jene, die gekommen waren, um Sie in Ihrem Dorf willkommen zu heißen? Der Dichter von »Schreib auf: Ich bin Araber«, derjenige von »Ich liebe dich, oder ich liebe dich nicht« oder der von »Welcher Regen, welcher Regen«?

209

Ich glaube, daß sich all das miteinander vermischte. Jeder suchte nach seinem Mahmoud. Einige Leute, die in mir immer noch »den Mann als Symbol« sahen, fand ich sehr ermüdend, während mich zahlreiche andere Leute sehr glücklich machten, die gekommen waren, um das Kind, das sie einmal gekannt hatten, den Heranwachsenden, den jungen Mann, der sie verlassen hatte und dessen Stimme sie dennoch während all der Zeit zugehört hatten, wiederzutreffen.

Ich habe mich bis zur Trunkenheit an denen gelabt, die unerschütterlich im Land geblieben sind, als ob ich selbst nie weggegangen wäre; als ob die zeitliche und physische Entfernung, die mich von meinen Eltern, meinen Freunden, meinem Volk getrennt hatte, nur ein Gleichnis gewesen wäre. Ich habe nie aufgehört, dort zu sein, selbst wenn ich mich am äußersten Ende der Welt befand. Meine inneren Bezugspunkte, mein Herz und meine ursprüngliche Sprache sind dort geblieben.

Meine Familie suchte vielleicht nur nach dem Sohn, der am Ende schließlich nach Hause zurückkommt. Niemand hat mir wegen meines Weggangs den geringsten Vorwurf gemacht. Wer weiß, ob sie meine Gefühle im Exil nicht geteilt haben? Ob sie nicht wußten, daß ich in Wirklichkeit gar nicht weggegangen war.

Sie sind damit zufrieden gewesen, jene Stimme, die ihrige, nicht aus den Augen zu verlieren, denn sie war bei ihnen aus dem Ei geschlüpft, bevor sie sich zu fernen Horizonten aufmachte. Und nie hatte diese Stimme ihre ursprüngliche Quelle verleugnet.

In Palästina ist mein Bewußtsein für meine Verantwortung gewachsen. Ich mußte mich den Erwartungen meiner Landsleute stellen. Ich bin immer ein Dichter gewesen, an den man »Forderungen« herangetragen hat, und ich habe mich ständig darüber beklagt. Aber diesmal verlangten meine Mitmenschen einfach nur von mir, bei ihnen zu sein. Und als man mich bat, zu Tausenden in einem Fußballstadion versammelten Menschen zu sprechen, habe ich gesagt, daß das Wort seit vierzig Jahren mein Beruf ist, aber daß ich keine Worte finde, die des Augenblicks, den wir zusammen erleben, würdig sind, daß ich ungeachtet meiner langen Reise nie abwesend war und daß ich das Versprechen ablege, in Zukunft hier, bei meinen Landsleuten zu bleiben.

Sie haben außerdem erklärt: »Ich bin so glücklich, daß ich fast eifersüchtig auf mich selbst bin.«

Ich habe plötzlich eine moralische Kraft gespürt, von der ich nicht wußte, wie ich sie verwenden sollte. Und ich weiß es auch jetzt noch nicht. Ich habe das Gefühl, wiedergeboren zu sein, die Wege meines Lebens ordnen zu können. Ich bin gerade erst geboren, und ich kann ins Leben eintreten, als sähe ich es zum ersten Mal. Die Magie des Ortes, die Schönheit der Geschöpfe haben mich in das Gefühl der Wiedergeburt eingehüllt. Und ich habe der bewußte Zeuge meiner eigenen Geburt sein können, was mir bis dahin noch nie möglich gewesen war.

Es ist das Erstaunen eines Dichters, der einen im Halbschatten seines Wesens verborgenen Faden entdeckt und beschließt, ihn aufzurollen, um ihn heraus und ans Tageslicht zu ziehen. Sie haben auch gesagt, daß Sie sich eher mit dem einfachen, am Rand stehenden und schüchternen Menschen beschäftigen als mit dem legendären Helden. Diese Rückkehr in die Heimat, selbst wenn sie zunächst nur sehr kurz war, erschien bis vor kurzem wie ein unmöglicher Traum. Sie hat Ihrem Wunsch, »dem Menschlichen« zu Ungunsten »des Mythischen« den Vorzug zu geben, alle Möglichkeiten eingeräumt. Auf welche Weise wird sich das in Ihrer Poesie zeigen?

Ich will Ihnen auf zwei Ebenen antworten. Es handelt sich zunächst einmal um die Tatsache, daß die Poesie zu ihrem Ursprungspunkt, zu ihrer Sprache, zurückgekehrt ist. Als ob ich der erste Mensch wäre, der die Erde zum ersten Mal wahrnimmt und sie mit den Augen dessen betrachtet, der gerade erst aus dem Reich zwischen Himmel und Erde angekommen ist. Und ich muß in Zukunft über diese erstaunte Begegnung zwischen jenem ersten Menschen und seiner erstmaligen Existenz berichten. Ohne Schöpfungsgeschichte gibt es nicht viel Poesie, denn wenn die Poesie sich vom ersten Augenblick des Wortes entfernt, verwandelt sie sich in Gedanken.

Der historische Augenblick, den die Palästinenser erleben, erfordert es, daß wir zum Menschlichen in uns zurückkehren, um die Geschichte unseres ganz einfachen Lebens zu erzählen. Der Mythos hat sowohl in unserer Poesie als auch in der Poesie insgesamt seinen Gipfel erreicht. Und von nun an ist es der einfache und bescheidene Mensch, der dem literarischen Augenblick zur Geburt verhilft. Es gibt keinen Heroismus im klassischen Sinne mehr, der neue Held ist derjenige, der nach den Mitteln und Möglichkeiten seiner eigenen Existenz sucht, der von den Fragen, die sich ihm stellen, berichtet.

Mit welchem Fuß haben Sie die Schwelle Ihres Hauses betreten? Haben Sie gemurmelt: »Im Namen Gottes«? Welche Erinnerungen haben Sie in diesem Augenblick erfüllt?

Ich bin nicht einmal in der Lage, Ihnen zu sagen, ob ich auf meinen Füßen hineingegangen bin! Aber mein Herz hat sich hineingestürzt wie ein ungestümer Sperling. Dann bin ich von Umarmungen buchstäblich erstickt worden und habe vergessen, wie ich hineingekommen bin. Ich hatte keine anderen Worte als meine Tränen, und ich erinnere mich nicht mehr, was ich gesagt haben könnte außer »Gelobt sei Gott!«

Haben Sie Ihren Kaffee getrunken? Haben Sie ihn selbst zu-
bereitet? Oder tat das Ihre Mutter, Houriya?

Ich habe den Kaffee mit meiner Mutter getrunken, in ihrem
Zimmer, aber ich weiß nicht mehr, wer ihn gemacht hat, ich,
sie, oder eine ihrer hübschen Enkelinnen. Und dieses Mal hat
mich der Geruch des Kaffees nicht wie gewohnt an ferne Orte
getragen. Er hat mich in eine andere Zeit versetzt, als ich dort
war, hier. Dann hat mich meine Mutter in meine Bibliothek
geführt. Ich habe das Zimmer unverändert vorgefunden, im
selben Zustand, in dem ich es verlassen hatte. Meine Bücher
waren noch da, ebenso wie die ersten Fotos von mir und die
mit meinem verstorbenen Vater. Danach sind wir zusammen
zum Grab meines Vaters gegangen und haben die *Fatiha* rezitiert.

Ich habe nicht lange mit meiner Mutter zusammenbleiben
können. Es waren zu viele Besucher da. Und sie hat ihrerseits
keine Sekunde lang versucht, mich in Beschlag zu nehmen.
Sie war zufrieden damit, den Augenblick der Rückkehr ihres
Sohnes von weitem zu beobachten. Als ob sie erkannt hätte,
daß sie nicht mehr nur seine Mutter war. Das erklärt auch,
weshalb sie, als sie bei meiner Ankunft vor dem Haus ihre
Jubelschreie ausstieß, mich nicht bei meinem Vornamen, son-
der mit meinem vollständigen Namen rief: *Mahmoud Dar-*
wisch, Mahmoud Darwisch. Als ob sie den Sohn riefe, den sie
den Leuten zum Geschenk gemacht hatte.

Tausende von jungen Arabern im Exil haben auf Ihre zum
Lied gewordenen Worte zurückgegriffen, wenn sie sich über
das Radio an ihre Mütter wandten oder ihnen schrieben: »Ich
sehne mich nach dem Brot meiner Mutter, dem Kaffee meiner
Mutter.« Haben Sie sie gefragt, ob sie weiß, daß jedesmal, wenn
diese Worte gesungen wurden, von ihrem Kaffee die Rede war?

Leider nicht. Ich habe es nicht tun können, denn das Lied hat
sich in seine ursprünglichen Elemente zurückverwandelt. In
der Gesellschaft meiner Mutter bestand ich nur aus Empfindungen, die sich mit den ihrigen vermischten. Wozu wären
Nostalgie, Worte und Gedichte nutze gewesen? Ich habe mich
für einige Stunden leicht und von Texten und Literatur frei
gefühlt. Außerdem habe ich ihr eine andere Frage gestellt:
»Warum hast du mich geschlagen, als ich klein war?«

*Haben Sie sich, in der Hoffnung, lange ausruhen zu können,
auf den Rand Ihres Bettes gesetzt? Haben Sie Schlaf finden
können? Oder haben Sie im Gegenteil die ganze Zeit wach
verbracht, um nur ja keine kostbare Zeit zu verlieren? Und
haben Sie bei der Abreise die Traurigkeit derer empfunden,
die wieder weggehen, ohne erreicht zu haben, weshalb sie gekommen sind?*

Ich habe ein wenig geschlafen, sehr wenig, in einem flüchti-
gen Schlummer. Der äußere Druck war zu stark, ebenso wie
der aufrichtige Gefühlsansturm, dessen Zielscheibe ich war.
Der innere Druck wog ebenfalls schwer: meine Freude, glücklich angekommen zu sein, aber für eine Zeit, die zu kurz war,
als daß ich es wirklich hätte glauben können. Ich habe nicht
die Zeit gehabt, mich im Laufe einer Stunde mit all dieser
gegenwärtigen Vergangenheit zu füllen, erst recht nicht für
einen leichtsinnigen Traum, in dem ich sie verlieren könnte.

Mein Bett ist nicht mehr da. Ist es vom Rost oder von der
Abwesenheit aufgefressen worden? Eine Menge Dinge haben sich verändert, angefangen damit, daß meine Mutter sich
mehr mit ihren Rosenstöcken beschäftigt. Wie schön ihre
Rosen sind!

Ich war erstaunt, daß ich bei der Abreise keinerlei Schmerz
empfunden habe. Aber ich habe mich daran gehalten, daß ich
mein Haus nicht verlasse, um wegzugehen, wie das bei mei-

ner ersten Abreise der Fall war. Heute habe ich das Gefühl, in Amman zu Besuch zu sein, so als würde ich in Kürze wieder zurückgehen. Ja, das Haus ist schöner als der Weg, der dorthin führt. Und meine Freude ist größer, als ich fassen kann.

Sie werden nur unter bestimmten rechtlichen Voraussetzungen in Ihrem Haus, an ihrem ersten Wohnsitz auf dem Berg Karmel wohnen können. Die Israelis haben ihre Bedingungen, Sie haben die Ihren, die vermutlich dazu im Widerspruch stehen. Wie werden Sie dieses Problem lösen?

Lassen wir bitte für den Augenblick diese juristischen und politischen Bedingungen beiseite. Ich stehe noch unter dem Schock der Emotionen und Bilder dieser Reise. Ich habe immer noch das Gefühl, als sei ich gar nicht fortgegangen, als sei ich zu Hause geblieben, sowohl was mein Verhältnis zu mir selbst als auch was meine Beziehung zu meiner Sprache und zu meinen Sinnen angeht.

Ihre Frage hat allerdings einige Berechtigung, sobald wir uns wieder auf den Boden der Realität zurückbegeben. Ich bin weder offiziell noch rechtlich, noch tatsächlich zurückgekehrt. Meine Rückkehr war moralischer Natur, begleitet von einigen konkreten Handlungen während einiger Stunden. Was meine Rückkehr in formaler und rechtlicher Hinsicht betrifft, so ist sie noch nicht realisiert und auch noch gar nicht Gegenstand irgendwelcher Diskussionen gewesen.

Wie denken Sie im Augenblick darüber?

Wie es scheint, veranlaßt die Freude, die mich überflutet, mich dazu, eine detaillierte Analyse der politischen und juristischen Bedingungen dieser Rückkehr auf später zu verschieben. Aber ich gestehe, daß ich zum ersten Mal seit sehr vielen Jahren voller Hoffnung bin. Da meine ständige Arbeit an der Vergangenheit mir einen siebten Sinn für die Zukunft gegeben hat, habe ich das Gefühl, daß sich eine neue Welt vor uns eröffnet. Aber ich weiß auch, daß diese Hoffnung enttäuscht werden könnte.

Sobald die Israelis ihre Bedingungen stellen, wird es mein Recht sein, sie zu studieren und sie dann anzunehmen oder abzulehnen. So wie die Dinge im Augenblick liegen, habe ich keinen konkreten Plan vor mir. Wie ich schon sagte, ist in diesem Augenblick die Freude für mich eine unvergleichliche Kraft, die die Türen zu unendlichen Räumen öffnet.

An welche Freunde in Beirut haben Sie sich auf dem Weg zum Karmel erinnert? An welches Haus im Exil haben Sie gedacht, als Sie in das Haus Ihres Vaters zurückgekehrt sind?

An sämtliche Häuser. Sie sind die Stufen der Treppe gewesen, die schließlich zu meinem Haus führte. Ich habe an meine Freunde unter den Schriftstellern und Dichtern gedacht, und als ich in Nakura, am Grenzübergang zum Libanon, angekommen war, habe ich unsere erste Abreise ins Exil im Jahr 1948 wieder vor mir gesehen. Die libanesischen Städte Jezzin und Damour sind mir wieder in den Sinn gekommen, ebenso wie die Gräser des Südlibanon, die Bananenbäume und Mispelsträucher. Und ich habe mir gesagt: Von Nakura aus bist du weggegangen, und von hier aus kehrst du wieder nach Hause zurück. Auf der Straße nach Haifa war Ghassan Kanafani an meiner Seite. Er kam zurück, um Emil Habibi, Abu Salam, zu begrüßen. Und sie diskutierten über die Topographie von Haifa. Emil berichtigte gelegentlich die Meinungen von Ghassan, denn das Bild, das letzterer von den Orten hatte, war das der Erinnerung, während Emil sich mit dem alltäglichen Erleben der Stadt mitentwickelt hatte. So diskutierten sie und ergänzten einander, und das große Buch Haifas bleibt für jeden aufgeschlagen, der ein Kapitel hinzufügen will.

Was hat sich an jenem ersten Ort, zu dem Sie zurückgekehrt sind, verändert? Was hat im Verlauf dieses ersten Kontakts mit den Menschen und der Gesellschaft Ihre Aufmerksamkeit erregt?

Die Orte strahlen weiterhin ihre Schönheit und Vitalität aus. Sie betrachten mit Ironie das Schicksal, dem die Geschichte sie zu unterwerfen sucht. Ich habe schon immer das Gefühl gehabt, daß der Ort wirklicher ist als das Ereignis, das sich dort abspielt. Mein Besuch fand im Frühling statt. Die Erde Palästinas hat ihren Glanz, ihre Fröhlichkeit und die unendliche Mannigfaltigkeit ihrer Blüten bewahrt. Und ich beschreibe diese Erde nicht deshalb auf diese Weise, weil es sich um meine Erde handelt. Palästina ist schön. Es ist viel schöner als alles, was ich darüber sagen könnte.

Die Gesellschaft dagegen hat große Umwälzungen erfahren. Ich kannte die Dörfer Galiläas von einst, klein, ohne Elektrizität, ohne sanitäre Anlagen, ohne Geschäfte. Heute ähneln sie eher städtischen Vororten. Der wirtschaftliche Aufschwung ist offensichtlich, und das müssen wir anerkennen. Ich habe gesehen, daß die Menschen froh darüber sind, daß sie an der Erde festgehalten haben und dort geblieben sind. Sie haben immer noch ein hochentwickeltes Bewußtsein von ihrer Identität, bewahren ihre Version von ihrer Geschichte und werden auf perfekte Art mit der Spannung fertig, die auf die Tatsache zurückgeht, daß sie auch israelische Bürger sind. Die Friedensverhandlungen können diese Gegebenheit nicht außer acht lassen. Und wenn die Palästinenser in Israel auch den Versprechungen dieses Friedens gegenüber skeptisch bleiben, so fühlen sie sich deswegen doch nicht ohnmächtig. Im vollkommenen Bewußtsein ihrer Rechte kämpfen sie für ihre Gleichstellung und für die Anerkennung ihrer palästinensischen Identität. Sie fordern ein Israel, das ein Staat aller seiner Bürger und nicht nur der Juden ist, damit eine gerechtere

Realität entstehen kann. Außerdem haben diese Palästinenser eine doppelte Rolle: Sie leben im Innern Israels und suchen nach einer Lösung für die palästinensische nationale Frage. Anläßlich ihrer Solidaritätskundgebungen mit den Libanesen, besonders während des Massakers im Dorf Kana, war ich dann tatsächlich Zeuge ihrer Verbundenheit mit der arabischen Nation.

Nehmen wir einmal an, sämtliche Probleme wären geregelt und man gäbe Ihnen die Möglichkeit, Ihren Wohnort frei zu wählen...

Wenn ich unter voller Respektierung meiner Würde als Palästinenser das Recht auf Rückkehr erhielte, wäre es mein Traum, an den Hängen des Karmel zu leben, dort meine Gedichte zu schreiben und die Publikation der Zeitschrift *Al-Karmel* wiederaufzunehmen, damit der Name an den Ort zurückkehrt, für den er gewissermaßen bestimmt ist.

Ich würde mich auf die Suche nach einem Punkt machen, wo der Berg und das Meer einander begegnen. Ich würde mir ein Zimmer suchen, das auf das Meer hinausgeht.

Was sind Ihre Vorbedingungen für eine solche Rückkehr?

Daß ich das Recht auf Rückkehr erhalte, ohne einen politischen Preis dafür bezahlen zu müssen. Daß meine Rückkehr ein natürliches Recht ist, das nicht Bestandteil eines politischen Handels ist, das nicht eine Kluft zwischen meinem Engagement und meinem Gewissen schafft.

Der »Stamm Ritas«, Ihre Bekannten, Ihre alten israelischen Freunde – haben sie während dieses Besuchs versucht, mit Ihnen in Kontakt zu treten, haben auch sie Sie willkommen geheißen?

Ja. Ich verdanke meine kurze Rückkehr Emil Habibi. Emil hat große Anstrengungen unternommen, damit wir uns schließlich in Haifa, auf dem Karmel, in der Wohnung, in der ich vor meiner Abreise gewohnt habe, treffen konnten. Er benutzte die Dreharbeiten zu einem Film, der über ihn und sein Werk gedreht wurde, um die Bedingung zu stellen, ich müsse ins Land kommen können, um mit ihm eine Szene zu drehen; er unterbrach für diese Forderung die Dreharbeiten. Ich sollte also aus Anlaß dieses Films zurückkommen. Dann fand ich mich jedoch allein wieder, denn Emil war gestorben; ich konnte ihm nur für immer auf Wiedersehen sagen und an seinem Grab eine Rede halten. Von der arabischen und jüdischen Seite war die kulturelle und politische Elite um Emils Sarg versammelt. Es waren zahlreiche alte Freunde da, vor allem Dichter und Schriftsteller aus beiden Völkern. Und sie haben mich dann willkommen geheißen. Es hat allerdings keine offiziellen Begegnungen gegeben. Aber Minister Yossi Sarid, den ich nicht kannte, hat mich später zu Hause angerufen, um mir seinen Wunsch zu übermitteln, mich aufzusuchen. Wir haben uns getroffen und über allgemeine Themen diskutiert, ohne je auf die Frage meiner Rückkehr zu sprechen zu kommen.

Sie hören nicht auf zu erklären, daß die israelische Gesellschaft in bezug auf die Anerkennung der nationalen Rechte der Palästinenser unbedingt eine Umwälzung durchmachen muß. Haben Sie bei den Israelis, die Sie getroffen haben, Zeichen eines neuen Bewußtseins entdeckt?

Ich möchte nicht gern jenen Taxifahrern ähneln, bei denen sich die durchreisenden Journalisten rasche Eindrücke über das Land, das sie besuchen, einholen.

Die Israelis, die ich getroffen habe, gehören dem Friedenslager an und verteidigen schon jetzt das Recht der Palästinenser auf Selbstbestimmung. Das Niveau ihres politischen Bewußtseins ist in dieser Hinsicht höher als das der öffentlichen Meinung in Israel. Während der Unterhaltungen mit meinen Gesprächspartnern haben letztere mir angedeutet, in ihrer Gesellschaft sei eine progressive Entwicklung im Gang, und die Idee der politischen und psychologischen Anerkennung des palästinensischen Anderen habe begonnen, sich ihren Weg zu bahnen. Aber all das geht langsam, wie die Meinungsumfragen deutlich zeigen. Und wir, wir Araber, bedürfen noch einiger Beweise für den Reifungsprozeß der israelischen Gesellschaft und ihrer Bereitschaft, einen wirklichen Frieden zu akzeptieren, einen Frieden, der sich nicht auf simple Sicherheitsmaßnahmen reduziert.

Das israelische Bewußtsein bleibt besessen vom Sicherheitsgedanken, und dieser Imperativ behält innerhalb dieses Bewußtseins über die anderen Bedingungen und Notwendigkeiten des Friedens die Oberhand. Aber wenn man sich das israelische Fernsehen ansieht, wenn man die Zeitungen liest, wird man feststellen, daß die Palästinenser dort immer stärker präsent sind. Als ob man die Gesellschaft darauf vorbereiten würde, ein zukünftiges Zusammenleben zu akzeptieren. Aber es existiert auch eine andere Strömung in Israel, die die Palästinenser gern in ein Ghetto sperren würde, die die Auffassung vertritt, das »gegenwärtige Ghetto« [die von der Palästinensischen Nationalbehörde kontrollierten Zonen, A.d.Ü.] soll die permanente und endgültige Lösung des Palästinenserproblems bilden. Die Situation ist also komplex. Sie erfordert noch viele Anstrengungen, viele Signale einer Veränderung.

Letztlich kann kein Zweifel darüber bestehen, daß sich die arabische Bewußtseinsbildung hinsichtlich »des israelischen Anderen« viel schneller entwickelt hat als die israelische Bewußtseinsbildung über »den arabischen Anderen«.

*Mit welchem Blick sehen die Palästinenser von 1948 ihre Brü-
der im Westjordanland und im Gazastreifen? Wie sehen diese
israelischen Palästinenser ihren eigenen Beitrag zum Friedensprozeß?*

Das Bewußtsein ihrer nationalen, kulturellen, panarabischen
Identität bleibt bei den Palästinensern von 1948 sehr hoch
entwickelt. Sie erleben sich als integralen Bestandteil des palästinensischen Volkes, und sie betrachten dessen Sache als
die ihrige. Außerdem definieren sie sich als arabische Palästinenser, die eine Nationalität [die israelische, A.d.Ü.] besitzen, die sie sich nicht ausgesucht haben.

Sie sind der Auffassung, daß die der palästinensischen Seite von den Friedensabkommen auferlegten Bedingungen außerordentlich ungerecht gegenüber ihrem Volk sind. Da ihre
israelische Staatsangehörigkeit ihnen eine größere Freiheit
verleiht, ihre Meinung zu äußern als ihren Brüdern in den
besetzten Gebieten, können sie die israelische Politik kritisieren. Aber wenn sie auch Vorbehalte gegenüber den Verhandlungen haben, so hegen sie dennoch wirkliche Hoffnungen auf einen gerechten und wirklichen Frieden.

*Wollen Sie damit sagen, daß sie sich gegen die Festschreibung
des Ghettos stellen, in das die israelischen Unterhändler die
Palästinensische Nationalbehörde gerne endgültig einsperren
würde?*

Ihre Kritik und Ablehnung gilt der Möglichkeit, daß manche
Palästinenser sich mit den Grenzen genau dieses Ghettos zufriedengeben könnten. Außerdem vertreten sie oft entwickel-
tere Positionen als die palästinensische Verhandlungsdelegation selbst.

Einige Palästinenser in den Vereinigten Staaten, insbesondere Hisham Sharabi, haben einen Aufruf zur Abhaltung eines Kongresses der palästinensischen Diaspora veröffentlicht. Das Ziel ist, eine Lobby der Palästinenser in den Exilländern zu bilden, um Druck auf die arabischen und palästinensischen Unterhändler auszuüben und um die Rechte der viereinhalb Millionen Palästinenser zu schützen, die im Exil bleiben werden. Was ist Ihre Haltung zu diesem Aufruf?

Es ist zweifellos dringend notwendig, daß die Diaspora ihre politische Haltung auf die Gegebenheiten abstimmt, denn es geht um die Bewahrung der Einheit und Unteilbarkeit der palästinensischen Sache. Es besteht die Gefahr einer Zersplitterung der palästinensischen Erde und der palästinensischen Frage in voneinander isolierte Verhandlungsgegenstände, für die man dann getrennte Lösungen finden muß, die nichts miteinander zu tun haben. Von daher kommt der Versuch, neue institutionelle Strukturen zu schaffen.

Wir dürfen aber nicht vergessen, daß die PLO bis heute die legitime Vertretung aller Palästinenser und die Sachwalterin der palästinensischen Angelegenheiten in ihrer Gesamtheit bleibt.

Auch wenn die PLO einige Artikel ihrer Charta gestrichen hat?

Ja, selbst nach der Streichung bestimmter Artikel der Charta. Es existiert keine andere Struktur; es gibt keine andere Vertretung – selbst wenn es legitim ist, daß sich die Diaspora im Rahmen der Verhandlungen um ihre Beziehungen zur palästinensischen Gesellschaft und zur palästinensischen Sache bemüht.

Ich selbst habe von der Existenz dieses Plans aus der Presse erfahren. Niemand hat direkt mit mir Kontakt aufgenommen oder mich eingeladen. Nichtsdestoweniger bin ich der Ansicht, daß eine solche Versammlung, wenn sie von Nutzen sein soll, keine neuen Formen des Sektierertums hervorbringen darf. Keine Strömung des großen palästinensischen Regenbogens darf zudem davon ausgeschlossen werden.

Dieses Treffen muß danach streben, eine Kraft zu werden, auf die sich die Verhandlungsdelegation stützen kann. Denn wir befinden uns noch nicht auf der Hauptstraße zum wirklichen Frieden, sondern irren bis jetzt nur in den daran angrenzenden Gassen herum. Die großen Fragen der palästinensischen Sache sind noch nicht angegangen worden. Was wir heute sehen, ist nur die Konsolidierung der ersten palästinensischen Schritte in dem von mir so genannten »Hinterhof des Heimatlandes«.

Fragen wie das Recht auf Rückkehr, das Problem der Flüchtlinge, die Jerusalemfrage, das Problem der Siedlungen sind von den Unterhändlern immer noch nicht angesprochen worden; und es besteht für uns eine vitale Notwendigkeit, uns als eine einzige Nation um unsere Vertretung und um eine einheitliche Vision unserer Bestrebungen zusammenzuschließen.

Man muß jetzt die israelisch-arabischen und die israelisch-palästinensischen Verhandlungen ganz neu aufeinander abstimmen. Denn wenn die Palästinenser auf die Unterstützung durch die Araber verzichten, wenn sie ihren Frieden mit Israel nicht mit dem Frieden zwischen Israel und seinen arabischen Nachbarn verbinden, werden sie gegenüber den Diktaten der israelischen Unterhändler stark ins Hintertreffen geraten.

Was ist Ihres Erachtens das größte Hindernis für das Entstehen eines unabhängigen palästinensischen Staates?

Die Siedlungspolitik. Ich weiß darüber Bescheid durch meine Lektüre, durch die Erzählungen von Zeugen, die Karten, die man mir gezeigt hat. Aber glauben Sie mir, erst als ich mit eigenen Augen die riesige Ausdehnung der Siedlungen auf unserem Land sah, erkannte ich den Ernst der Lage.

Ist das der Grund, weshalb Sie gesagt haben, daß in den besetzten Gebieten die Siedlungen die Regel und die noch von den Palästinensern gehaltenen Gebiete die Ausnahme sind?

Absolut. Es genügt, dort ein wenig umherzufahren, um zu sehen, daß in einer Situation, in der die von außen umzingelten palästinensischen Inseln die nationale Realität sind, die Siedlungen die beherrschende Regel bleiben. Und wenn die Dinge sich nicht ändern, befürchte ich, daß der palästinensische Staat, der möglicherweise entstehen wird, einen jüdischen Staat in seinem Innern haben wird. Tatsächlich halte ich die Geburt eines souveränen und unabhängigen Palästinenserstaates nicht für möglich, falls die Siedlungstätigkeit andauert.

Glauben Sie, daß die Intellektuellen in der Diaspora Kritik an der Verhandlungsdelegation auch deshalb üben, weil diese sie von den Verhandlungen ausgeschlossen hat?

Am Ursprung dieser Bewegung im Exil steht das Gefühl der Exilierten, von den Abkommen, über die jetzt verhandelt wird, ausgeschlossen zu sein, und in der Folge der Wunsch, ihre eigenen Positionen zu entwickeln. Ich verstehe das. Aber man muß den Dialog mit der PLO aufrechterhalten und darf eine solche Bewegung nicht damit beginnen, daß man mit der PLO bricht und einen neuen institutionellen Rahmen schafft.

Im übrigen meine ich, daß zum gegenwärtigen Zeitpunkt eine derartige Bewegung der Intelligenz im Exil eher eine intellektuelle Strömung als eine Organisation sein sollte. In der Lage der Palästinenser, die immer noch sehr bedrohlich ist, kann man sich nicht den Luxus leisten, Gegeninstitionen zu gründen.

Würde die Schaffung eines neuen organisatorischen Rahmens, der die Diaspora zusammenschließt, der palästinensischen Verhandlungsdelegation nicht helfen? Dazu wäre lediglich eine gute Koordination erforderlich, und die neuen Strukturen würden dann die Aktivitäten der Unterhändler bereichern und gegenüber Israel verstärken.

Jede Absicht, einen neuen organisatorischen Rahmen zu schaffen, muß dem Sinn nach auf eine Ergänzung der PLO abzielen. Ein solcher Rahmen darf sich nicht als Ersatz für die Vertretung der Palästinenser darstellen. Zumindest nicht, solange die Lage nicht in einem wirklichen Bruch zwischen der Palästinensischen Nationalbehörde und der Diaspora mündet. Aber diesen Punkt haben wir noch nicht erreicht.

Um eine solche gegenseitige Ergänzung sicherzustellen, wäre es vielleicht notwendig, daß Palästinenser von 1948, aus dem Westjordanland und aus dem Gazastreifen ebenfalls an diesem Kongreß der Diaspora teilnehmen.

Ich bin für die Teilnahme aller Palästinenser, wann immer Fragen von nationaler Dringlichkeit behandelt werden. Das palästinensische Schicksal kann nicht den Händen eines einzigen Bestandteils unserer Nation, in diesem Falle der Palästinenser im Innern des Landes, überlassen werden. Das Schicksal Palästinas ist die Angelegenheit aller Palästinenser.

Es ist im übrigen sehr wesentlich, zwischen der Palästinensischen Nationalbehörde und der Gesellschaft einen Unterschied zu machen. All unsere Mittel, all unsere Fähigkeiten müssen eingesetzt werden, um einen Fortschritt in der gegenwärtigen Situation zu bewirken. Ebenso ist es Aufgabe der Palästinenser im Exil, alle Anstrengungen zu unternehmen, um einen positiven Austausch mit der in Palästina lebenden Bevölkerung zustande zu bringen. Es darf nicht sein, daß eine der Nationalbehörde gegenüber kritische Position automatisch von einem Bruch mit der Gesellschaft selbst begleitet wird.

Sie haben nach Ihrer Rückkehr aus Palästina erklärt, die ideale Lösung des Konflikts läge vielleicht in der Rückkehr zu der alten Idee eines Staates für zwei Völker, der Idee eines binationalen Staates. Diese Lösung erfordert viel Realismus, selbst wenn sie heute unrealistisch erscheint. Glauben Sie, daß Israel für eine solche Möglichkeit reif ist?

Wenn man von der gegenwärtigen Situation ausgeht, scheint mir nur die Idee zweier Staaten für zwei Völker realisierbar. Aber wie ich Ihnen schon sagte, wird die israelische Siedlungspolitik immer die Geburt eines palästinensischen Staates an der Seite Israels blockieren. Dieses Hindernis ist enorm. Das bedeutet in keiner Weise, daß wir deswegen auf die Einforderung unserer Unabhängigkeit und die Formel von den zwei Staaten verzichten sollten.

Aber wenn man in größeren Zeitspannen denkt, ist es nicht illusorisch, die Idee eines demokratischen Staates wiederzubeleben, die von der PLO Ende der sechziger Jahre vorgeschlagen wurde, als sie zur Schaffung eines weltlichen und demokratischen Staates aufrief, in dem die drei monotheistischen Religionen koexistieren würden. Diese Idee könnte in Form des Konzepts eines binationalen Staates wieder zum Leben erweckt werden. Es ist die einzige »historische« Lösung, die ich erkennen kann. Die einzige, die den Ghettos, dem gegenseitigen Ausschluß ein Ende machen würde.

Die »Scheidung«, die Trennung der beiden Gesellschaften, der palästinensischen und der israelischen, wird nur dazu führen, daß erstere aufgrund der israelischen Siedlungstätigkeit und dem Fehlen einer territorialen Kontinuität zwischen den unter palästinensische Verwaltung gestellten Zonen stranguliert wird. Heute werden Sie keine zwei Städte, keine zwei Dörfer finden, die nicht durch israelische Siedlungen und Sperrgürtel der israelischen Armee voneinander getrennt sind. Was die »Hochzeit« betrifft, so wäre sie heute nur ein anderer Name für Versklavung.

Die erträumte historische Lösung erfordert in meinen Augen jedoch die Gründung eines einzigen Staates für zwei Völker auf diesem Boden, mit einer einzigen Regierung und einem einzigen Parlament. Das wären die Bedingungen einer wahrhaften Koexistenz. Aber all das erfordert natürlich eine regelrechte Revolution in der israelischen Mentalität.

Müßte einer solchen Lösung nicht ein Einwanderungsstop vorausgehen?

Sie sprechen hier von dem israelischen Rückkehrgesetz, das von der *Knesset* verabschiedet wurde, während das Recht der Palästinenser auf Rückkehr total negiert wird. Das Rückkehrgesetz ist jedoch nur ein »lokales«, israelisches Gesetz, während das Recht auf Rückkehr, das praktisch von allen Staaten der Welt anerkannt wird, sich auf das internationale Recht stützt. Es ist unbestreitbar, daß die fortgesetzte Anwendung des Rückkehrgesetzes klarmachen würde, daß die Israelis ihren Plan eines ausschließlich jüdischen Staates nicht aufgegeben haben.

Wenn Sie einmal mit Shimon Peres zusammenkommen würden, was würden Sie ihm sagen?

Ich weiß, was er mir sagen wird, und darum werde ich ihn als ersten sprechen lassen. Er wird mir eine Frage stellen, in der er bewußt den »Frieden« mit dem »Friedensprozeß« durcheinanderwerfen wird, und dann wird er mich beschuldigen, dem Frieden gegenüber eine widerstrebende Haltung einzunehmen. Und ich werde ihm antworten, daß meine Bedenken sich einzig und allein auf den »Friedensprozeß« beziehen, weil ich der Ansicht bin, daß er sich nicht auf eine gleichberechtigte Teilnahme beider Seiten stützt. Diese Verhandlungen erinnern an eine Lokomotive, die von zwei Mechanikern betrieben wird, von denen der eine Amerikaner und der andere Israeli ist, während die arabischen Mitfahrer keinerlei Vorstellung von der endgültigen Richtung des Zuges haben.

Und was würden Sie Yassir Arafat sagen, der es kürzlich beim Betreten des Versammlungssaales der Nationalbehörde dabei bewenden ließ, Ihnen die Hand zu geben?

Ich würde ihm sagen: Möge dir Gott zu Hilfe kommen. Möge er dir die Ausdauer geben, die Verhandlungen über den endgültigen Status erfolgreich zu führen. Die Verhandlungen über den Interimsstatus haben zur Konsolidierung unserer ersten Schritte auf unserem Land geführt; bald werden die Verhandlungen beginnen, in denen festgelegt wird, wie die Zukunft aussehen soll. Du wirst unendliche Geduld, außergewöhnliche Kreativität und große politische Vorstellungskraft brauchen.

Wie denken Sie über die Haltung von Edward Said gegenüber dem Friedensprozeß?

Die Intellektuellen müssen fern des politischen Pragmatismus und Realismus die Hüter der Prinzipien bleiben. Und wir brauchen mutige intellektuelle Positionen wie die von Edward Said. Sie sind kritisch, radikal und nützlich für die Bewußtseinsbildung der palästinensischen Gesellschaft. Ich begrüße demnach seine Positionen. Mögen die Intellektuellen immer ihre Fähigkeit bewahren, nicht dem Pragmatismus zum Nachteil der Prinzipien und Träume den Vorzug zu geben.

Ich habe während meines Besuchs [in Palästina 1996, A.d.Ü.] mehr als hundert Intellektuelle getroffen. Wir haben lange und gründlich miteinander diskutiert. Dabei wurde immer wieder eine ganz bestimmte Frage gestellt: »Was sollen wir in Zukunft schreiben?« Diese Frage hat mich verblüfft. Ich habe geantwortet: Ganz einfach schreiben, die Erzählung der Literatur fortsetzen und weiterführen, die Geschichte des in seiner Existenz und seiner alltäglichen Welt, seinen konkreten und metaphysischen Fragestellungen gefangenen Menschen erzählen. Unsere Sprache mag sich modifizieren, unsere Haltung sich verändern, aber die Literatur kann nichts anderes tun, als weiterhin ihre Erzählung des Lebens fortzusetzen. Wir Araber haben die Tendenz, uns bei jeder politischen Umwälzung die Frage nach der Zukunft unserer Literatur zu stellen. Darin kommt ein Mangel an Reife in unserer Wahrnehmung des Schreibens und der Natur des Schreibens zum Ausdruck. Ich kenne sonst keine Völker, die sich derartige Fragen stellen.

Was schreiben Sie im Augenblick? In welche Richtung orientiert sich Ihre Poesie nach der unleugbaren Erschütterung, die Ihr Besuch in Palästina bei Ihnen ausgelöst hat?

Ich arbeite seit langer Zeit an einer Veränderung meines poetischen Werkes, ohne daß eine direkte, mechanische Verbindung zu den jüngsten Entwicklungen in der palästinensischen Sache bestünde. Ich habe das Gefühl, daß meine Sprache sich von dieser mechanischen Beziehung befreit hat, und ich versuche ständig, dem Druck der alltäglichen Realität zu entkommen. Ich arbeite an einer Sammlung von Liebesgedichten.

Sie versichern, Ihre Sprache habe sich vom alltäglichen Druck befreit. Aber man muß doch feststellen, daß die Problematik des Exils bei Ihnen nichtsdestoweniger präsent bleibt.

Was mich betrifft, kann ich mich in keiner Weise über das Exil beschweren. Es ist sehr großzügig zu mir gewesen. Es hat mich belehrt, erzogen, es hat die Horizonte meiner Menschlichkeit und meiner Sprache erweitert. Es hat mir erlaubt, Völker und Kulturen miteinander in Dialog zu bringen. Ich kann auf dieses Exil nicht mehr verzichten, es ist ein wesentlicher Teil meiner selbst geworden. Und wenn ich zurückkommen sollte, um in Haifa oder Akko zu wohnen, wird das Exil weiter in mir wohnen. Es ist ein menschliches Exil im weiten Sinne, es ist die Bedingung meiner Menschlichkeit. Das Exil ist etwas Relatives. Es könnte im Heimatland noch größeres Gewicht haben als in der Fremde.

Wo würden Sie gerne Ihre Zeitschrift »Al-Karmel« publizieren? Und vorausgesetzt, Sie können das dort tun, wo Sie wollen, welche neuen Untersuchungen werden Sie dann dem bisherigen Inhalt hinzufügen?

Das wesentliche ist, daß die Zeitschrift das bereits angesammelte Arbeitskapital bewahrt, daß sie ihr Erbe als Organ des Dialogs und der Verständigung zwischen der arabischen Literatur und der universellen Literatur schützt. Ebenso muß man in Zukunft mehr auf die neuen palästinensischen Fragestellungen hören, sich auf die auf unserer Erde geborene Literatur konzentrieren. Ich hoffe sehr, daß mein Werk schöpferisch und revolutionär im kulturellen Sinne des Wortes bleiben wird.

Haben Sie in Palästina neue Talente »entdeckt«?

Dafür war mein Aufenthalt leider zu kurz. Aber ich suche nach neuen Ausdrucksweisen für die Bande zwischen dem Menschen und seinem Heimatland. Unsere Autoren müssen diese Beziehungen in einer Sprache ausdrücken, die nicht »patriotisch« im klassischen oder militanten Sinne ist. Ich horche auf Stimmen, die diese neuen Wege gehen, sei es in Palästina oder in den Ländern des Exils.

Die vorhergehende Schriftstellergeneration hat erneut die Gelegenheit ergriffen, weiträumigere historische Gebiete, universellere Themen zu erschließen. Da die Älteren ihre »nationale Pflicht« bereits erfüllt haben, können unsere jungen Autoren sich tieferen und menschlicheren Bereichen zuwenden.

Was bedauern Sie nach diesem Besuch?

Daß ich mein Dorf Barwa nicht habe besuchen können [weil es niedergerissen wurde, A.d.Ü.]. Ich habe mich nicht auf den Rand der alten Brunnen setzen oder meine erste Schule besuchen oder in den Gassen spazierengehen und die Landschaft betrachten können, die meine ersten Bilder geprägt hat.

Haben Sie sich, als Sie diesmal Haifa verließen, eine Frau gewünscht, um ihr von Palästina erzählen zu können, wie Sie es gegenüber niemandem sonst tun könnten?

Nie habe ich dieses Bedürfnis so stark empfunden. Gott weiß, wie sehr ich ein Bedürfnis nach dieser Frau habe!

»Und ich gehe ganz nah an deinem Namen vorbei, wenn ich mich in mich selbst zurückziehe...Wie ein Damaszener, der durch Andalusien geht.« Was würden Sie dieser Szene hinzufügen, um sie aus der Nostalgie herauszulösen, um Ihre Stim-

me aus ihrem Gefängnis zu befreien? Wie könnte man diesen damaszenischen Frühling tief in unserem Innern neu schreiben?

Ich würde sagen: »Und ich werde in deinem Namen einschlafen.« Denn ich habe das Bedürfnis, in einem Namen zu schlafen, in der Wärme, die er auf einem Kopfkissen hinterläßt.

Nachwort

Der träumende Revolutionär

Nathan Zach

Politisch bedingte Vertreibung oder Ausschließung sind nicht dasselbe wie ein persönlich motiviertes Exil. James Joyce, der ein topographisch getreues Dublin literarisch neu schöpfte, und Mahmoud Darwisch, der »die Geographie seiner Kindheit verloren hat«, haben wenig miteinander gemein. Für Darwisch, der mit seinen eigenen Worten »als Exilierter geboren« wurde, hat der Begriff »Exil« eine viel weitreichendere Bedeutung angenommen als die der physischen Entfernung von einem bestimmten Ort. Er steht bei Darwisch für eine Art zweites Heimatland, das den einzigen Schutz gegen das quälende Gefühl eines unersetzlichen Verlusts bietet und zugleich einen unvermeidlichen Teil seiner Biographie, die *Bildung* seines lebenslangen *Bildungsromans* und das Hauptthema seines dichterischen Werkes darstellt. »Ich entdecke das Exil in jedem Wort, das ich in meinem Wörterbuch nachschlage«, stellt er in einem seiner bestechenden Interviews fest. Denn für ihn ist jedes Wort, das geäußert wird, ein Wort, das aus seiner natürlichen Umgebung gerissen wird und dabei zugleich den heroischen Versuch bezeugt, aus den Trümmern einer entwurzelten und fragmentierten Existenz ein persönliches Wörterbuch zu schaffen.

All das hat aus Mahmoud Darwisch, dem größten Dichter Palästinas, einen der gründlichsten Erforscher des Exils im zwanzigsten Jahrhundert gemacht, und zwar in seinen Prosa-schriften, Briefen und Interviews nicht weniger als in seiner Poesie.

Während der Erforscher des Exils an Jahren und Enttäu-schungen reicher wird, gewinnt sein »Wörterbuch« statt an Frustration und Bitterkeit an Reife, Tiefe und Sinn für die allen gemeinsame Menschlichkeit. Der Lyriker, der die frü-hen deklamatorischen, von Patriotismus durchtränkten Oden schrieb, weicht dem reifen, kritischen Dichter, der aus seiner Welterfahrung gelernt hat, daß »für die Poesie die jetzige [vor-staatliche] Situation vorzuziehen ist. Wenn die Palästinenser einen Staat haben werden, wird die literarische Herausforde-rung noch größer sein. Viele palästinensische Schriftsteller berufen sich darauf, daß wir keinen Staat haben. Aber ein Staat ist kein literarisches Thema. Dasselbe gilt für ein Heimatland. Wenn man ein Heimatland hat und dann mit patriotischer Begeisterung davon spricht, ist das nur lächerlich. Aus die-sem Grund wird ein großer Teil der palästinensischen Litera-tur in eine Sackgasse oder in die Krise geraten, wenn sich die Träume erst einmal realisieren.«

Nach allem, was ich weiß, gibt es heute in der gesamten arabischen Welt keinen einzigen Schriftsteller, der ähnliche Auffassungen zu äußern wagen würde. Und hierbei muß man sich daran erinnern, daß der Mann, der solche grausamen, aber realistischen Zweifel ausspricht, kein unbedeutender Außen-seiter ist, sondern bis vor kurzem der für die Palästinensische Nationalbehörde von Yassir Arafat vorgesehene Kulturmini-ster war, ein Posten, den er aus freien Stücken ausgeschlagen hat. Das unterstreicht ein weiteres Mal, wie außerordentlich töricht und verbohrt es von den israelischen Behörden ist, diesem *Poeten der ganzen Welt* das Betreten seines Geburts-landes zu verwehren.

Es gibt also letzten Endes, wie wir erfahren, ein »großzü-giges Exil« – zumindest für den Dichter, wenn schon nicht für den Menschen. Die Dichtung hält ihre Belohnungen bereit. »Ich habe mir mein eigenes Heimatland aufgebaut. Ich habe mir sogar einen Staat geschaffen, nämlich in Form meiner Sprache.« Darwischs Verteidigung des Exils mag zu schön klingen, um wahr zu sein. Aber um sie richtig einschätzen zu können, muß man den stetig wachsenden Argwohn des Dichters gegenüber dem rein Politischen sowie seine entschiedene Weigerung berücksichtigen, dem Politischen Einlaß in den Bereich der Künste zu gestatten. »Es gibt keine Nationalität in der Literatur«, verkündet der Skeptiker, der sich nur zu gut der glorreichen Zeit, die der Islam einst darstellte, erinnert.

So kommt es, daß dieser »romantische Revolutionär«, als den ihn ein ägyptischer Kritiker einmal bezeichnete, statt mit der Stimme des Politikers oder Journalisten zu sprechen, die Sprache des utopischen Visionärs verwendet, um von einer Zeit zu sprechen, in der »der Jude sich der arabischen Komponente, die er in sich trägt, nicht mehr schämt, und der Araber sich nicht schämen wird zu bekennen, daß auch in ihm jüdische Elemente vorhanden sind.« Denn, so fragt Darwisch noch einmal, »was ist ein echtes Heimatland anderes als ein Ort, der den Menschen erlaubt, sich zu entfalten?«

Paradoxerweise ist es gerade dieser universale, namenlose Ort, der Mahmoud Darwisch zu dem großen Dichter und Sprecher seines Volkes, der er ist, gemacht hat.

Tel Aviv, März 1998

Ausgewählte Gedichte

Schreib auf: Ich bin Araber

Schreib auf:
Ich bin Araber.
Ausweisnummer: 50 000.
Kinder: Acht.
Das neunte kommt Ende des Sommers.
Macht dich das wütend?

Schreib auf:
Ich bin Araber.
Beschäftigt: Im Steinbruch mit Kameraden.
Für meine acht Kinder breche ich
Brot, Kleider und Schulhefte
Aus dem Fels.
Denn ich werde nicht als Bettler
Vor deiner Tür stehen.
Macht dich das wütend?

Schreib auf:
Ich bin Araber.
Ohne Nachname. Nur ein Vorname.
Mit unendlicher Geduld habe ich
In einem Land,
Wo die Menschen mit dem Zorn leben,
Meine Wurzeln geschlagen,
Noch vor der Geburt der Zeit,
Vor der Zypresse und dem Olivenbaum,
Noch vor dem Wachsen des Grases.
Mein Vater: Aus einer Familie von Pflügern,
Nicht aus den Kreisen der Herren.
Mein Großvater: Ein Bauer,
Ohne Herkunft und Rang.
Er lehrte mich die Achtung vor der Sonne
Noch vor dem Lesen der Bücher.
Mein Haus: Eine Hütte

Aus Zweigen und Schilfrohr.
Gefällt dir das, so wie ich bin?
Ohne Nachname. Nur ein Vorname.

Schreib auf:
Ich bin Araber.
Haarfarbe: Kohlrabenschwarz.
Augen: Kaffeebraun.
Besondere Kennzeichen:
Eine festgeschnürte Kuffiye auf dem Kopf
Und meine Hand hart wie Stein,
Rauh für den, der sie berührt.

Meine Adresse:
Ich komme aus einem friedlichen,
Vergessenen Dorf,
Wo die Straßen keine Namen haben
Und alle Männer auf den Feldern und
Im Steinbruch arbeiten.
Schreib auf:
Ich bin Araber.
Macht dich das wütend?

Schreib auf:
Ich bin Araber.
Ihr habt die Weingärten meiner Väter gestohlen
Und das Land, das ich bestellte
Zusammen mit meinen Kindern.
Ihr habt uns und allen meinen Enkeln
Nur diese Felsen hier übriggelassen.
Und ich habe gehört,
Daß eure Regierung
Uns auch die noch wegnehmen will.

Also:
Schreib auf! Ganz oben!
Ich hasse die Menschen nicht,
Und ich greife auch niemanden an.

Aber wenn ich Hunger habe,
Esse ich das Fleisch meines Unterdrückers.
So hüte dich, hüte dich
Vor meinem Hunger und meinem Zorn!

*Gedicht aus dem Jahre 1964. Der ursprüngliche
Titel dieses Gedichts lautet »Identitätskarte«.
Übersetzt von Mohsen Ben Mhamed und
Michael Schiffmann.*

Ein Soldat, der von weißen Lilien träumt

Er träumt von weißen Lilien,
Von einem Olivenzweig,
Vom Aufblühen ihrer Knospen am Abend.
Er träumt – hat er mir gesagt – von einem Vogel,
Von Zitronenblüten.
Er sucht nach keiner Philosophie, die seinen Traum begründet.
Er versteht die Dinge ausschließlich so,
Wie er sie fühlt, nach ihrem Geruch.
Er versteht – hat er mir gesagt – unter Heimatland,
Daß er den Kaffee seiner Mutter trinkt
Und abends zu sich nach Hause zurückkehrt.

Ich habe ihn gefragt: »Und die Erde?«
Er hat gesagt: »Ich kenne sie nicht,
Und ich habe nicht das Gefühl,
Als sei sie meine Haut und mein Puls,
Wie es in den Gedichten heißt.
Plötzlich habe ich sie gesehen,
Wie ich den Laden da sehe, diese Straße hier oder jene Zeitungen.«
Ich habe ihn gefragt: »Liebst du sie?«
Er hat geantwortet: »Meine Liebe ist ein kurzer Spaziergang,
Ein Glas Wein oder ein Abenteuer.«
»Würdest du für sie sterben?«
»Bestimmt nicht!
Was mich mit der Erde verbindet,
Beschränkt sich auf einen flammenden Artikel, eine Konferenz.
Man hat mich gelehrt, die Liebe zu ihr zu schätzen,
Aber ich habe nie gespürt, daß ihr Herz zusammen
Mit dem meinen schlägt.
Nie habe ich ihr Gras, ihre Wurzeln, ihre Äste geatmet.«
»Und ihre Liebe,
War sie brennend heiß wie die Sonne, wie die Sehnsucht?«
Er antwortete mir herausfordernd:
»Mein Weg zur Liebe ist ein Gewehr

Und die Wiederkehr von Festen aus alten Ruinen
Und das Schweigen einer alten Statue,
Deren Epoche und Identität unbekannt sind.«

Er hat mir vom Augenblick des Abschieds erzählt,
Wie seine Mutter schweigend weinte,
Als man ihn wegbrachte, irgendwohin an die Front.
Und die betrübte Stimme seiner Mutter
Brannte ihm eine neue Hoffnung unter die Haut:
Oh, wenn die Tauben im Verteidigungsministerium
Mehr würden,
Wenn doch die Tauben mehr würden!

Er zog an seiner Zigarette und fügte hinzu,
Als fliehe er aus einem Sumpf von Blut:
»Ich habe von weißen Lilien geträumt,
Von einem Olivenzweig,
Von einem Vogel, der den Morgen umarmt
Auf dem Zweig eines Zitronenbaums.«
»Und was hast du gesehen?«
»Ich habe das Werk meiner Hände gesehen:
Einen roten Dornenstrauch,
Den ich im Sand, in den Lungen,
In den Bäuchen zur Explosion gebracht habe.«
»Wie viele hast du getötet?«
»Das ist schwierig zu zählen,
Aber ich habe nur eine einzige Medaille bekommen.«

Mich selbst überwindend, habe ich ihn gebeten:
»Beschreibe mir eines der Opfer.«
Er richtete sich auf,
Berührte leicht die zusammengefaltete Zeitung
Und sagte mir, als würde er ein Lied zum besten geben:
»Wie ein Zelt brach er über dem Geröll zusammen,
Er umschlang die zerschmetterten Gestirne.
Auf seiner breiten Stirn leuchtete eine Krone von Blut.
Er trug keine Rangabzeichen auf der Brust,
Denn er war für den Kampf nicht geeignet.

Er war, wie es schien, Bauer oder Arbeiter,
Oder vielleicht ein fliegender Händler.
Wie ein Zelt brach er über dem Geröll zusammen und starb.
Seine Arme
Waren ausgestreckt wie zwei vertrocknete Bäche.
Und als ich seine Taschen durchwühlte,
Um nach seinem Namen zu suchen,
Habe ich zwei Fotos gefunden:
Das eine … von seiner Frau,
Das andere von seiner Tochter.«

Ich habe ihn gefragt: »Bis du da traurig geworden?«
Er unterbrach mich und sagte: »Mein Freund Mahmoud,
Die Trauer ist ein weißer Vogel,
Der nicht in die Nähe der Schlachtfelder kommt, und die Soldaten
Begehen eine Sünde, sollten sie traurig werden.
Dort unten war ich eine Maschine, die Feuer und Tod spuckte
Und den Raum in einen schwarzen Vogel verwandelte.«

Er hat mir von seiner ersten Liebe erzählt und danach
Von Straßen weit weg von hier,
Von der Stimmung nach dem Krieg,
Vom Heroismus im Radio und in der Zeitung.
Und während er ein Räuspern in seinem Taschentuch verbarg,
Habe ich ihn gefragt: »Werden wir uns wiedersehen?«
Er antwortete: »In einer Stadt weit weg von hier.«

Während ich ihm das vierte Glas einschenkte,
Habe ich ihn im Scherz gefragt: »Du willst auswandern?
Und das Heimatland?«
Er antwortete mir: »Laß mich!
Ich träume von weißen Lilien,
Von einer Straße voller Lieder und einem erleuchteten Haus.
Ich möchte ein sanftes Herz, kein geladenes Gewehr.
Ich möchte einen Tag voller Sonne,
Keinen wahnsinnigen und faschistoiden Siegesrausch.
Ich möchte ein Kind, das dem Licht des Tages entgegenlächelt,
Und nicht ein Rädchen in einer Maschinerie des Krieges sein.

Ich bin gekommen, um den Aufgang der Sonne zu erleben,
Nicht ihren Untergang.«

Er hat mich verlassen, denn er suchte nach weißen Lilien,
Nach einem Vogel, der den Morgen begrüßt
Auf einem Olivenzweig.
Denn er versteht die Dinge
Nur so, wie er sie fühlt, nach ihrem Geruch.
Er versteht – hat er mir gesagt – unter Heimatland,
Daß er den Kaffee seiner Mutter trinkt
Und bei Anbruch des Abends heil
Nach Hause zurückkehrt.

*Gedicht aus dem Jahre 1967. Übersetzt von
Tawfiq Dawani und Michael Schiffmann.*

Passanten inmitten vorbeiziehender Worte

Ihr, die ihr vorbeizieht inmitten vorbeiziehender Worte,
Nehmt eure Namen mit euch und geht.
Zieht eure Stunden aus unserer Zeit und geht.
Raubt, was ihr wollt
Vom Blau des Meeres und vom Sand der Erinnerung.
Macht Fotos, so viele ihr wollt, damit ihr wißt,
Daß ihr nie wissen werdet,
Wie die Steine unserer Erde
Das Dach des Himmels bauen.

Ihr, die ihr vorbeizieht inmitten vorbeiziehender Worte,
Ihr liefert das Schwert, wir liefern das Blut.
Ihr liefert den Stahl und das Feuer, wir liefern das Fleisch.
Ihr liefert einen weiteren Panzer, wir liefern Steine.
Ihr liefert die Tränengasgranate, wir liefern den Regen.
Aber der Himmel und die Luft
Sind dieselben für euch und für uns.
Also nehmt euren Anteil von unserem Blut und geht;
Geht speisen, feiern und tanzen, dann geht.
An uns ist es, die Rosen der Märtyrer zu bewachen;
An uns, zu leben, so wie wir es wollen.

Ihr, die ihr vorbeizieht inmitten vorbeiziehender Worte
Wie bitterer Staub, zieht umher, wo ihr wollt,
Aber zieht nicht umher unter uns wie fliegende Insekten.
Wir haben zu tun in unserem Land,
Wir haben das Korn zu bestellen,
Es zu bewässern mit dem Tau unserer Körper.
Wir haben etwas hier, was euch nicht zusagt:
Steine und Rebhühner.
Also nehmt eure Vergangenheit, wenn ihr wollt, mit
Zum Antiquitätenmarkt
Und stellt das Skelett des Wiedehopfs wieder her
Auf einem Porzellantablett.

Wir haben etwas, was euch nicht zusagt:
Wir haben die Zukunft,
Und wir haben zu tun in unserem Land.

Ihr, die ihr vorbeizieht inmitten vorbeiziehender Worte,
Stapelt eure Illusionen in einem verlassenen Graben und geht.
Dreht die Zeiger der Zeit zurück
Bis zur Legitimität des Goldenen Kalbes
Oder zur Trommelmusik des Revolvers.
Wir haben etwas hier, was euch nicht zusagt, geht weg.
Wir haben etwas, was in euch nicht ist:
Ein Heimatland, das blutet, ein Volk, das blutet,
Ein Heimatland, das zum Vergessen und zur Erinnerung taugt.

Ihr, die ihr vorbeizieht inmitten vorbeiziehender Worte,
Es ist Zeit, daß ihr geht
Und daß ihr euch niederlaßt, wo es euch gefällt,
Aber laßt euch nicht unter uns nieder.
Es ist Zeit, daß ihr geht,
Daß ihr sterbt, wo es euch gefällt,
Aber sterbt nicht unter uns.
Wir haben zu tun in unserem Land.
Hier haben wir die Vergangenheit,
Die Stimme, die das Leben ankündigt.
Und wir haben die Gegenwart, die Gegenwart und die Zukunft.
Wir haben das Diesseits hier und das Jenseits.
Also verlaßt unsere Erde,
Unser Land, unser Meer,
Unser Korn, unser Salz, unsere Wunde
Und überhaupt alles.
Verlaßt die Erinnerungen des Gedächtnisses.
Oh ihr, die ihr vorbeizieht inmitten vorbeiziehender Worte.

Darwisch schrieb dieses Gedicht im Februar 1988, zwei Monate nach Beginn der Intifada. In Israel stieß es nicht zuletzt aufgrund einiger Entstellungen in der Übersetzung auf heftige Proteste. Das Gedicht wird hier erstmals auf deutsch in Buchform veröffentlicht. Übersetzt von Tawfiq Dawani und Michael Schiffmann.

Elf Sterne über dem Auszug aus Andalusien

I

Am letzten Abend
Auf dieser Erde

Am letzten Abend auf dieser Erde schneiden wir unsere Tage
Von unseren Sträuchern und zählen die Rippen,
Die wir mitnehmen,
Und die, die wir zurücklassen. Dort. Am letzten Abend
Verabschieden wir uns von nichts und finden die Zeit nicht,
Um zu Ende zu kommen.
Alles bleibt, wie es ist. Der Ort wechselt unsere Träume
Und seine Besucher. Plötzlich sind wir keiner Ironie mehr fähig,
Denn der Ort ist bereit, das Nichts zu empfangen.
Hier, am letzten Abend,
Sättigen wir unsere Augen an den Bergen,
Die die Wolken umringen.
Eroberung und Rückeroberung
Und eine alte Zeit, die dieser neuen Zeit die Schlüssel
Unserer Tore übergibt.
Tretet ein in unsere Häuser, oh Eroberer,
Und trinkt unseren Wein
Aus dem Gefäß unserer Muwaschschaha.
Denn wir sind die Nacht um Mitternacht
Und nicht die Morgendämmerung, die uns ein Ritter bringt,
Der vom letzten Ruf zum Gebet kommt.
Unser Tee ist grün und heiß, trinkt ihn.
Unsere Pistazien sind frisch, eßt sie.
Und die Betten sind grün, aus Zedernholz,
Überlaßt euch dem Schlummer
Nach dieser langen Belagerung
Und schlaft auf dem Federbett unserer Träume.
Die Betten sind bezogen,
Die Parfüms an den Türen bereitgestellt,

Die Spiegel zahlreich.
Tretet ein in sie, damit wir sie vollständig verlassen.
Und bald werden wir in fernen Ländern
Im Umkreis eurer Geschichte nach dem suchen,
Was unsere Geschichte war.
Und am Ende werden wir uns fragen: War Andalusien
Da oder dort? Auf der Erde… oder im Gedicht?

II

Wie kann ich schreiben
Über den Wolken?

Wie kann ich über den Wolken das Vermächtnis
Der Meinigen schreiben? Und die Meinigen
Lassen die Zeit zurück, wie sie ihre Mäntel in
Ihren Häusern zurücklassen, und die Meinigen
Reißen jede Festung, sobald sie sie erbaut haben,
Gleich wieder ein, um ein Zelt aufzuschlagen,
Das ihre Sehnsucht nach der ersten Palme beherbergt.
Die Meinen verraten die Meinigen
In Kriegen zur Verteidigung des Salzes.
Aber Granada ist aus Gold,
Aus der Seide mandelverzierter Worte,
Aus den Silbertränen in der Saite der Laute.
Granada ist die Geschichte des großen Aufstiegs zu sich selbst.
Und es steht Granada zu, zu sein, was es zu sein wünscht:
Die Sehnsucht nach allem, was vergangen ist oder vergehen wird.
Der Flügel einer Schwalbe streift
Den Busen einer Frau, die im Bett liegt, und sie schreit:
Granada ist mein Körper.
Ein Mann verliert seine Gazelle in der Steppe, und er ruft:
Granada ist mein Land.
Und ich bin von dort, also singe,
Damit die Distelfinken aus meinen Rippen
Eine Treppe zum nahen Himmel bauen.
Besinge die Ritterlichkeit derer, die auf ihr Ende zugehen,

Mond für Mond in der Gasse der Geliebten.
Besinge die Vögel des Gartens Stein für Stein.
Wie ich dich liebe, die du mich in Stücke gerissen hast
Saite für Saite auf dem Weg in ihre heiße Nacht.
Besinge, wie der Duft des Kaffees nach dir
Seinen Morgen verloren hat.
Besinge meinen Fortgang,
Vom Gurren der Tauben auf deinen Knien
Und vom Nest meiner Seele
In den Buchstaben deines einfachen Namens.
Granada ist zum Gesang bestimmt, also singe!

III

Ich habe hinter dem Himmel
Einen Himmel

Ich habe hinter dem Himmel einen Himmel,
Um zurückzukehren,
Aber ich poliere weiter das Metall dieses Ortes,
Und ich erlebe eine Stunde,
Die das Unsichtbare erkennt.
Ich weiß, daß die Zeit
Nicht zweimal mein Verbündeter sein wird.
Und ich weiß, daß ich aus meinem
Banner heraustreten werde, ein Vogel,
Der sich auf keinem Baum im Garten niederläßt.
Ich werde meine Haut ganz und gar verlassen.
Aus meiner Sprache werden einige Worte fallen
Über die Liebe in Lorcas Poesie,
Und diese wird mein Schlafzimmer bewohnen,
Und sie wird sehen, was ich gesehen habe
Vom Mond der Beduinen.
Ich werde aus den Mandelbäumen treten,
Wie ein Flaum auf dem Schaum des Meeres.
Der Fremde ist vorübergezogen
Und trug sieben Jahrhunderte der Pferde mit sich.

Hier ist der Fremde vorübergezogen,
Damit der Fremde dort vorüberziehen kann.
Ich werde bald heraustreten
Aus den Falten meiner Zeit,
Ein Fremder in Syrien wie in Andalusien.
Diese Erde ist nicht mein Himmel,
Aber dieser Abend ist mein Abend.
Und die Schlüssel gehören mir,
Und die Minarette gehören mir, und die Laternen gehören mir,
Und ich gehöre auch mir.
Ich bin der Adam beider Paradiese,
Von denen ich jedes verloren habe.
Also vertreibt mich langsam
Und tötet mich schnell
Unter meinem Olivenbaum
Mit Lorca.

IV

Ich bin einer
Der Könige des Endes

…Und ich bin einer der Könige des Endes.
Ich springe im letzten Winter von meiner Stute.
Ich bin der letzte Seufzer des Arabers.
Ich schaue nicht auf die Myrte über den Dächern,
Und ich blicke nicht um mich, aus Angst,
Daß mich jemand sieht, der mich kennt und
Weiß, daß ich den Marmor der Worte poliert habe,
Damit meine Frau
Mit nackten Füßen die Lachen aus Licht durchquert.
Ich schaue nicht auf die Nacht, aus Angst,
Dort einen Mond zu erblicken,
Der sämtliche Geheimnisse Granadas in Flammen setzt,
Körper für Körper. Ich schaue nicht auf den Schatten,
Um nicht jemanden zu sehen, der meinen Namen trägt
Und hinter mir her läuft:

Erlöse mich von deinem Namen
Und gib mir das Silbergrau der Pappel wieder.
Ich drehe mich nicht um, damit ich
Mich nicht daran erinnere, daß ich auf Erden gestorben bin.
Keine Erde auf dieser Erde,
Seit die Zeit um mich herum zerbrochen ist,
Trümmer auf Trümmer.
Ich bin kein Liebender mehr, der glaubt,
Daß das Wasser ein Spiegel ist,
Wie ich den alten Freunden gesagt habe.
Und keine Liebe, die für mich bittet.
Seit ich den Vertrag der Heimatlosigkeit angenommen habe,
Habe ich keine Gegenwart mehr,
Um morgen an meinem Gestern vorbeizugehen.
Kastilien wird seine Krone dem Minarett Gottes aufsetzen.
Ich höre das Klappern der Schlüssel im
Tor unseres goldenen Zeitalters.
Adieu, Geschichte. Werde ich derjenige sein,
Der das letzte Tor des Himmels schließt?
Ich bin der letzte Seufzer des Arabers.

V

Eines Tage werde ich mich
Auf den Gehsteig setzen

Eines Tages werde ich mich auf den Gehsteig setzen,
Den Gehsteig der Fremden.
Ich war keine Narzisse, trotzdem verteidige
Ich mein Bild in den Spiegeln.
Bist du je dort gewesen, Fremder?
Fünf Jahrhunderte sind vergangen und vollendet.
Und wie der Bruch sich nie vollendete,
Und so, wie es immer Briefe zwischen uns gegeben hat,
Haben die Kriege
Die Gärten meines Granadas nicht verändert.
Eines Tages komme ich an ihrem Mond vorbei

Und reibe meine Begierde an einer Zitrone...
Umarme mich, damit ich wiedergeboren werde
Aus den Gerüchen einer Sonne, eines Flusses
Auf deinen Schultern, aus Füßen,
Die den Abend aufritzen; und er weint Milch
Für die Nacht des Gedichts.
Ich war kein Vorüberziehender in den Worten der Sänger,
Ich war ihre Worte,
Die Versöhnung Athens und Persiens, ein Orient,
Der einen Okzident umschlingt
Im Aufbruch zu einem einzigen Wesen.
Umarme mich, damit ich wiedergeboren werde
Aus den Damaszener-Schwertern in den Geschäften.
Nichts bleibt von mir
Als meine alte Rüstung, der vergoldete Sattel meines Pferdes.
Nichts bleibt von mir
Als ein Manuskript des Averroes, der Ring der Taube
Und die Übersetzungen.
Ich saß auf dem Gehsteig auf dem Platz der Samtröschen
Und zählte die Tauben: eins, zwei, dreißig...
Und die jungen Mädchen, die
Den Schatten der Bäume auf dem Marmor stibitzten
Und mir die vergilbten Blätter des Alters zurückließen.
Der Herbst ist über mich hinweggegangen,
Und ich habe nicht achtgegeben.
Aller Herbst ist vorbei, und die Geschichte ist
Auf diesem Gehsteig vorübergegangen,
Und ich habe nicht achtgegeben.

VI

Die Wahrheit hat zwei Gesichter,
Und der Schnee ist schwarz

Die Wahrheit hat zwei Gesichter,
Und der Schnee ist schwarz über unserer Stadt.
Unsere Verzweiflung kann nicht mehr größer werden,

Als sie es schon war, und das Ende marschiert auf
Die Mauern zu, seiner Schritte sicher
Auf diesen von Tränen benetzten Fliesen. Seiner Schritte sicher.
Wer wird unsere Flaggen einholen? Wir oder sie? Und wer
Wird uns den Vertrag der Hoffnungslosigkeit vorlesen,
Oh König der Agonie?
Alles ist im voraus für uns vorbereitet.
Wer wird unsere Identität ihrer Namen entkleiden?
Du oder sie? Und wer wird in uns
Die Predigt der Heimatlosigkeit einpflanzen:
»Wir haben die Belagerung nicht sprengen können.
Geben wir die Schlüssel unseres Paradieses
Dem Friedensgesandten, und retten wir uns…«
Die Wahrheit hat zwei Gesichter.
Unser geheiligtes Emblem war ein Schwert in unseren Händen,
Ein Schwert, das gegen uns gerichtet war.
Was hast du vor jenem Tag mit unserer Festung gemacht?
Du hast nicht gekämpft, denn du fürchtetest den Märtyrertod,
Aber dein Thron wird dein Sarg sein.
So trage deinen Sarg und behalte deinen Thron,
Oh König des Wartens.
Diese Abreise wird uns zu einer Handvoll Staub machen.
Wer wird unsere Tage nach uns begraben? Du oder sie?
Und wer wird ihre Banner auf unseren Mauern hissen:
Du oder ein verzweifelter Ritter?
Wer wird ihre Glocken über unserer Reise aufhängen?
Du oder ein elender Wächter? Alles ist vorbereitet für uns.
Warum das Ende hinauszögern, oh König der Agonie?

VII

Wer bin ich
Nach dieser fremdartigen Nacht?

Wer bin ich nach dieser fremdartigen Nacht?
Ich erwache aus meinem Traum,
Beängstigt von der Ungewißheit des Tages

Auf dem Marmor der Wohnung, vom
Halbschatten der Sonne in den Rosen,
Vom Wasser der Fontäne;
Beängstigt vom Saft auf den Rändern der Feigen,
Von meiner Sprache;
Beängstigt von einem Wind, der eine Trauerweide kämmt;
Beängstigt von der Klarheit der zeitlichen Fülle
Und von einer Gegenwart, die keine Gegenwart mehr ist.
Beängstigt von meinem Lauf durch eine Welt,
Die nicht mehr die meinige ist.
Du, Verzweiflung, sei Barmherzigkeit.
Du, Tod, sei eine Gnade für den Fremden,
Der das Unsichtbare klarer sieht als eine Wirklichkeit,
Die keine Wirklichkeit mehr ist.
Ich werde von einem Stern des Himmels
Auf ein Zelt fallen, das auf dem Weg liegt ... wohin?
Wo ist der Weg, der ins Unbekannte führt?
Ich sehe das Unsichtbare klarer als eine
Straße, die nicht meine Straße ist.
Wer bin ich nach dieser fremdartigen Nacht?
Ich bin auf mich selbst in den anderen zugegangen,
Und jetzt verliere ich mich und verliere die anderen.
Mein Pferd an der Küste des Atlantiks ist verschwunden.
Und mein Pferd an der Küste des Mittelmeers
Stößt die Lanze des Kreuzes in mich.
Wer bin ich nach dieser fremdartigen Nacht?
Ich kann nicht zurückkehren zu
Meinen Brüdern in der Nähe der Palme meines alten Hauses,
Auch nicht die Tiefe meines Unglücks ermessen.
Oh Unsichtbares! Kein Herz für die Liebe,
Kein Herz für die Liebe,
In dem ich wohnen kann nach der fremdartigen Nacht.

VIII

Du, Wasser,
Sei eine Saite für meine Gitarre

Du, Wasser, sei eine Saite für meine Gitarre.
Die Eroberer sind gekommen,
Und die Eroberer davor sind gegangen.
Schwierig, mich an mein Gesicht zu erinnern
In den Spiegeln. Sei mein Gedächtnis,
Damit ich erkenne, was ich verloren habe.
Wer bin ich nach diesem Exodus?
Es gibt einen Felsen,
Der meinen Namen trägt, auf den Hochebenen.
Sie haben gesehen, was geschehen ist
Und sich vollendet hat. Sieben Jahrhunderte geben
Mir das Geleit hinter den Mauern der Stadt.
Vergeblich sammelt sich die Zeit,
Damit ich meine Vergangenheit retten kann vor einem Augenblick,
Der jetzt die Geschichte meines Exils in mir
Und den anderen gebiert.
Du, Wasser, sei eine Saite für meine Gitarre.
Die Eroberer sind gekommen,
Und die früheren Eroberer sind nach Süden weggegangen,
Völker, die ihre Tage wiederherstellen
Im Trubel der Veränderung.
Ich weiß, wer ich gestern war.
Wer werde ich sein in einem Morgen
Unter den atlantischen Bannern des Kolumbus?
Sei eine Saite, du, Wasser, sei eine Saite für meine Gitarre.
Kein Ägypten in Ägypten,
Kein Fes in Fes, und Damaskus entfernt sich.
Und kein Falke auf dem Banner der Meinigen.
Kein Fluß im Osten der Palmen, belagert
Von den quirligen Pferden der Mongolen.
In welchem Andalusien werde ich enden?
Hier oder dort?
Ich werde wissen, daß ich gestorben bin

Und daß ich hier das Beste
Von mir zurückgelassen habe: meine Vergangenheit.
Ich habe nichts mehr als meine Gitarre.
Du, Wasser, sei eine Saite für meine Gitarre.
Die Eroberer sind gegangen,
Und gekommen sind die Eroberer.

IX

Während des großen Aufbruchs
Liebe ich dich noch mehr

Während des großen Aufbruchs liebe ich dich noch mehr.
Bald wirst du die Stadt verschließen.
Ich habe keinen Platz in deinem Herzen
Und keinen Weg, der mich trägt.
Während des großen Aufbruchs liebe ich dich noch mehr.
Unser Granatapfelbaum hat nach dir seine Milch verloren.
Leichter die Palmen, leichter die Hügel
Und unsere Straßen im Dämmerlicht
Und die Erde, die sich von ihrer Erde verabschiedet.
Leichter die Worte und die Erzählungen
Auf den Treppen der Nacht.
Aber mein Herz ist schwer.
So laß es dort um dein Haus bellen und die schöne Zeit beweinen.
Ich habe kein anderes Heimatland als dieses.
Inmitten des großen Aufbruchs liebe ich dich noch mehr.
Ich entleere die Seele ihrer letzten Worte.
Ich liebe dich noch mehr.
Während des Aufbruchs lenken die Schmetterlinge unsere Seelen.
Während des Aufbruchs
Erinnern wir uns des verlorenen Knopfes an einem Hemd,
Und wir vergessen die Krone unserer Tage.
Wir erinnern uns des Geruchs des Arrakschnapses aus Aprikosen,
Und wir vergessen
Den Tanz der Pferde in unseren Hochzeitsnächten.
Während des Aufbruchs werden wir den Vögeln gleich.

Wir haben Mitleid mit unseren Tagen
Und geben uns mit wenig zufrieden.
Mir genügt von dir der goldene Dolch,
Der mein ermordetes Herz zum Tanzen bringt.
So töte mich langsam, und ich werde sagen:
Ich liebe dich noch mehr, als
Ich es vor dem großen Aufbruch gesagt habe.
Ich liebe dich. Nichts kann mir weh tun.
Weder die Luft noch das Wasser.
Mehr Basilikum in deinem Morgen,
Mehr Lilien in deinem Abend,
Die mich nach diesem Aufbruch mit Schmerz erfüllen.

X

Ich will von der Liebe
Nichts als den Anfang

Ich will von der Liebe nichts als den Anfang.
Über den Plätzen meines Granadas
Bessern die Tauben die Kleidung dieses Tages aus.
In den Krügen Wein in Hülle und Fülle für das Fest nach uns.
In den Liedern Pfade, die mehr als groß genug sind für das
Aufplatzen der Blüten des Granatapfelbaums.

Ich lasse den Sambac-Jasmin in seiner Vase.
Ich lasse mein kleines Herz
In der Truhe meiner Mutter.
Ich lasse meinen Traum im Wasser lachen.
Ich lasse die Morgendämmerung im Honig der Feigen.
Ich lasse meinen Tag und mein Gestern
Im Durchgang zum Platz der Orangen,
Von dem die Tauben fliegen.

Bin ich derjenige, der zu deinen Füßen hinabgestiegen ist,
Damit die Worte emporsteigen,
Weißer Mond, in der Milch deiner Nächte?

Beschwinge die Luft, damit ich die Straße der Flöte in Blau sehe.
Beschwinge den Abend, damit ich sehe,
Wie sich zwischen dir und mir jener Marmor erstreckt.
Die Gärten deines Schals zeigen sich nicht im Fenster.
Zu einer anderen Zeit
Wußte ich mehr über dich, und ich pflückte die Gardenien
Von deinen zehn Fingern. Zu einer anderen Zeit besaß ich Perlen
Um deinen Hals und einen Namen, graviert in einen Ring, aus
Dem die Nacht entsprang.

Ich will von der Liebe nichts als den Anfang.
Die Tauben sind fortgeflogen
Über dem Dach des letzten Himmels.
Sie sind ganz fortgeflogen.
Es bleibt nach uns noch sehr viel Wein in den Krügen
Und ein wenig Erde, die ausreicht, damit wir uns wiederfinden,
Und daß Frieden einkehrt.

XI

Die Geigen

Die Geigen weinen mit den Zigeunern,
Die nach Andalusien aufbrechen.
Die Geigen beweinen die Araber,
Die Andalusien verlassen.

Die Geigen beweinen eine verlorene Zeit,
Die nicht wiederkehrt.
Die Geigen beweinen ein Heimatland,
Das vielleicht wiederkehrt.

Die Geigen setzen die Wälder dieser fernen,
Fernen Dunkelheit in Brand.
Die Geigen besudeln die Messer mit Blut
Und schlürfen mein Blut aus meinem Hals.

Die Geigen weinen mit den Zigeunern,
Die nach Andalusien aufbrechen.
Die Geigen beweinen die Araber,
Die Andalusien verlassen.

Die Geigen, Pferde über einer Saite aus Fata Morgana,
Wasser, das stöhnt.
Die Geigen, Feld wilden Flieders,
Das sich entfernt und wieder naht.

Die Geigen, Ungeheuer, gefoltert vom Fingernagel einer Frau,
Die es berührt und sich entfernt.
Die Geigen, Armee, die einen Friedhof
Aus Marmor und Nahawendstein errichtet.

Die Geigen, Anarchie der Herzen,
Die der Wind in den Schritten der Tänzerin entfacht.
Die Geigen, Vogelschwärme,
Die das unvollständige Banner fliehen.

Die Geigen, Klage der in der Nacht
Der Geliebten zerknitternden Seide.
Die Geigen, Stimme fernen Weins
Über einem vergangenen Begehren.

Die Geigen folgen mir, sowohl hier als auch dort,
Um sich an mir zu rächen.
Die Geigen suchen nach mir, um mich zu töten,
Wo sie mich finden.

Die Geigen beweinen die Araber,
Die Andalusien verlassen.
Die Geigen weinen mit den Zigeunern,
Die nach Andalusien aufbrechen.

Gedicht aus dem Jahre 1992. Übersetzt von
Tawfiq Dawani und Michael Schiffmann.

Angaben zu den Gesprächen

Das Gespräch mit Abbas Beydoun erschien 1995 in der Zeitschrift *Al-Wasat* (London) und der arabischen Literaturzeitschrift *Masharif* (Haifa/Jerusalem).

Das Gespräch mit Subhi Hadidi entstand in Zusammenarbeit mit Bashir al-Baker. Es erschien 1993 in der arabischen Literaturzeitschrift *Al-Karmel* (Nikosia). Für die vorliegende Buchausgabe wurde es 1996 überarbeitet und ergänzt.

Das Gespräch mit Liana Badr, Zakariya Muhammad und Mundher Jaber erschien 1996 in der Zeitschrift *Dafatir Thakafiya* (Ramallah).

Das Gespräch mit Helit Yeshurun erschien 1996 in der israelischen Literaturzeitschrift *Hadarim* (Tel Aviv) und der Zeitschrift *Revue d'études palestiniennes* (Paris).

Das Gespräch mit Nuri Jarrah erschien 1996 in der arabischen Tageszeitung *Al-Hayat* (London).

Glossar

Abu Salma: Pseudonym des palästinensischen Dichters Abd al-Karim al-Karmi, 1907-1980.

Al-Karmel: Von Mahmoud Darwisch herausgegebene arabische Literaturzeitschrift.

Anath: Altorientalische Göttin der Phönizier und Kanaaniter.

Antar: Altarabischer Dichter, gest. um 615.

Bayati, Abd al-Wahab al-: Irakischer Dichter, geb. 1926.

Bialik, Chaim: Einer der wichtigsten hebräischen Dichter der Moderne, 1873-1934.

Couplet: Die Verbindung von zwei parallelen rhythmischen Sätzen zu einer Strophe.

Farazdaq: Arabischer Dichter aus Basra, geb. um 640, gest. um 728.

Fatiha: Die erste Sure des Koran.

Habibi, Emil: Einer der bedeutendsten palästinensischen Schriftsteller, 1921-1996, lebte in Haifa.

Hadarim: Israelische Literaturzeitschrift.

Hijazi, Abd al-Muti: Ägyptischer Lyriker, geb. 1935.

Intifada: Palästinensischer Volksaufstand gegen die israelische Besatzung, 1989-1993.

Iton 77: Israelische Literaturzeitschrift.

Jahiliya: Nach islamischer Geschichtsauffassung die Zeit zwischen der Schöpfung der Welt durch Gott und der Verkündung des Islam durch Mohammed.

Jarir: Arabischer Dichter aus dem Gebiet des südlichen Irak, geb. um 653, gest. um 730.

Kabbani, Nizar: Syrischer Lyriker, geb. 1923; einer der wichtigsten arabischen Dichter der Gegenwart.

Kais, Imru al-: Altarabischer Dichter, gest. um 540.

Kanafani, Ghassan: Palästinensischer Schriftsteller, geb. 1936, wurde 1972 in Beirut durch die Explosion einer Autobombe vom israelischen Geheimdienst ermordet.

Kasida: Hauptform der arabischen Lyrik; ein Gedicht, das mehrere Themen behandelt.

Kassim, Samih al-: In Israel lebender palästinensischer Dichter, geb. 1939.

Knesset: Israelisches Parlament.

Maghut, Muhammad al-: Syrischer Lyriker und Dramatiker, geb. 1934.

Muallaqa: Gedichtsammlung.

Muallaqat: Bezeichnung für die älteste erhaltene Sammlung arabischer Gedichte, die wegen ihrer Einzigartigkeit einen besonderen Ehrenplatz einnehmen.

Mutanabbi: Beiname des arabischen Dichters Abu al-Tayib, 915-965.

Muwaschschaha: Klassische arabische Gedicht- bzw. Liedform; besteht aus einer Einleitung, verschiedenen Teilen mit wechselndem Reim und einem ausgedehnten Schlußteil.

PLO: Palästinensische Befreiungsorganisation.

Rababa: Orientalisches Saiteninstrument.

Rakach: Kommunistische Partei Israels.

Rumi, Jalal al-Din al-: Arabischer Dichter aus Bagdad, 835-896.

Sabur, Salah Abd al-: Ägyptischer Schriftsteller, 1931-1981.

Sayab, Badr Schakir al-: Irakischer Lyriker, 1926-1964.

Shammas, Anton: Palästinensischer Dichter, geb. 1950.

Shir: Arabische Literaturzeitschrift.

Tauhidi, Abu Hayan al-: Arabischer Schriftsteller aus Bagdad, geb. etwa 922, gest. 1023.

Tukan, Ibrahim: Einer der bedeutendsten palästinensischen Dichter, 1905-1941.

Yussuf, Sadi: Irakischer Lyriker, geb. 1934.

Zajal: Spontan entstehende Wortgefechte in der arabischen Volksdichtung.

Zach, Nathan: Einer der bedeutendsten israelischen Lyriker, geb. 1930 in Berlin, emigrierte 1937 nach Palästina, 1997 erhielt er den Israelischen Staatspreis für Literatur.

Register

Bei den kursiv gesetzten Begriffen handelt es sich um Gedichte beziehungsweise Gedichtbände von Mahmoud Darwisch.

Abnudi 160
Abu Salma 157
Ägypten 32, 121, 140, 160, 169
Akko 230
Al-Karmel 218, 230
Amichai, Yehuda 35
Amman 15, 82, 215
Anath 105, 106
Andalusien 14, 40, 53, 59, 63, 99, 101, 147, 148, 194, 198, 231
Andere Barbaren werden kommen 190
Antar 30
Aphrodite 106
Arabische Liga 201
Arafat, Yassir 12, 13, 191, 228, 234
Aragon, Louis 9, 33, 90
Aristophanes 146
Ashtar 106
Athen 112, 193
Auszüge aus den Byzantinern des Abu Firas al-Hamda 79

Badr, Liana 117
Bagdad 8
Barwa 8, 21, 138, 141, 231

Baudelaire, Charles 90
Bayati, Abd al-Wahab al- 9, 31, 32
Beat Generation 90
Beckett, Samuel 202
Beirut 8, 11-13, 21, 67, 75-78, 118, 133-135, 154, 155, 162, 163, 165, 172, 178, 216
Besetzte Gebiete 8, 153, 221, 224
Beydoun, Abbas 17, 192
Bialik, Chaim 34, 35, 206, 207
Bibel 34, 38, 47, 121, 175, 194, 206
Blätter des Olivenbaums 82
Blok, Aleksandr 33
Bonnefoy, Yves 90
Bosnien 151

Cäsar 54
Char, René 46, 90, 91
China 85
Couplet 58

Damaskus 8, 10, 78
Danqal, Amal 77
Das ist ein Lied 104, 110

Deir al-Assad 142
Deleuze, Gilles 188-190
Der Brunnen 109
Der Wiedehopf 145
Der Winter mit Rita 167
Der Zug ist vorbeigefahren 57
Die Geigen 73
Die Identität der Abwesenheit
152
Die Launen der Anath 105
Die Lehren der Houriya 161, 208
Die Nacht tritt aus dem Körper
203
Die Vögel sterben in Galiläa 97
*Die Wahrheit hat zwei Gesich-
ter, und der Schnee ist schwarz*
51, 100
Dror-Banai, Peretz 203
Dschingis Khan 64

Eden 27
Ein Liebender aus Palästina 82
*Ein Soldat, der von weißen Li-
lien träumt* 10, 26, 44, 179
*Eine Erinnerung für das Verges-
sen* 12, 138, 150, 153, 165, 178,
179, 183
Eine schöne Frau in Sodom 25
Eitan, Raful 178
*Elf Sterne über dem Auszug aus
Andalusien* 14, 40, 53, 59, 64,
65, 68, 99, 101, 147, 194-196
Eliot, Thomas 89
Eluard, Paul 9, 90
Elytis, Odysseas 86, 174
Eretz Israel 150, 182

*Erklärung Bertolt Brechts vor
einem Militärtribunal* 79
*Erste Übungen auf einer spani-
schen Gitarre* 73, 79
Euripides 191

Farazdaq 30
Fatiha 213
Fatima 60
Friedensprozeß 182, 184, 188,
221, 228

Galiläa 8, 97, 217
García Lorca, Federico 9, 34, 56,
78, 79, 112, 206
Gaza 138, 172
Gazastreifen 8, 140, 221, 225
*Gedicht für einen irakischen
Dichter* 51
Gedicht über Beirut 77, 133, 154
Gedicht von der Erde 143
Genesis 34, 38, 39, 43, 62, 122,
173, 174, 193
Genet, Jean 49, 50
Ginsberg, Allen 78, 89, 90
Giraudoux, Jean 174
Golgatha 107
Goytisolo, Juan 49, 50
Granada 53, 54, 100-102, 196,
198
Guillevics, Eugène 90

Habibi, Emil 170, 171, 216, 219
Hadarim 203, 205

Hadidi, Subhi 85
Haifa 20, 26, 139, 216, 219, 230, 231
Halevi, Yehuda 194
Hamlet 198
Haydar, Talal 160
Heaney, Seamus 86, 87, 89, 111
Hebräisch 9, 33-35, 150, 188, 189, 202, 206
Helena 174
Herbert, Zbigniew 91
Hijazi, Abd al-Muti 32
Hikmet, Nazim 33, 206
Hohelied 121
Homer 190, 193, 196
Houriya 19, 161, 208, 213
Howl 90
Hussein, König von Jordanien 11

Ich liebe dich, oder ich liebe dich nicht 209
Ich sehe, was ich will 40
Ich sehne mich nach dem Brot meiner Mutter 20, 132, 140, 213
Indianer 69, 101-104
Indien 85, 88
Intifada 8, 134, 136, 171, 172
Irak 9, 160
Iran 201
Isis 106
Islam 47, 177, 235
Israel 8, 10, 15, 26, 31, 142, 150, 151, 164, 169, 172, 175, 178, 179, 180-183, 185, 189, 192, 201, 202, 217, 218, 220, 223, 225, 226
Iton 77 203

Jaber, Mundher 117
Jahiliya 147, 158, 159, 164
Jahwe 107
Japan 85, 88
Jarir 30
Jarrah, Nuri 209
Jemen 21, 200
Jeremias 193, 194
Jericho 106
Jerusalem 24, 223
Jesus Christus 107, 176
Jordanien 10
Joseph 109, 195
Junikrieg 24, 26

Kabbani, Nizar 9, 30-32
Kaddish 90
Kairo 8, 11, 77, 78, 126
Kais, Imru al- 60, 80, 93
Kana 218
Kanaan 101
Kanaaniter 106, 176
Kanafani, Ghassan 216
Karmel 215, 216, 218, 219
Kasida 155-158
Kassim, Samih al- 11, 170
Kavafis, Konstantinos 86
Khalifa, Marcel 140
Kibbuz 8, 180
Knesset 227
Kolumbus, Christoph 102, 148
Koran 9
Kreuzzüge 102

Libanesischer Bürgerkrieg 12, 135
Libanon 8, 10, 12, 20-22, 29, 36, 133, 135, 142, 150, 154, 160, 178, 216
Libanonkrieg 178
Literaturkritik 11, 72, 77, 85, 100, 114, 126

Maghut, Muhammad al- 32, 33
Mahjar 30
Mallarmé, Stéphane 90
Marokko 200
Marxismus 82
Masharif 139, 141, 192, 199, 206
Meine Geliebte erwacht 176
Merkouri, Melina 112
Mesopotamien 106
Messias 176-178
Michaux, Henri 90
Milosz, Czeslaw 91
Mistanenim 142
Mongolen 64, 101, 149
Muallaqa 60
Muallaqat 30
Muhammad, Zakariya 117
Mutanabbi 30, 127, 155
Muwaschschaha 96
Mythologie 173, 174, 176, 177

Nablus 24
Naives Lied über das Rote Kreuz 176
Nakasch, Rajah al- 11
Neruda, Pablo 9, 33, 34, 112
Netanyahu, Benyamin 15

New York 78
Nietzsche, Friedrich 190
Nil 77
Nobelpreis für Literatur 87

Odysseus 195
Oslo-Abkommen 13, 188

Palästina 7, 11, 17, 20-22, 31, 32, 35-38, 47, 66, 67, 82, 98, 100, 107, 114, 118-120, 122, 127, 131, 132, 136, 147, 148, 150, 155, 162, 164, 167, 170, 175, 176, 182, 185-187, 196, 204, 208-210, 217, 225, 226, 229-231, 233
Palästinensische Nationalbehörde 220, 221, 225, 234
Paris 11, 13, 78, 137, 166, 174, 197
Passanten inmitten vorbeiziehender Worte 51, 52, 133, 205
Paz, Octavio 113
Peace Now 179
Penelope 196
Peres, Shimon 188, 200-202, 227
PLO 12, 13, 118, 169, 172, 222, 224-226
Pound, Ezra 89, 112
Prévert, Jacques 90
Propheten 17, 119, 124, 164, 177
Psalmen 34, 61

Rabin, Yitzhak 188
Rakach 10, 169, 170

Rede des roten Mannes 69
Résistance 91
Rimbaud, Arthur 90, 98
Ritsos, Jannis 86, 112
Rom 101, 105
Rozewicz, Tadeusz 91
Rumi, Jalal al-Din al- 146
Rußland 180

Sabra und Shatila, Massaker von 12
Sabur, Salah Abd al- 32
Saghir, Abu Abdallah al- 196, 198
Said, Edward 228
Saint-John Perse 90
Salomon, König 182
Sarid, Yossi 219
Sayab, Badr Schakir al- 9, 31
Scheherazade 142
Schreib auf: Ich bin Araber 97, 133, 209
Schwarzer September 11
Seferis, Giorgos 86
Shamir, Yitzhak 205
Shammas, Anton 202, 203
Sharabi, Hisham 222
Sharon, Ariel 172, 178
Shir 32
Shoah 193
So ist sein Bild, und so ist der Selbstmord des Liebenden 76, 78
Sophokles 54, 80, 81, 101
Spanien 68, 91, 102, 183
Sumerer 106, 123
Szymborska, Wislawa 87, 91

Tagore, Rabindranath 112
Tauhidi, Abu Hayan al- 127
Tawil 60
Tel al-Zaatar 12
Tel Aviv 178, 191, 202, 235
Thora 188
Totes Meer 101
Troja 13, 41, 42, 174, 190-193
Tukan, Ibrahim 157
Tunis 11, 13, 67

Über das Glas der Abwesenheit hinweg 203
Über die Beschreibung unserer Lage 51
Und die Erde pflanzt sich fort wie die Sprache 135

Valéry, Paul 90
Versuch Nr. 7 76
Vier Privatadressen 203

Waffenstillstand mit den Mongolen 149
…Während er sich entfernt 108, 110
Walcott, Derek 86, 87, 89, 90
Warum hast du das Pferd seiner Einsamkeit überlassen? 17, 18, 20, 40, 42, 44, 48, 61, 79, 123, 175
Welcher Regen, welcher Regen? 209
Westjordanland 172, 221, 225
Wiesel, Elie 151

Yeats, William Butler 44, 46, 108
Yeshurun, Helit 137, 205
Yussuf, Sadi 131

Zach, Nathan 151, 233
Zajal 29
Zionismus 186

Weitere Bücher zum
israelisch-palästinensischen Konflikt
und zur arabischen Welt im
PALMYRA VERLAG

Edward W. Said

Frieden in Nahost?

Essays über Israel und Palästina

Vorwort von Felicia Langer

Aus dem Amerikanischen von Michael Schiffmann

Register · Karte · 280 Seiten · 13,5 x 21 cm · Broschur
DM 34,- · ÖS 252,- · SFr 33,- ISBN 3-930378-15-9

*»Said bezieht eindeutig Stellung; seine Analyse des
Friedensprozesses ist überzeugend.«*
Süddeutsche Zeitung

*»Saids Essays geben viele Denkanstöße und
fordern zur Diskussion geradezu heraus.«*
Westdeutscher Rundfunk

Amnon Kapeliuk

Rabin – Ein politischer Mord

Nationalismus und rechte Gewalt in Israel

Vorwort von Lea Rabin

Aus dem Französischen von Miriam Magall

Register · 240 Seiten · 13,5 x 21 cm · Broschur
DM 34,- · ÖS 252,- · SFr 33,- · ISBN 3-930378-13-2

*»Spannend wie ein Kriminalroman; eine ausführliche
Analyse, die manchen schockieren dürfte.«*
dpa

*»Für Israel-Interessierte sollte das Buch
zur Pflichtlektüre werden.«*
die tageszeitung (taz)

Danny Rubinstein

Yassir Arafat
Vom Guerillakämpfer zum Staatsmann

Aus dem Englischen von Torsten Waack

Zeittafel · Register · 208 Seiten · 13,5 x 21 cm · Gebunden
DM 34,- · ÖS 252,- · SFr 33,- · ISBN 3-930378-09-4

*»Eine spannend zu lesende Mischung aus politischer
Biographie und Psychogramm, wohltuend sachlich
und unparteiisch im besten Sinne.«*
Süddeutscher Rundfunk

*»Rubinstein bringt Arafat auf den Punkt;
ein kluger Entmythologisierungsversuch.«*
Die Zeit

Uri Avnery/Azmi Bishara (Hg.)

Die Jerusalemfrage
Israelis und Palästinenser im Gespräch

Zeittafel · Karten · 320 Seiten · 13,5 x 21 cm · Broschur
DM 34,- · ÖS 252,- · SFr 33,- · ISBN 3-930378-07-8

Mit Beiträgen von Teddy Kollek, Hanan Ashrawi, Amos
Oz, Faisal Husseini, Ehud Olmert, Albert Aghazarian,
Shulamit Aloni, Nazmi al-Jubeh, Meron Benvenisti,
Ikrima Sabri und Michel Sabbah.

*»Das Buch behandelt nahezu alles, was zu diesem
Thema gedacht und diskutiert worden ist.«*
arte-Themenabend zu Jerusalem

Uri Avnery

Zwei Völker – Zwei Staaten
Gespräch über Israel und Palästina
Vorwort von Rudolf Augstein
200 Seiten · 19 Schwarzweißfotos · 13,5 x 21 cm
Broschur · DM 29,80 · ÖS 221,- · SFr 29,80
ISBN 3-930378-06-X

»Beredt und kundig gibt Avnery Auskunft über Hintergründe und Hoffnungen des nahöstlichen Friedensprozesses.«
Frankfurter Allgemeine Zeitung

Ian Black/Benny Morris

Mossad · Shin Bet · Aman
Die Geschichte der israelischen Geheimdienste
Aus dem Englischen von Torsten Waack
Glossar · Register · 880 Seiten · 13,5 x 21 cm · Gebunden
DM 78,- · ÖS 577,- · SFr 73,- · ISBN 3-930378-02-7

»Ein Standardwerk über Israels Geheimdienste.«
Neue Zürcher Zeitung

*»Die bislang seriöseste und umfassendste Geschichte
des israelischen Geheimdienstes.«*
New York Times

Yoel Cohen

Die Vanunu-Affäre
Israels geheimes Atompotential
Vorwort von Frank Barnaby
Aus dem Englischen von Josephine Hörl
Glossar · Register · 440 Seiten · 10 Schwarzweißfotos
13,5 x 21 cm · Gebunden · DM 44,- · ÖS 326,- · SFr 42,-
ISBN 3-930378-03-5

»Ein Atomthriller, der große Aktualität gewinnt.«
Focus
»Die detaillierteste und interessanteste
Studie zur Vanunu-Affäre.«
Frankfurter Allgemeine Zeitung

Ali H. Qleibo

Wenn die Berge verschwinden
Die Palästinenser im Schatten der israelischen Besatzung
Vorwort von Amos Oz
Aus dem Englischen von Arno Schmitt
280 Seiten · 13,5 x 21 cm · Gebunden · DM 39,80
ÖS 295,- · SFr 38,80 · ISBN 3-9802298-8-2

»Ein faszinierendes Buch. Ali Qleibo ist eine einzigartige
Mischung aus anthropologischer Dokumentation, Fami-
liengeschichte, Reisebericht aus der eigenen Heimat und
mitreißendem dichterischem Bekenntnis gelungen.«
Amos Oz

Gernot Rotter

Allahs Plagiator

**Die publizistischen Raubzüge des
»Nahostexperten« Gerhard Konzelmann**

180 Seiten · 13,5 x 21 cm · Broschur · DM 26,80
ÖS 199,- · SFr 26,80 · ISBN 3-9802298-4-X

Das Buch zur Konzelmann-Affäre

*»Rotter tranchiert den Autor von einem Dutzend
Erfolgsbüchern rundum und kommt zu dem
bitteren Schluß: Konzelmann entwerfe ein
demagogisches Zerrbild der islamischen Welt.«
Der Spiegel*

Verena Klemm/Karin Hörner (Hg.)

Das Schwert des »Experten«

Peter Scholl-Latours verzerrtes Araber- und Islambild

Vorwort von Heinz Halm

290 Seiten · 13,5 x 21 cm · Broschur · DM 29,80
ÖS 221,- · SFr 29,80 · ISBN 3-9802298-6-6

Mit Beiträgen von Arnold Hottinger, Gernot Rotter,
Petra Kappert, Sabine Kebir u.a.

*»Als Warnung kommt die kritische Initiative
der Islamkenner zur rechten Zeit.«
Prof. Dr. Udo Steinbach, Focus*

Georg Stein (Hg.)

Nachgedanken zum Golfkrieg

Vorwort von Robert Jungk

300 Seiten · 14 x 21 cm · Broschur · DM 29,80
ÖS 221,- · SFr 29,80 · ISBN 3-9802298-2-3

Die erste kritische Gesamtdarstellung über Hintergründe und Auswirkungen des Golfkriegs. Mit Beiträgen von Johan Galtung, Horst-Eberhard Richter, Margarete Mitscherlich u.a.

»Ein sehr interessantes Buch. Besonders die Beiträge der Regionalexperten bieten fundierte Analyse und Hintergründe, die in dieser Dichte in den meisten Büchern zum Thema Naher Osten nicht zu finden sind.«
Süddeutscher Rundfunk

Huda Al-Hilali

Von Bagdad nach Basra

Geschichten aus dem Irak

Vorwort von Freimut Duve

190 Seiten · 12,5 x 18,5 cm · Gebunden · DM 29,80
ÖS 221,- · SFr 29,80 · ISBN 3-9802298-3-1

Die Geschichten von Huda Al-Hilali sind ein wichtiger Beitrag zur Annäherung an die Menschen im Irak, an ihre Kultur und Tradition. Sie vermitteln aber auch ein besseres Verständnis für die arabische Welt insgesamt.

»An dem ästhetisch wunderschön gemachten Buch stimmt alles.«
evangelische information